Seit 14 Jahren beschäftigt sich Rainer Erlinger in seiner Kolumne »Die Gewissensfrage« im Magazin der »Süddeutschen Zeitung« allwöchentlich mit den kleinen und großen moralischen Fragen der Deutschen: Darf man Andersgläubigen frohe Weihnachten wünschen? Darf man Bankräuber sympathisch finden? Darf man einen Gefallen weiterreichen?
Rainer Erlinger klärt die Hintergründe, analysiert die Zusammenhänge und gibt klare, verständliche und konkrete Antworten und Orientierung. Hier nun legt er eine Auswahl der besten Fragen und Antworten vor – als moralischen Kompass für unseren Alltag.

Rainer Erlinger, geboren 1965, ist Mediziner und Jurist. Nach seinen Tätigkeiten als wissenschaftlicher Mitarbeiter, Arzt und Rechtsanwalt arbeitet er jetzt als Publizist, vor allem auf dem Gebiet der Ethik. Im S. Fischer Verlag ist zuletzt erschienen ›Höflichkeit. Vom Wert einer wertlosen Tugend‹ (2016), ›Moral. Wie man richtig gut lebt‹ (2012) sowie im Fischer Taschenbuch ›Gewissensbisse. Antworten auf moralische Fragen des Alltags‹ (2011) und ›Nachdenken über Moral. Gewissensfragen auf den Grund gegangen‹ (2012).

Weitere Informationen finden Sie auf www.fischerverlage.de

Rainer Erlinger

Darf man Eltern sagen, dass ihre Kinder nerven?

Und andere Gewissensfragen aus dem Alltag

FISCHER Taschenbuch

Erschienen bei FISCHER Taschenbuch
Frankfurt am Main, Mai 2016

© 2016 S. Fischer Verlag GmbH, Hedderichstr. 114,
D-60596 Frankfurt am Main

Satz: pagina GmbH, Tübingen
Druck und Bindung: CPI books GmbH, Leck
Printed in Germany
ISBN 978-3-596-03596-0

Inhalt

pen mit wechselnder Fahrtrichtung, Erstattung von Reservierungskosten sowie Schleichverkehr durch Wohngebiete, kurz:

Über Verkehr

Man gönnt sich ja sonst nichts

Über das Verbindende von gemeinsamen Essen, Schwan auf dem Teller, Griff zu den frischesten Produkten, das gute Gefühl, moralisch richtig zu handeln, Mitbestellen von Oliven, Probieren von zu teurem Prosecco, Lob für enttäuschendes Essen sowie wider Willen ausgeschenkten Alkohol, kurz:

Über Genuss

Es kann der Frömmste nicht in Frieden leben ...

Über Weihnachtwünsche für Andersgläubige, unfreundliches Grüßen, Vorstellen von neu Zugezogenen, abgestellte Gegenstände im Treppenhaus, Schneeräumen in der Reihenhaussiedlung, das Annehmen von Paketen sowie Zusehen in den Fenstern gegenüber, kurz:

Über Nachbarn

Ich shoppe, also bin ich

Über Abgeben von Bewertungen im Internet, Spenden statt Schenken, das Teil zwischen den Waren an der Kasse, Happy Hour in der Bäckerei, zu billig ausgezeichnete Geräte, Rispentomaten mit oder ohne Strunk, Flüchtlingsspenden für den eigenen Konsum, Einhaltung von eigenen Einkaufsprinzipien sowie Verzicht auf Centmünzen beim Herausgeben, kurz:

Über Einkaufen und Konsum

Paragraphen & Co.

Über Schneeräumverträge ohne Schnee, Wirksamkeit von Seeleverkäufen, Beanstandung einer Fehlbuchung zu eigenen Gunsten, Zugeben von Geschwindigkeitsübertretungen, Autoabmeldeprämien trotz Auto, Wettschulden bei knapp verlorenen Wetten, verjährte Nebenkostenabrechnungen, Sympathie für Bankräuber sowie zu viel gestempelte Streifenkarten, kurz:

Über Recht und Gesetz

Vorwort

»Darf man Eltern sagen, dass ihre Kinder nerven?« Das Schöne an diesem Buchtitel ist, dass man schnell ins Gespräch kommt. Im Grunde mit jedem, dem man von ihm erzählt. Denn das Problem kennt fast jeder, sei es als Eltern, sei es als genervte Freunde. »Oh, das ist ein heikles Thema«, lautet die häufigste Antwort.

Was dann folgt, hängt nicht immer, aber doch in vielen Fällen davon ab, ob die- oder derjenige selbst Kinder hat oder nicht. Eltern tendieren eher zu Nein, diejenigen, die keine Kinder haben, eher zu Ja. Die Antwort hängt also zumindest auch von der eigenen Lage und damit von der eigenen Sichtweise ab.

Deshalb scheint mir diese Frage ideal, um über Alltagsmoral nachzudenken. Seit mittlerweile über 14 Jahren beantworte ich jede Woche für die Kolumne »Die Gewissensfrage« im Magazin der »Süddeutschen Zeitung« Leserfragen zur Alltagsmoral. Und mein Hauptanliegen dabei ist, neue Blickwinkel aufzuzeigen. Zu zeigen, wie man die Sache auch sehen kann. Nicht in erster Linie im Sinne der Blickwinkel der anderen Beteiligten, sondern mehr im Sinne einer neuen Betrachtungsweise. Eines Weges zu einer Lösung, an den man bisher noch nicht gedacht hatte. Eine Betrachtungsweise, die dann im zweiten Schritt hilft, auch die Blickwinkel und die Position des Anderen zumindest zu verstehen.

Dabei hilft das Prinzip einer Kolumne. Sie erscheint jede Woche, und jede Woche greife ich darin ein einzelnes, singuläres Problem, eine Lebenssituation eines Lesers oder einer Leserin auf. Dabei versuche ich, zum einen eine Lösung, zum anderen einen neuen Gedanken auf dem Weg dorthin aufzuzeigen. Dieser neue Gedanke sollte die Lösung für das Problem ermöglichen, aber auch darüber hinausweisen: Es sollte ein Gedanke sein, den man allgemein für sein Leben verwenden kann. Warum hilft da das Prinzip der Kolumne? Weil die Kolumne, anders als sonst ein Artikel, nicht nur aus jeweils diesem einen Text besteht, sondern aus einer Reihe von Texten. Von denen zwar jeder jeweils ein einzelnes Problem behandelt und einen Weg dorthin zeigt, aber wenn man sie zusammen betrachtet, in ihrer wöchentlichen Abfolge, sollte sich – so hoffe ich – ein größeres Bild ergeben.

Natürlich könnte man manche der Fragen mit verschiedenen Mitteln, Gedanken und Denkern bearbeiten. Statt mit der goldenen Regel mit dem kategorischen Imperativ – und umgekehrt. Statt mit Kant mit Aristoteles oder mit John Rawls. Vielleicht auch mit Adorno, Augustinus, Arendt oder Asterix. Oder mit allen zusammen. Weil es aber eine Kolumne ist, kann man in der einen Woche das eine Problem mit dem einen und das andere Problem mit der anderen angehen. Und übers Jahr oder über die Jahre ergibt sich dann ein Bild aus den unterschiedlichen Gedanken. Das ist der Vorteil einer Kolumne, aber noch mehr der Vorteil eines Buches. Die Kolumne erstreckt sich über Wochen, Monate und Jahre, jede Woche kommt etwas Neues dazu. Eine neue Frage, aber auch ein neuer Gedanke, eine neue Möglichkeit, etwas zu sehen. Und gewissermaßen stehen sie, wenn sie Woche für Woche kommen, nebeneinander und ergänzen sich.

Und noch viel mehr ist das bei einem Buch wie diesem der Fall, in dem eine ganze Reihe der Texte zusammengefasst ist. Man kann sie in Häppchen lesen oder aber am

Stück und so die unterschiedlichen Gedanken etwas näher zusammenrücken. Nebeneinander- oder gegenüberstellen. Manche Gedanken ergänzen sich, andere stehen als Alternativen nebeneinander, und manchmal mag es sogar scheinen, als würden sie sich widersprechen. Denn das ist etwas, das auch durch die Vielzahl der Kolumnen offenbar wird: Es gibt nicht immer eine Lösung im Sinne der Auflösung aller Probleme wie durch einen Zauberspruch. Manchmal bleiben Widersprüche, und manchmal gibt es keine Lösung, die alle Beteiligten befriedigt. In manchen Fällen stehen sich widerstreitende Werte gegenüber, und man kann nur versuchen, eine Lösung zu finden, die für alle nachvollziehbar ist, auch wenn sie nicht alle glücklich macht. Jedoch halte ich das schon für einen großen Fortschritt: zu erkennen, dass der oder die Andere auch recht haben kann, dass es nicht nur einen anderen Blickwinkel, sondern auch eine andere Betrachtungsweise gibt. Und dass diese andere Betrachtungsweise genauso berechtigt sein kann wie die eigene. Im Idealfall kommt man dann über die unterschiedlichen Betrachtungsweisen, Blickwinkel und Positionen zu einer besseren Lösung.

Bei der Durchsicht der Fragen der letzten Jahre konnte ich feststellen, dass sich etliche davon um Probleme mit oder von Kindern oder in der Familie drehen. In diesem Buch bilden sie einen Schwerpunkt. Auch hier gilt: Die vielen unterschiedlichen Probleme aus diesem Bereich und die Gedanken zu ihrer Lösung sollten zusammen betrachtet mehr ergeben als die Summe ihrer Teile.

Jedoch behandelt das Buch nicht ausschließlich Fragen aus diesem Bereich, denn auch Eltern, Kinder und Verwandte führen ein Leben, das nicht ausschließlich von ihrer familiären Situation bestimmt ist. Auch wenn das vielen Eltern manchmal so vorkommen mag. Eltern fahren mit ihren Kindern im Auto, deshalb können spezielle Fragen dazu auftreten, so auf Seite 105 um gute und schlechte Kindersitze. Eltern stehen aber genauso im Stau und suchen Schleichwege wie alle anderen, deshalb betrifft sie die Frage dazu auf Seite 119 genauso. Und diejenigen, die keine Kinder haben, sind umgekehrt von Problemen aus diesem Bereich oft genauso betroffen, siehe die Titelfrage »Darf man Eltern sagen, dass ihre Kinder nerven?«

Das Schöne an dieser Frage ist auch, dass man sie umdrehen kann: »Darf man Kindern sagen, dass ihre Eltern nerven?« Da fällt die Antwort leichter. Nein, selbstverständlich nicht. Sind Sie nun überrascht? Nun, ich habe natürlich eine Begründung für meine Meinung: Dass Eltern nerven gehört zu den Grundüberzeugungen von Kindern – mit gewissen Schwankungen je nach Alter. Und man sollte Kinder nicht mit Dingen langweilen, die sie ohnehin wissen. Gelangweilte Kinder werden leicht nervig, das wissen alle, Eltern und Nichteltern. Eltern meist sogar noch besser. Aber Vorsicht: Selbst wenn Eltern es aussprechen, dass ihre Kinder gerade nerven, kann es gefährlich sein, zuzustimmen.

Die lieben Kleinen

Über nervende Söhne, Vorleben von Fairness und Respekt, Weitergeben von nicht gebrauchten Namen, Bärenohren- und Erdbeermützen, Kinder ohne Väter, Anhören von Antworten, Erzählen vom Tod, lustige Videos im Internet, zerdrückte Quengelware, Schokoladenpapier am Waldboden, zögerliche Paten, Anlächeln von Fremden sowie Freude am Ärgern der Schwester, kurz:

Über Kinder

»Mein bester Freund hat einen 3 1/2-jährigen Sohn. Meine Frau und ich haben keine Kinder und können daher mit Kindern nicht gut umgehen. Dürfen wir meinem Freund und seiner Frau sagen, dass uns deren Sohn auf die Nerven geht, wenn wir uns sehen? Oder ist das unter Freunden tabu, und wir müssen alles ertragen, was Kinder in diesem Alter eben so tun?«   *Eugen R., Ingolstadt*

Ein Ding erfüllt mein Gemüt mit immer neuer und zunehmender Bewunderung und Ehrfurcht: Die Klugheit der Natur – zumindest im übertragenen Sinne. Die Natur hat so vieles gut eingerichtet, zum Beispiel, dass Eltern automatisch ihre Kinder lieben. Das ist sinnvoll für die Kinder, weil Kinder anstrengend sein können, aber dennoch versorgt werden müssen, und auch für die Eltern, denn nur wenn die Kinder überleben, überleben auch die Gene der Eltern. Beim Menschen sind Kinder zudem lange Zeit vollkommen hilflos, ihre einzige Überlebenschance in dieser Zeit besteht darin, geliebt zu werden und Aufmerksamkeit zu erregen, so dass man sich ausreichend um sie kümmert.

   Darin liegt das Problem: Kinder müssen versuchen, im Mittelpunkt zu stehen, und ihre Eltern machen das Spiel mit – dank der Elternliebe und auch aus eigenem genetischen Interesse. Dieses Interesse ist bei Fremden, und seien sie noch so gute Freunde, naturgemäß geringer. Es kommt zu einem Interessenskonflikt, der auch noch dadurch gesteigert wird, dass Eltern eine geringere Begeisterung für ihre Kinder oft nur schwer nachvollziehen können. Schließlich sind sie selbst entzückt. Überdies handelt es sich um 50%ige genetische Kopien ihrer selbst, ihr eigen Fleisch und Blut.

Auch wenn der Konflikt verständlich ist und fast schon vorprogrammiert, hat der Mensch einen Vorteil, den uns spätestens Kant klargemacht hat: Er ist ein vernunftbegabtes Wesen und kann sich entsprechend verhalten. Sie, indem Sie nicht sagen, dass Ihnen das Kind auf die Nerven geht, und damit Ihren Freund kränken; stattdessen besser, dass Sie einfach nicht so viel mit Kindern anfangen können. Und Ihr Freund, indem er Ihnen nicht die volle Dosis Kind zumutet, auch wenn er es selbst über alles liebt. Das jeweils zu verstehen ermöglicht die Vernunft; entsprechend zu handeln gebietet sie.

Literatur:

Das eingangs abgewandelte Zitat lautet bei Kant im Original:
»Zwei Dinge erfüllen das Gemüt mit immer neuer und zunehmenden Bewunderung und Ehrfurcht, je öfter und anhaltender sich das Nachdenken damit beschäftigt: Der bestirnte Himmel über mir, und das moralische Gesetz in mir.«
Kritik der praktischen Vernunft, Zweiter Teil. Methodenlehre der reinen praktischen Vernunft, Beschluß, Akademie-Ausgabe S. 288

Eine sehr gute und vor allem auch gut lesbare Einführung in die Soziobiologie mit den Mechanismen der Elternliebe ist: Eckart Voland, Die Natur des Menschen, Grundkurs Soziobiologie, Verlag C.H. Beck, München 2007, leider auch antiquarisch nur mehr schwer erhältlich.

Einen tieferen Einblick unter anderem auch in die Fortpflanzungsstrategien und Elterninvestment mit Blick auch auf die Bevorzugung eigener Nachkommen, die gemeinschaftliche Kinderaufzucht und Adoptionen aus soziobiologischer Sicht:

Eckart Voland, Soziobiologie: Die Evolution von Kooperation und Konkurrenz, Springer Spektrum, Heidelberg, 4. Auflage 2013

Die amerikanische Comedian und Moderatorin Ellen Degeneres hat den Konflikt zwischen Eltern und Nichteltern in ihrem Buch ›Seriously ... I'm Kidding‹ sehr treffend dargestellt:

»If you're not attentive 100 percent of the time, you will quickly learn how difficult it is to get grape juice out of the antique rug in Auntie Ellen and Auntie Portia's sunroom.«

»We love children. We love to be around children after they've been fed and bathed. But we ultimately decided that we don't want children of our own. There is far too much glass in our house.«
Ellen Degeneres, Seriously ... I'm Kidding, Grand Central Publishing, New York 2013

»Unser sechsjähriger Sohn ist sehr wild, aber wir versuchen ihm vorzuleben, dass Werte wie Respekt, Anstand oder Fairness wichtig sind. Gleichzeitig frage ich mich, ob das noch zu verantworten ist. Müssten Eltern angesichts eines zunehmenden Verteilungskampfes nicht eher Fähigkeiten wie Durchsetzungskraft oder flexiblen Umgang mit gesellschaftlichen Normen und der Wahrheit vermitteln? Mir ist klar, dass ein Gemeinwesen, so wie wir es kennen, bald zum Erliegen käme, sollte so eine Denkweise weitere Verbreitung finden. Trotzdem kann man nicht umhin festzustellen, dass diese Strategien etwa in Wirtschaft, Finanzen und Politik für den Einzelnen oft zu weit besseren Ergebnissen führen.«   *Anna G., Bonn*

Sie sorgen sich – und das per se ist natürlich positiv – um die Zukunft Ihres Sohnes. Ob man dabei so stark auf das Wirtschaftliche fokussieren sollte, schon darüber ließe sich streiten. Für falsch halte ich allerdings den von Ihnen behaupteten Gegensatz zwischen Werten und Erfolg in Wirtschaft, Finanzen und Politik. Gut, die Politik mag ein Sonderfall sein, schon Platon etwa hat den Regierenden zugestanden, zum Nutzen des Staates zu lügen. Ansonsten aber scheint mir der Trend speziell in der Wirtschaft gerade umgekehrt in Richtung Werte zu gehen, die Wirtschaftsethik hat Hochkonjunktur.

Innerhalb dieses Bereichs gibt es zwei Ansätze, wie ethische Grundsätze in der Praxis umgesetzt werden: Compliance und Integrity. Beim Compliance-Ansatz werden möglichst detaillierte Regeln vorgegeben, und deren Einhaltung wird streng überwacht. Der Integrity-Ansatz zielt hingegen auf die gemeinsamen Werte des Unternehmens und der Mitarbeiter ab und darauf, dass die Mitarbeiter sich von sich aus zu diesen Werten bekennen und deshalb auch danach handeln. Im Prinzip liegt dem Compliance-Ansatz ein negatives Menschenbild zugrunde: Man nimmt an, dass jeder Mitarbeiter potentiell falsch handelt und nur durch Regeln, Überwachung und Strafen davon abgehalten wird. Beim Integrity-Ansatz hingegen vertraut man auf die Mitarbeiter und bemüht sich, deren richtiges Verhalten zu fördern. Auch wenn dieser Ansatz nicht ohne Compliance-Elemente auskommt, man denke nur an die Einhaltung von Gesetzen oder die Verhinderung von Straftaten, werden die Mitarbeiter damit als eigenverantwortliche Individuen behandelt, und zugleich kann das Unternehmen insgesamt besser auf Veränderungen reagieren als mit einem starren Regelgeflecht.

Damit kommen wir zu Ihrem Sohn, und ich will die Frage an Sie zurückgeben: Wollen Sie einen Sohn, der möglichst effizient passiv Regeln einhält, um seinen Vorteil zu haben und gerade nicht bestraft zu werden? Oder einen, der sich an seinen Grundüberzeugungen orientieren kann und damit aktiv selbst über sein Handeln entscheidet? Ich glaube, ganz unabhängig von gesamtgesellschaftlichen Überlegungen lässt auch die Orientierung allein am Wohl Ihres Sohnes fast nur die zweite Variante zu.

Literatur:

Lynn Sharp Paine, Managing for Organizational Integrity, Harvard Business Review, 1994, 106–117

Ulrich Thielemann, Compliance und Integrity – Zwei Seiten ethisch integrierter Unternehmenssteuerung, Zeitschrift für Wirtschafts- und Unternehmensethik (zfwu), 2005, 31–45 mit Koreferat von Thomas Bschorner: Integrität, Institution, Transformation, zfwu 2005, 46–50

Einen guten Überblick bietet: Bernd Noll, Wirtschafts- und Unternehmensethik in der Marktwirtschaft, Kohlhammer-Verlag 2002. Dort vor allem das Kapitel 9: Ethik-Management: Kodizes, Strategien und Instrumente, S. 115 ff., und 9.2. Compliance- oder Integrity-Ansatz: eine strategische Grundsatzentscheidung, S. 119 ff.

Zur Wahrheitsliebe in der Politik siehe Platon, Politeia, Buch III 389b:
»Also denen, die in der Stadt regieren, wenn überhaupt irgend jemandem, kann es zukommen, Unwahrheit zu reden, der Feinde und der Bürger wegen, zum Nutzen der Stadt; alle anderen aber dürfen sich hiermit gar nicht befassen.«
Aus: Platon, Sämtliche Werke, Band 2, rowohlts enzyklopädie, Rowohlt Taschenbuchverlag Reinbek bei Hamburg 1994, übersetzt von Friedrich Schleiermacher, S. 282

»Für unser erstes Kind hatten wir uns vor der Geburt ei-
nen männlichen und einen weiblichen Namen überlegt.
Nun erwarten wir ein zweites Kind und überlegen, ob es
moralisch in Ordnung ist, ihm den Namen zu geben, der
schon für unser erstes Kind vorgesehen war, wenn es ein
Junge geworden wäre. Oder trägt unsere Tochter nicht
eigentlich schon beide Namen?«   Julia P., Hamburg

Wie stark sind Personen mit ihren Namen verknüpft? In
seinem Buch *Totem und Tabu* berichtet Sigmund Freud,
dass vielfach der Name als Bestandteil der Person seines
Trägers angesehen wird – nicht nur bei archaischen Völ-
kern und Kindern. Das *Handwörterbuch des deutschen
Aberglaubens* kennt eine Vielzahl von Verbindungen zwischen Namen und Schicksal des Trägers, zum Beispiel habe mancherorts »der Arme seinem Kinde den N[ame]n eines Reichen« gegeben. Ein Überrest dieser Gedanken
dürfte sich im weitverbreiteten Benennen von Kindern
nach Eltern, Großeltern, Paten oder Heiligen wiederfinden. All dies vermag ein Unbehagen beim Namensrecy-
cling erklären.

Doch auch wenn man nicht abergläubisch ist, sehe ich
einen bedenkenswerten Punkt: die Austauschbarkeit.
Nicht der Namen, sondern der Kinder. Im Grunde dient
ein Name der Bezeichnung oder Charakterisierung des In-
dividuums, ist also sekundär. Wenn jedoch der Name vorher da ist, scheint das Kind plötzlich umgekehrt die Auf-

gabe zu haben, einen Namen mit Leben aufzufüllen. Und dieser Eindruck wird noch verstärkt, wenn ein Kind einen Namen erhält, der schon für ein vorheriges Kind vorgesehen war und damals nur nicht verwendet werden konnte. Der Nachgeborene muss plötzlich neben der Kleidung auch noch den abgelegten Namen auftragen.

Eine Lösung findet man im *Historischen Wörterbuch der Philosophie*. Dort kann man lesen, dass heute bei der Namenswahl nicht die Herkunft des Namens oder die Berufung auf Familientradition oder Namenspatrone »ausschlaggebend zu sein pflegt, sondern vielmehr der Wunsch nach Wohlklang und die mehr oder minder bewusste Anpassung an den Zeitgeschmack«. Überlegungen dieser Art aber sind nicht individuell auf das einzelne Kind bezogen, und man kann sie, statt sie beim zweiten Kind neu anzustellen, auch übernehmen.

Literatur:

Wolfgang Aly, Name, in: Handwörterbuch des deutschen Aberglaubens (10 Bände). Hrsg. v. Hanns Bächtold-Stäubli unter Mitwirkung von Eduard Hoffmann-Krayer. Mit einem Vorwort von Christoph Daxelmüller, Berlin / New York, Walter de Gruyter, 1987. Band 6 Spalte 950–961. Unveränderter photomechanischer Nachdruck der Originalausgabe (Handwörterbuch zur deutschen Volkskunde, herausgegeben vom Verband deutscher Vereine zur deutschen Volkskunde, Abteilung I, Aberglaube) erschienen 1927 bis 1942 bei Walter de Gruyter & Co, vormals G. J. Göschen'sche Verlagshandlung – J. Guttentag, Verlagsbuchhandlung – Georg Reimer – Karl J. Trüber – Veit & Comp., Berlin und Leipzig

Helmut Gipper, Name, in: Joachim Ritter, Karlfried Gründer und Gottfried Gabriel (Hrsg.), Historisches Wörterbuch der Philosophie, Band 6, Verlag Schwabe & Co., Basel 1984, Spalte. 364–389

Sigmund Freud, Totem und Tabu, Fischer Taschenbuch Verlag, Frankfurt am Main, 1991, dort insbesondere: II. Das Tabu und die Ambivalenz der Gefühlsregungen, Kapitel 3 c) Das Tabu der Toten, S. 105 ff., III. Animismus, Magie und Allmacht der Gedanken, Kapitel 2, S. 132 und IV. Die infantile Wiederkehr des Totemismus, Kapitel 2, a) Die Herkunft des Totemismus, α) Die nominalistischen Theorien, S. 162 ff.

»Das Befremdende dieses Namenstabu ermäßigt sich, wenn wir daran gemahnt werden, dass für die Wilden der Name ein wesentliches Stück und ein wichtiger Besitz der Persönlichkeit ist, dass sie dem Worte volle Dingbedeutung zuschreiben. Dasselbe tun, wie ich an anderen Orten ausgeführt habe, unsere Kinder, die sich darum niemals mit der Annahme einer bedeutungslosen Wortähnlichkeit begnügen, sondern konsequent schließen, wenn zwei Dinge mit gleichklingenden Namen genannt werden, so müsste damit eine tiefgehende Übereinstimmung zwischen beiden bezeichnet sein. Auch der zivilisierte Erwachsene mag an manchen Besonderheiten seines Benehmens noch erraten, dass er von dem Voll- und Wichtignehmen der Eigennamen nicht ganz so weit entfernt ist, wie er glaubt und dass sein Name in einer ganz besonderen Art mit seiner Person verwachsen ist. Es stimmt dann hiezu, wenn die psychoanalytische Praxis vielfachen Anlass findet, auf die Bedeutung der Namen in der unbewussten Denktätigkeit hinzuweisen.« Sigmund Freud, a. a. O., S. 106 f.

»Zu den wesentlichen Bestandteilen einer Persönlichkeit gehört nach der Anschauung der Primitiven ihr Name; wenn man also den Namen einer Person oder eines Geistes weiß, hat man eine gewisse Macht über den Träger des Namens erworben.« Sigmund Freud, a. a. O., S. 132

»Namen sind für die Primitiven – wie für die heutigen Wilden und selbst für unsere Kinder – nicht etwa etwas Gleichgültiges und Konventionelles, wie sie uns erscheinen, sondern etwas Bedeutungsvolles und Wesentliches. Der Name eines Menschen ist ein Hauptbestandteil seiner Person, vielleicht ein Stück seiner Seele.« Sigmund Freud, a. a. O., S. 164

»Kindermützen mit Katzen-, Hasen- oder Bärenohren fand ich schon immer albern. Jetzt aber bekam meine einjährige Nichte eine Mütze übergestülpt, die ihren Kopf wie eine Erdbeere aussehen lässt. Ist es gerechtfertigt, dass Eltern ihre Kinder ohne deren ausdrückliches Einverständnis als Gegenstand oder Tier verkleiden, weil sie es niedlich finden?« Laura M., Bielefeld

Alles, was mit Kindern geschieht, hat den Vorteil, einem klaren Prüfungsmaßstab zu unterliegen: dem Kindeswohl. Es sollte über allen anderen Erwägungen stehen, wenn auch nicht vollkommen allein. So sehr es manche überraschen mag, auch Eltern haben Rechte, ebenso Nachbarn und alle anderen Mitmenschen. Dennoch steht, weil und soweit Kinder schutzbedürftig sind, das Kindeswohl weit oben, und dessen Verbindung zu Erdbeermützen liegt nicht direkt auf der Hand.

Manchmal habe ich den Verdacht, dass es sich bei lustigen Kinderoutfits schlicht um Rache handelt, nach dem Motto: Du entscheidest zwar, wann ich schlafen kann oder nicht, aber ich entscheide, was du anziehst. Und weil ich so wenig Schlaf bekomme, musst du eben als Erdbeere herumlaufen. Dieser Verdacht gründet darauf, dass selbst die liebevollsten Eltern manchmal an die Grenzen ihrer Liebesfähigkeit und -willigkeit kommen. Vor diesem Hintergrund kann man den lustigen Bekleidungen bei Kindern tatsächlich etwas Positives im Sinne des Kindeswohls abgewinnen: Die Eltern finden das niedlich, und das steigert, wie das Kindchenschema mit den großen Augen zeigt, die Zuneigung, was wiederum dem Kind zugutekommt und verhindert, dass es beim nächsten Schreianfall zum eigenen Schaden die Grenzen elterlicher Geduld überschreit und -schreitet.

Abgesehen davon scheint es mir jedoch schwer begründbar, ein Kind zum Amüsement der Erwachsenen lustig zu verkleiden. Zu nichts anderem aber kann es dienen, einem Kind eine derartige Mütze aufzusetzen. Vielleicht hilft eine kleine Faustregel: Man sollte einem Kind nur Sachen anziehen, die man im Prinzip auch tragen würde. Und gewagte Outfits sogar dann vermeiden, wenn man sie selbst mag. Es ist moralisch zulässig, sich selbst zum Affen zu machen, aber nicht einen anderen, der sich nicht wehren kann.

Literatur:

Christoph Schickhardt, Kinderethik. Der moralische Status und die Rechte der Kinder, mentis Verlag, Münster 2012
Dort besonders Kapitel 6, Kindeswohl: Glück und personale Autonomie, S. 160–190

Christoph Schickhardt, Zum Begriff des Kindeswohls: Ein liberaler Ansatz, in: Miguel Hoeltje, Thomas Spitzley und Wolfgang Spohn (Hrsg.), Was dürfen wir glauben? Was sollen wir tun? Sektionsbeiträge des achten internationalen Kongresses der Gesellschaft für Analytische Philosophie e. V., Online-Veröffentlichung der Universität Duisburg-Essen, 2013, S. 501–506
Abrufbar hier: http://duepublico.uni-duisburg-essen.de/servlets/DerivateServlet/Derivate-33085/GAP8_Proceedings.pdf

Micha Brumlik, Advokatorische Ethik – Zur Legitimation pädagogischer Eingriffe, 2. Auflage, Philo-Verlag, Berlin 2004

»Ich habe eine offene Beziehung und möchte ein Kind. Ist die Idee vertretbar, ein Kind in die Welt zu setzen, ohne sicher zu sein, ob es einen Vater haben wird und eventuell darunter leiden könnte?«   *Stephanie L., München*

Zunächst muss ich Ihnen widersprechen: Auch ein Kind aus einer offenen Beziehung wird einen Vater haben. Schlimmstenfalls nur wenig Kontakt zu ihm. Ansonsten kann es sein, dass Ihre offene Beziehung Bestand hat und das Kind in einer familiären Struktur mit Ihnen und seinem Vater aufwächst. Oder aber, weil die Beziehung nicht hält, bei Ihnen und vielleicht auch dem Vater als alleinerziehende Elternteile oder mit anderen künftigen Partnern in einer Patchworkfamilie. Genauso, wie es in etwa zwanzig Prozent aller Familien in Deutschland der Fall ist.

Den Kern der Antwort sehe ich im Problem der Nichtexistenz. Oder, wie es der Philosoph Derek Parfit nennt, dem Interesse möglicher Menschen. Was bedeutet das? Ihr Kind existiert noch nicht, auch nicht im Mutterleib. Es könnte vielleicht einmal existieren, ob, das überlegen Sie gerade. Derzeit ist es also ein möglicher Mensch. Und die Frage, die sich stellt, ist: Kann es im Interesse dieses möglichen Menschen sein, nie zu existieren? Denn man muss sich Folgendes bewusst machen: Die zwei Möglichkeiten, die sich Ihrem Kind bieten, sind nicht, mit oder ohne Vater aufzuwachsen. Wenn Sie keinen festen Partner haben, ist die einzige Alternative, die Ihr mögliches Kind zu dieser Situation hat, die, gar nicht geboren zu werden. Und auch wenn man darüber diskutieren kann, ob es Konstellationen gibt, in denen es besser wäre, nicht geboren zu werden, eines steht fest: Nur bei der Mutter oder in einer Patchworkfamilie aufzuwachsen gehört ganz sicher nicht zu diesen Konstellationen.

Für Sie sehe ich eher folgende Fragen: Will Ihr Partner auch ein Kind? Wie ernsthaft und authentisch ist Ihr Kinderwunsch? Trägt er auch die mögliche Belastung, ein Kind allein großzuziehen? Und vor allem: Glauben Sie, Ihrem Kind eine gute Mutter sein zu können? Dass Sie Überlegungen wie hier anstellen, spricht sehr dafür.

Literatur:

Bundesministerium für Familie, Senioren, Frauen und Jugend, Stief- und Patchworkfamilien in Deutschland, Monitor Familienforschung. Beiträge aus Forschung, Statistik und Familienpolitik, Ausgabe 32, Stand: November 2013

Bundesministerium für Familie, Senioren, Frauen und Jugend, Alleinerziehende in Deutschland – Lebenssituationen und Lebenswirklichkeiten von Müttern und Kindern, Monitor Familienforschung. Beiträge aus Forschung, Statistik und Familienpolitik, Ausgabe 28, Stand: Juli 2012

Derek Parfit, Reasons and Persons, Oxford 1984, S. 351–379

Derek Parfit, Rights, Interests, and Possible People, in: S. Gorovitz et al. (Hrsg.), Moral Problems in Medicine, Engelwood Cliffs/NJ 1976, S. 369–375

Auf Deutsch ist der Text unter dem Titel »Rechte, Interessen und mögliche Menschen« abgedruckt in dem auch sonst sehr empfehlenswerten Sammelband: Anton Leist (Hrsg.) Um Leben und Tod. Moralische Pro-

bleme bei Abtreibung, künstlicher Befruchtung, Euthanasie und Selbst-
mord, Suhrkamp Verlag, Frankfurt am Main 1990, S. 384–394
Leider ist das Buch nur mehr antiquarisch erhältlich.

Parfit spricht vom »Problem der Nichtidentität«, weil er Fälle behandelt,
in denen es darum geht, ob statt eines bestimmten Kindes mit schweren
Erkrankungen später ein anderes Kind ohne diese Erkrankungen zur Welt
kommt, das dann eben nicht identisch mit dem früheren Kind ist. Deshalb wird das frühere Kind nicht existieren, und man muss sich überlegen, wie es mit dessen Interessen – zusammen mit den Interessen aller
anderen Beteiligten – aussieht.

Da es in der vorliegenden Frage nicht um eine Verschiebung der Schwan-
gerschaft geht (in der Hoffnung, dass es später eine feste Beziehung gibt),
sondern um die grundsätzliche Überlegung, ob man einem Kind die Situation in einer offenen Beziehung zumuten kann, halte ich hier die Bezeichnung »Problem der Nichtexistenz« für treffender.

Roberts, M. A., »The Nonidentity Problem«, The Stanford Encyclopedia
of Philosophy (Fall 2015 Edition), Edward N. Zalta (ed.), forthcoming,
Online abrufbar unter: http://plato.stanford.edu/entries/nonidentity-pro-
blem/

*»Meine vierjährige Tochter hat mir heute eine Frage ge-
stellt. Als ich etwas länger antwortete, sagte sie, das inter-
essiere sie nicht. Ich gab zurück, dann hätte sie nicht
fragen sollen, worauf sie meinte, sie könne nicht wissen,
ob es sie interessiert, da sie die Antwort ja nicht gewusst
habe. Wie ist das allgemein? Muss sich ein Fragender
nicht dennoch die Antwort anhören?«* Anna S., Starnberg

Bei Astrid Lindgrens *Pippi Langstrumpf* kann man den
schönen Satz lesen: »Na ja, eine höfliche Frage verlangt
eine höfliche Antwort.« Diese kluge Erkenntnis möchte
ich fortsetzen und sagen: »Na ja, eine höfliche Antwort
verlangt ein höfliches Zuhören.« Im Grund scheint sich
das aus der Wechselseitigkeit von Frage und Antwort zu
ergeben. Und wenn der Antwortende schon so höflich war,
auf eine Frage zu antworten, sollte der Fragende dann auch
so höflich sein zuzuhören.

Der tiefere Grund dürfte wieder einmal bei Immanuel
Kant liegen, genauer, bei seinem Verbot, einen anderen
Menschen »bloß als Mittel« zu gebrauchen. Wenn man
von jemandem etwas wissen will, benutzt man ihn als
Mittel zur Erlangung dieser Information. Aber derjenige
bleibt eigenständig sowohl in der Entscheidung, ob er
oder sie antwortet, als auch darin, was und wie umfang-
reich. Unterbricht man ihn jedoch, weil man das, was er
antwortet, doch nicht wissen will, zeigt man, dass man
nur an einer bestimmten Information interessiert ist,

nicht aber an dem, was der andere zu diesem Thema sagen will. Man reduziert ihn tatsächlich auf ein Auskunftsmittel. Das ist es auch, was den unterbrochenen Antwortenden verletzt.

Andererseits kennt man das Problem, dass jemand eine harmlose Frage zum Anlass nimmt, endlose Monologe zu führen. Im Englischen gibt es dafür den schönen Ausdruck TMI. Er steht für »too much information« – zu viel Information. Was wie hier zu viele, aber auch zu genaue, im Sinne von zu intime oder abstoßende Details bedeuten kann. Nur, wo findet man die Grenze, ab der man nicht mehr zuhören muss? Auch die scheint mir Kant zu zeigen: Dann, wenn die Antwort nicht mehr für den Fragenden erfolgt, sondern umgekehrt der Antwortende den Fragesteller als bloßes Mittel für seine Selbstdarstellung gebraucht. Dann gilt: TMI.

Literatur:

Immanuel Kants kategorischer Imperativ in der sogenannten Selbstzweckformel oder Zweck-Mittel-Formel lautet: »Handle so, dass du die Menschheit sowohl in deiner Person, als in der Person eines jeden anderen jederzeit zugleich als Zweck, niemals bloß als Mittel brauchst.«

Auf derselben Seite erläutert Kant noch einmal: »Der Mensch aber ist keine Sache, mithin nicht etwas, das bloß als Mittel gebraucht werden kann, sondern muß bei allen seinen Handlungen jederzeit als Zweck an sich selbst betrachtet werden.«

Zu finden in: Immanuel Kant, Grundlegung zur Metaphysik der Sitten, Akademie-Ausgabe, Band IV, S. 429

Astrid Lindgren, Pippi Langstrumpf geht an Bord, Verlag Friedrich Oetinger, Hamburg, 1970, Zweites Kapitel, Pippi geht einkaufen, S. 23 f.

»An der Bushaltestelle erzählte eine ältere Dame meinem Sohn, dass sie unheilbar an Krebs erkrankt ist und nur noch kurz zu leben hat. Das wühlte ihn so auf, dass er Schlüssel und Geldbeutel liegen ließ. Darf ich auf die Unbekannte sauer sein, dass sie einem 14-Jährigen ihr Herz ausschüttet und ihn aus dem Gleichgewicht bringt, oder sollte ich sie bemitleiden?«   *Corinna H., Ingolstadt*

Meines Erachtens hat die alte Dame falsch gehandelt. Auch wenn sie jemanden brauchte, um ihr Herz auszuschütten, sie hätte keinen fremden Jugendlichen dafür wählen dürfen, der nichts damit zu tun hat und den das belastet und überfordert. Ich glaube aber auch, dass man das der Dame schlecht vorwerfen kann, weil sie vielleicht zu schwer an ihrer eigenen Last getragen hat und ebenfalls überfordert war.

Für Sie bedeutet das, dass Sie auf der ersten Ebene ganz zu Recht sauer sein dürfen. Auf einer zweiten, reflektiven Ebene sollte es Ihnen jedoch gelingen, diesen Ärger zu dämpfen, wenn Sie über das Schicksal der Frau nachdenken. Eventuell hilft es, wenn man die beiden Probleme einander gegenüberstellt: Auf der einen Seite das Ihres Sohnes und indirekt Ihrer Familie durch die unvermittelte Konfrontation mit dem Schicksal und dem Tod. Auf der anderen Seite das der alten Dame, die nicht nur mit der Information, sondern mit dem Schicksal selbst umgehen muss. Im Vergleich verschwindet Ihr Problem nahezu.

Ich habe die Erfahrung gemacht, dass man im Umgang mit Menschen und vor allem bei der Beurteilung von deren Verhalten weiter kommt und besser fährt, wenn man versucht, sich vorzustellen, mit welchen Problemen sie kämpfen, was sie mit sich herumtragen. Hier muss man es sich nicht einmal vorstellen, man weiß es. Das macht deren Verhalten nicht richtig, vielleicht entschuldigt es das auch nicht, aber es hilft, Verständnis aufzubringen. Was einem wiederum selbst die Situation erleichtert.

Sie können nun die Gelegenheit nutzen, um mit Ihren Kindern über das nicht immer freundliche Schicksal und den Tod zu sprechen, die zum Leben dazugehören. Irgendwann werden auch Ihre Kinder direkt mit beidem konfrontiert werden, und womöglich hilft es ihnen dann, sich schon einmal damit beschäftigt zu haben.

Leseempfehlungen:

Philippe Ariès, Geschichte des Todes, dtv München, 11. Auflage 2005

Constantin von Barloewen (Hrsg.), Der Tod in den Weltkulturen und Weltreligionen, Insel Verlag, Frankfurt am Main 2000

Joachim Wittkowski (Hrsg.): Sterben, Tod und Trauer, Kohlhammer Verlag, Stuttgart 2003

Sigmund Freud, Trauer und Melancholie, zuerst erschienen in: Internationale Zeitschrift für Ärztliche Psychoanalyse, Bd. 4 (6), 1917, S. 288–301

John S. Stephenson, Death, Grief and Mourning, Free Press, New York 2007

Neil Small, Jeanne Katz, Jennifer Lorna Hockey (Hrsg.), Grief, Mourning and Death Ritual, Open University Press, Buckingham/Philadelphia 2001

Héctor Wittwer, Daniel Schäfer, Andreas Frewer (Hrsg.), Sterben und Tod. Ein interdisziplinäres Handbuch, J. B. Metzler Verlag, Stuttgart 2010

Klaus Feldmann, Tod und Gesellschaft, VS Verlag für Sozialwissenschaften, Wiesbaden, 2. Auflage 2010

Héctor Wittwer, Philosophie des Todes, Reclam Verlag, Stuttgart 2009

Friedrich Wilhelm Graf und Heinrich Meier (Hrsg.), Der Tod im Leben, Piper Verlag, München 2004

Elisabeth Kübler-Ross, Reif werden zum Tode, Knaur Verlag, München 2004

»Auf Internetportalen wie Youtube sind Videos von klei-
nen Kindern und Säuglingen, die lustige Geräusche ma-
chen, große Renner. Sie erreichen zum Teil bis zu 200 Mil-
lionen Klicks. Die Videos werden meist von den Eltern
der Kinder ins Netz gestellt, und Säuglinge können
schwerlich gefragt werden, ob sie einverstanden sind. Ha-
ben die Eltern das Recht dazu, weil sie Erziehungsberech-
tigte sind? Was, wenn die Kinder sich später schämen für
ihre Internetprominenz?«   *Clarissa V., Lübeck*

Eltern müssen und dürfen in vielen Situationen stellver-
tretend für ihre Kinder entscheiden, manchmal auch gegen deren erklärten Willen, man denke nur an Arztbesu-
che, gesunde Ernährung oder Gefahren, die Kindern
verlockend erscheinen. Dennoch darf man dabei eines
nicht vergessen, was der Erziehungswissenschaftler Micha Brumlik treffend umschreibt, wenn er in diesem Zusammenhang von »advokatorischer Ethik« spricht: Die
Eltern treffen diese Entscheidungen nicht in eigenem Interesse, sondern treuhänderisch wie ein Anwalt für ihre
Kinder.

Ob man Videos mit ihnen ins Netz stellt, müssen die
Eltern demzufolge zwar für ihre Kinder entscheiden. Aber
eben nicht danach, was sie selbst für gut oder lustig halten, sondern danach, ob die Kinder mutmaßlich einverstanden wären, könnten sie alle Umstände erfassen. Das
kann man nie wissen, wird mancher nun entgegnen. Das

stimmt, und an der Stelle wird es interessant: Wie geht man damit um, dass man es nicht wissen kann?

Man könnte sich überlegen, wie man es für sich selbst haben wollte, wäre man anstelle der Kinder. Das ist praktikabel, vernachlässigt aber, dass es sich bei Kindern um eigenständige Personen handelt, und beinhaltet die Gefahr, ihnen seine eigenen Vorstellungen überzustülpen. Man könnte sich daran orientieren, wie die Kinder wohl am wahrscheinlichsten entscheiden würden. Ein Blick auf diverse Castingshows könnte jedoch zur Auffassung führen, dass Menschen sich gern lächerlich machen, wenn sie damit nur in die Medien kommen. Damit aber ließe sich jede öffentliche Bloßstellung rechtfertigen, und das scheint mir nicht richtig.

Meiner Meinung nach muss man sich vielmehr an einem Grundsatz orientieren: Immer dann, wenn man Entscheidungen für andere trifft, sollte man im Zweifel so weit als möglich Zurückhaltung üben. Ich würde dabei Parallelen zum Risiko sehen, das man für sich in weit größerem Maße eingehen kann als für andere. Hierher übertragen bedeutet das: Solange man nicht positiv feststellen kann, dass die Abgelichteten es wollen, sollte man nichts veröffentlichen. Zumal lustige Videos von Kindern im Netz vor allem denen dienen, die sie anklicken und sich amüsieren, am wenigsten aber den Kindern selbst. Streng genommen, sind diese Videos eigentlich ein Fall fürs Jugendamt.

Literatur:

Micha Brumlik, Advokatorische Ethik – Zur Legitimation pädagogischer Eingriffe, 2. Auflage, Philo-Verlag, Berlin 2004

»Meine Freundin war mit ihrer zwei Jahre alten Tochter im Supermarkt. Während sie an der Kasse anstanden, griff die Tochter nach einem der dort platzierten Überraschungseier – und hatte es schon zerdrückt, bevor ihre Mutter eingreifen konnte. Der Kassierer verlangte, meine Freundin solle das Schokoladenei bezahlen, schließlich habe ihre Tochter es kaputtgemacht. Meine Freundin weigerte sich, weil die Süßigkeiten mit Absicht dort aufgebaut seien, um die Kinder zu verführen. Wer hat recht?«

Markus K., Rosenheim

Zunächst scheint es sinnvoll, einen Blick auf die Rechtslage zu werfen. Vielleicht für manche überraschend, besteht von dieser Seite her nicht unbedingt eine Verpflichtung, das kaputte Ei zu bezahlen. Die Tochter ist noch zu klein, um selbst zu haften, und entgegen der weitverbreiteten These »Eltern haften für ihre Kinder« tun sie das nicht automatisch, sondern nur, wenn sie ihre Aufsichtspflicht verletzen. Das ist aber nicht schon immer dann der Fall, wenn das Kind nach etwas greift; Aufsichtspflicht bedeutet nämlich nicht, sein Kind zu fesseln. Zu locker handhabt es sicherlich, wer sein zweijähriges Kind im Gang mit den Süßigkeiten zurücklässt, mit nichts anderem als der Aufforderung, brav zu bleiben. Jedoch kann selbst bei bester Aufsicht ein Kind an der Kasse eine Süßigkeit greifen und zerdrücken – allerdings erst recht, wenn man ihm alles durchgehen lässt.

Bei der moralischen Bewertung würde ich mich lieber an der Widerspruchsfreiheit orientieren. Süßigkeiten im Kassenbereich hängen so, dass Kinder sie sehen und auch greifen können und die Eltern auf ihre sonnige kindliche Art davon überzeugen, sie behalten zu dürfen – daher der Ausdruck »Quengelware«. Die Einzelhändler wissen genau, dass Eltern diese Situation gern vermeiden würden, es ihnen aber häufig nicht gelingt. Der erwünschte und beabsichtigte Verkaufserfolg hängt also auch daran, eine Konstellation zu schaffen, in der Kinder sich teilweise der Aufsicht entziehen können. Dann wäre es jedoch höchst widersprüchlich, den Eltern vorzuwerfen, dass sie ihrer Aufsichtspflicht nicht ausreichend nachgekommen sind und deshalb für Schäden bezahlen sollen. Und ganz im Sinne Kants soll beim moralischen Handeln ein Wille nicht mit sich selbst im Widerspruch sein. Insofern hat sich Ihre Freundin auch in moralischer Hinsicht zu Recht geweigert zu bezahlen.

Nun könnte man freilich entgegnen, dass eine derartige Strategie des Einzelhändlers keineswegs widersprüchlich ist, sondern im Gegenteil höchst logisch und schlicht trickreich, um nicht zu sagen: tückisch. Doch würde ich mich erstens hüten, dem Einzelhandel Derartiges zu unterstellen, und zweitens wäre diese Kolumne nicht der Ort, an dem solch Vorgehen moralische Unterstützung erhielte.

Literatur:

Immanuel Kant, Grundlegung zur Metaphysik der Sitten, Akademie-Ausgabe, Band IV, S. 437

Im Wortlaut heißt es dort: »Wir können nunmehr da endigen, von wo wir im Anfange ausgingen, nämlich dem Begriffe eines unbedingt guten

Willens. Der Wille ist schlechterdings gut, der nicht böse sein, mithin dessen Maxime, wenn sie zu einem allgemeinen Gesetze gemacht wird, sich selbst niemals widerstreiten kann. Dieses Princip ist also auch sein oberstes Gesetz: handle jederzeit nach derjenigen Maxime, deren Allgemeinheit als Gesetzes du zugleich wollen kannst; dieses ist die einzige Bedingung, unter der ein Wille niemals mit sich selbst im Widerstreite sein kann, und ein solcher Imperativ ist kategorisch. Weil die Gültigkeit des Willens als eines allgemeinen Gesetzes für mögliche Handlungen mit der allgemeinen Verknüpfung des Daseins der Dinge nach allgemeinen Gesetzen, die das formale der Natur überhaupt ist, Analogie hat, so kann der kategorische Imperativ auch so ausgedrückt werden: handle nach Maximen, die sich selbst zugleich als allgemeine Naturgesetze zum Gegenstande haben können. So ist also die Formel eines schlechterdings guten Willens beschaffen.«

Bürgerliches Gesetzbuch (BGB)

§ 828 Minderjährige
(1) Wer nicht das siebente Lebensjahr vollendet hat, ist für einen Schaden, den er einem anderen zufügt, nicht verantwortlich.
(2) Wer das siebente, aber nicht das zehnte Lebensjahr vollendet hat, ist für den Schaden, den er bei einem Unfall mit einem Kraftfahrzeug, einer Schienenbahn oder einer Schwebebahn einem anderen zufügt, nicht verantwortlich. Dies gilt nicht, wenn er die Verletzung vorsätzlich herbeigeführt hat.
(3) Wer das 18. Lebensjahr noch nicht vollendet hat, ist, sofern seine Verantwortlichkeit nicht nach Absatz 1 oder 2 ausgeschlossen ist, für den Schaden, den er einem anderen zufügt, nicht verantwortlich, wenn er bei der Begehung der schädigenden Handlung nicht die zur Erkenntnis der Verantwortlichkeit erforderliche Einsicht hat.

§ 832 Haftung des Aufsichtspflichtigen
(1) Wer kraft Gesetzes zur Führung der Aufsicht über eine Person verpflichtet ist, die wegen Minderjährigkeit oder wegen ihres geistigen oder körperlichen Zustands der Beaufsichtigung bedarf, ist zum Ersatz des Schadens verpflichtet, den diese Person einem Dritten widerrechtlich zufügt. Die Ersatzpflicht tritt nicht ein, wenn er seiner Aufsichtspflicht genügt oder wenn der Schaden auch bei gehöriger Aufsichtsführung entstanden sein würde.
(2) Die gleiche Verantwortlichkeit trifft denjenigen, welcher die Führung der Aufsicht durch Vertrag übernimmt.

»Ich war vor kurzem bei einer Freilicht-Theatervorstellung in einem Waldstück nahe München. Am Einlass beobachtete ich eine Familie mit zwei Kindern. Der kleine Junge, vielleicht acht Jahre alt, packte eine Tafel Schokolade aus. Die Verpackung aus Papier und Alufolie warf er auf den Waldboden. Seine Eltern sahen zu, sagten aber nichts. Hätte ich ihn zurechtweisen sollen?«

Hans B., Traunstein

Auf der Rangliste der unangenehmen Momente auf dem Gebiet der Moral steht Ihr Fall ziemlich weit oben. Hier geht es nicht nur um das Minenfeld, andere ungefragt auf mögliches Fehlverhalten hinzuweisen, sondern auch noch darum, sich in fremde Erziehung einzumischen. Und das ist kein Minenfeld mehr, sondern Nitroglyzerin in der Hüpfburg.

Deshalb vorsichtig der Reihe nach: Das Wegwerfen von nichtverrottbarem Abfall im Wald ist etwas Negatives. Deshalb sollte man im Prinzip etwas dagegen unternehmen. Umfasst das dann auch, jemanden, der es tut, zurechtzuweisen? Langsam wird es schwieriger, zumindest in der Umsetzung. Aber falls man den Müll nicht schweigend einsammeln und entsorgen will, scheint der Hinweis fast die einzige Möglichkeit. Nur wie? Hier helfen die vorherigen Überlegungen: Wenn das Ziel der unverschmutzten Natur im Vordergrund steht und nicht der Wunsch, andere zu maßregeln, kann und sollte man es so formulieren, dass die anderen sich möglichst wenig angegriffen fühlen. Moral soll schließlich das Zusammenleben verbessern und nicht zu Streit führen. Für relativ elegant und wenig aggressiv halte ich es, jemandem, der seinen Abfall einfach fallen lässt, freundlich wie im Falle eines aus der Tasche gerutschten Gegenstands hinterherzurufen: »Entschuldigen Sie, ich glaube, Sie haben etwas verloren!« und, wenn man will, ihm etwa die leere Zigarettenschachtel auch noch in die Hand zu drücken. Die Entgegnung, das sei Abfall und den habe man absichtlich in die Gegend geworfen, geht nicht so einfach über die Lippen.

Damit zur finalen Frage: Was tun im Falle der Kinder neben ihren Eltern? Meines Erachtens sollte man generell vermeiden, Eltern vor ihren Kindern zu kritisieren. Das werden die Kinder später schon selbst erledigen. Und Erziehung ist tatsächlich in erster Linie Sache der Eltern, insofern ist direkte Kritik an den Kindern ebenfalls schwierig. Deshalb halte ich auch hier den freundlichen Hinweis auf den verlorenen Gegenstand für das Beste. Er baut den Eltern eine Brücke, und zugleich kann es ganz interessant sein zu sehen, wie sie reagieren. Wie gesagt, der Satz, dass man Abfall absichtlich in die Gegend werfen darf, geht schwer über die Lippen. Vor allem vor den eigenen Kindern, denen man dann zu Hause erklären müsste, warum das in der eigenen Wohnung nicht gelten soll.

Leseempfehlung:

Hör mal, Freundchen! Fremde Kinder können anstrengend sein. Aber wehe, man setzt ihnen als Außenstehender Grenzen. Dann bekommt man Ärger mit den Eltern. Warum eigentlich? Von Cathrin Kahlweit, SZ-Magazin 25/2012
Online abrufbar unter: http://sz-magazin.sueddeutsche.de/texte/anzeigen/37711/

»Als unser Sohn zur Welt kam, dachten wir gleich an ei-
nen guten alten Freund als Patenonkel. Allerdings sahen
wir uns nicht mehr so oft, und als ich ihn endlich fragte,
war seine Reaktion zwar nicht negativ, aber auch nicht
freudestrahlend. Nun bin ich mir nicht mehr sicher, ob er
der richtige Patenonkel ist. Kann ich die Frage zurückzie-
hen?« *Jan G., Bremen*

Über die Funktion des Paten gibt es unterschiedliche Auf-
fassungen. Aus kirchlicher Sicht – es geht ja zumindest
ursprünglich um das Amt des Taufpaten – soll der Pate
das Kind auf seinem Weg zum und im Glauben begleiten.
Also ein überwiegend religiöses Amt, das seinen Ursprung
aus der im Urchristentum üblichen Erwachsenentaufe
hat, bei der man jemanden brauchte, der den Täufling an
das Leben in der Gemeinde heranführte und als Bürge für
die Person und deren ernsthaften Glauben auftrat. Traditionell galt früher auch, dass der Pate das Kind im Falle
des Todes der Eltern zu sich nimmt und aufzieht.

Heutzutage ist das alles meist in den Hintergrund getre-
ten, und die Patenschaft, wenn sie nicht ausschließlich als
Tradition oder sentimental gesehen wird, dient häufig
eher als Mittel, mit dem Eltern ihre Kinder – und damit
indirekt auch sich selbst – stärker in ihren Freundes- oder
Verwandtenkreis integrieren können. Und sei es nur, um
einen zusätzlichen potentiellen Babysitter zu bekommen.
Aber auch wenn die Bedeutung der Patenschaft damit

massiv abgenommen hat, beinhaltet jede Patenschaft dennoch eine Bindung an das Patenkind, sie bleibt in ihrem Wesensgehalt so etwas wie eine kleine Variante der Elternschaft, eine Elternschaft light. Deshalb sollte man die Paten sorgfältig auswählen, und die sollten sich die Übernahme ebenso sorgfältig überlegen. Und so wie ein angefragter Pate ablehnen kann und soll, wenn er oder sie nicht mit vollem Herzen dabei ist, können die Eltern die Anfrage zurückziehen, wenn sie ihre Meinung ändern oder das Gefühl haben, auf zu wenig Gegenliebe gestoßen zu sein. In beiden Fällen steht an erster Stelle ein offenes Gespräch, aber danach sollte eine Absage jeweils ohne Groll möglich sein. Zudem scheint mir das besser als eine Patenschaft mit inneren Vorbehalten, gleich von welcher Seite.

Literatur:

Anmerkungen:
Streng genommen, ist die Patenschaft sogar fester als die Elternschaft. Während eine Adoption das rechtliche Band zwischen dem bisherigen Elternteil und dem Kind durchtrennt (§ 1755 BGB), ist es nach Angaben der für die Regelung der Taufpatenschaft zuständigen Kirchen nicht möglich, eine einmal übernommene und ins Taufregister eingetragene Patenschaft wieder zu lösen.

Bürgerliches Gesetzbuch (BGB) § 1755 Erlöschen von Verwandtschaftsverhältnissen
(1) Mit der Annahme erlöschen das Verwandtschaftsverhältnis des Kindes und seiner Abkömmlinge zu den bisherigen Verwandten und die sich aus ihm ergebenden Rechte und Pflichten.

Evangelische Kirche von Westfalen, Landeskirchenamt, Projekt www.mein-patenamt.de
Kann man das Patenamt rückgängig machen? ... »Dennoch können Patinnen und Paten nicht aus dem Kirchbuch und aus dem Stammbuch der Familie gestrichen werden. Es handelt sich dort jeweils um die Beurkun-

dung einer vollzogenen Handlung, die nicht nachträglich rückgängig gemacht werden kann.«

Online abrufbar unter: http://www.mein-patenamt.de/kann-man-das-patenamt-rueckgaengig-machen/

Katholisch.de, Internetportal der katholischen Kirche in Deutschland
Allgemeine gemeinnützige Programmgesellschaft mbH (APG) im Auftrag der Deutschen Bischofskonferenz
Taufpaten Bezugspersonen Die Begleiter des Täuflings ... »Die Patin oder der Pate können nicht abgesetzt werden, etwa nach einem Streit mit den Eltern. Der Pfarrer kann den Paten nicht aus dem Taufregister streichen. Denn er hat mit seiner Unterschrift die Taufe bekundet.«

Online abrufbar unter: http://www.katholisch.de/glaube/unser-glaube/bezugspersonen

Lesenswert in diesem Zusammenhang ist:
Das Amt der Taufpaten. Überlegungen zu seinem Verständnis und seiner Gestaltung
Eine Stellungnahme der Theologischen Kammer der Evangelischen Kirche von Kurhessen-Waldeck

Online abrufbar unter: http://www.ekkw.de/media_ekkw/downloads/ekkw_das_amt_des_taufpaten.pdf

Sehenswert, weil ein Meisterwerk: Die Trilogie »Der Pate« (1972), »Der Pate – Teil II« (1974) und »Der Pate – Teil III« (1990), jeweils in der Regie von Francis Ford Coppola nach dem Roman von Mario Puzo, der auch am Drehbuch mitgewirkt hat. Die Darstellung des Don Vito Corleone durch Marlon Brando wurde zum Inbegriff des Mafiapaten. So sehr, dass Marlon Brando 1990 in dem sehr unterhaltsamen Film »The Freshman« von Andrew Bergman selbst eine Marlon-Brando-Parodie als Pate spielt.

»Meine zehn Monate alte Tochter lächelt jeden Menschen sofort an. Auch solche, die mir unsympathisch sind oder asozial wirken, wie leider manche Obdachlose. Natürlich freuen diese Menschen sich über ein Lächeln, aber ich versuche dann, meine Tochter abzulenken – und fühle mich schlecht dabei, weil ich in Vorurteilen denke und sie (noch) nicht. Andererseits muss ich ihr beibringen, nicht jedem Menschen zu trauen. Was denken Sie?«

Linda I., Offenburg

Für Ihren Fall gibt es den schönen Begriff »advokatorische Ethik«: Der Erziehungswissenschaftler Micha Brumlik definiert sie als eine Ethik »in Bezug auf die Interessen von Menschen, die nicht dazu in der Lage sind, diesen selbst nachzugehen«, einschließlich »jener Handlungen, zu denen uns diese Unfähigkeit anderer verpflichtet«.

Der Begriff gefällt mir so, weil das Nachdenken über ihn verschiedene Aspekte deutlich macht: zum einen, dass man, wenn man für andere handelt, deren Interessen wahrnimmt und nicht die eigenen. Eben wie ein Advokat für seinen Mandanten. Zum anderen, dass jegliche Ausübung der elterlichen Sorge unter diesem Prinzip steht.

Es gibt diese Einrichtung überhaupt nur, weil Kinder von ihrem Entwicklungsstand her noch nicht in der Lage sind, manche ihrer Angelegenheiten selbst zu bestimmen. Beim Säugling ist es augenfällig und umfassend, mit zunehmendem Alter wird es immer weniger notwendig.

Dennoch bleiben es immer die Angelegenheiten der Kinder, welche die Eltern nur treuhänderisch übernehmen.

Allerdings beinhaltet diese Konstruktion auch, dass Eltern dabei zwangsläufig, solange Kinder noch keine Maßstäbe haben, ihre eigenen heranziehen müssen. Zudem ist es Teil der Erziehung, den Kindern zu helfen, selbst Maßstäbe zu entwickeln.

Was bedeutet das konkret für Ihre kontaktfreudige Tochter?

Zunächst müssen Sie sie vor möglichen Gefahren schützen und können sich dabei nur auf Ihre Überzeugungen und Einschätzungen stützen. Wenn das auf Haltungen beruht, die Sie für richtig und wichtig halten, gehört es auch zu Ihren elterlichen Aufgaben, diese Ihrer Tochter zu vermitteln – mag sie sie später übernehmen oder nicht. Allerdings haben Sie, da Sie für jemand anderen handeln, eine erhöhte Pflicht zu überprüfen, ob Ihre Ansichten auch richtig sind und nicht nur auf Vorurteilen oder Klischees beruhen.

Übrigens eine Übung, die man auch in eigenen Dingen nicht oft genug anstellen kann.

Literatur:

Micha Brumlik, Advokatorische Ethik – Zur Legitimation pädagogischer Eingriffe, 2. Auflage, Philo-Verlag, Berlin 2004

»Es macht mir großen Spaß, meine Schwester zu ärgern. Wenn ich sie ärgere, dann wird sie meistens traurig. Wenn ich sie nicht ärgere, ist sie fröhlich. Nur habe ich dann keinen Spaß. Was soll ich tun?«

Jakob D., 8 Jahre, Nürnberg

»Was du nicht willst, dass man dir tu', das füg' auch keinem anderen zu.« Die goldene Regel kennst du sicher, und da scheint es ganz einfach: Bestimmt willst du selbst nicht geärgert werden, deshalb darfst du deine Schwester auch nicht ärgern. Nun ist dir aber etwas sehr Kluges aufgefallen: Die Regel gilt natürlich auch für deine Schwester, und wenn deine Schwester nicht will, dass man ihr den Spaß verdirbt, müsste sie einverstanden sein, dass du sie ärgerst, damit sie dir nicht den Spaß verdirbt.

Die goldene Regel hält einem den Spiegel vor, wenn man etwas macht, und bei der Frage, ob du deine Schwester ärgern darfst, sieht es tatsächlich zunächst so aus, als wenn es genauso ist wie im Spiegel, spiegelbildlich: Wenn du deine Schwester nicht ärgerst, ist sie fröhlich – du aber hast keinen Spaß. Umgekehrt, wenn du sie ärgerst, hast du Spaß, bist also fröhlich – aber sie wird traurig.

Nur wenn du das einmal genauer durchdenkst, wirst du bemerken, dass es gar nicht genau umgekehrt ist in den beiden Fällen. Wo sind die Unterschiede? Ich sehe vor allem zwei: Zum einen ist es so, dass deine Schwester traurig wird, wenn du sie ärgerst – sie hat also nicht nur keinen

Spaß, sondern wird richtig traurig. Du hingegen wirst nicht gleich traurig, wenn du sie nicht ärgerst, sondern hast nur keinen Spaß. Was aber nicht so schlimm ist, wie richtig traurig zu sein, so wie deine Schwester, wenn du sie ärgerst.

Und noch etwas macht einen großen Unterschied: Wenn du deine Schwester ärgerst, tust du ihr etwas Böses an. Das ist schlecht. Wenn du deine Schwester nicht ärgerst, weil sie das nicht will und sie sogar traurig macht, hast du zwar weniger Spaß, sie tut dir dabei aber nicht von sich aus etwas Böses an. Das ist weniger schlecht.

Wenn du dir das alles überlegst, wirst du erkennen, dass es eindeutig besser ist, deine Schwester nicht zu ärgern. Deine Frage: »Was soll ich tun?«, kann man also sehr leicht beantworten: Du sollst deine Schwester nicht ärgern. Und wenn du es nicht tust, wirst du womöglich bemerken, dass du dich mit deiner Schwester gut verstehen kannst und ihr zusammen mehr Spaß habt. Aber bitte nicht, indem ihr dann zu zweit jemand Dritten ärgert!

Literatur:

Bücher über Philosophie für Kinder und Jugendliche sind in den letzten Jahren etliche erschienen, hier sei auf einige Bücher hingewiesen, die sich speziell mit Moral und Ethik für Kinder und Jugendliche beschäftigen. Eine Einführung in die Ethik für Jugendliche und Erwachsene, eingebettet in Gespräche in einer Familie, bietet: Rainer Erlinger, »Lügen haben rote Ohren«. Gewissensfragen für große und kleine Menschen, Ullstein Taschenbuch Verlag 2005. Leider derzeit nur mehr antiquarisch erhältlich.

Stets empfehlenswert ist das sehr persönliche Buch des spanischen Philosophen Fernando Savater, »Tu, was du willst«. Ethik für die Erwachsenen von morgen, Beltz & Gelberg, Weinheim 2001, das ausdrücklich kein Handbuch über Ethik für junge Menschen sein will, sondern ein Brief in Buchform oder ein Buch in Briefform über Ethik und richtiges Verhalten an Savaters Sohn Amador.

Für ältere Jugendliche eignen sich: Héctor Zagal / José Galindo, »Ethik für junge Menschen«, Reclam Verlag, Stuttgart 2000

Ernst Tugendhat / Celso López / Ana María Vicuna, »Wie sollen wir handeln. Schülergespräche über Moral«, Reclam Verlag, Stuttgart 2000

Die angesprochene Problematik der goldenen Regel wird – allerdings eher für Erwachsene – ausführlicher dargestellt in: Rainer Erlinger, Nachdenken über Moral. Gewissensfragen auf den Grund gegangen (Augsburger Vorlesungen), S. Fischer Verlag, Frankfurt am Main 2012, dort das Kapitel: Was du nicht willst ... Die Goldene Regel und ihre Schwächen, S. 123–160

Dicker als Wasser

*Über großzügige Großmütter ohne Geld, Schwie-
gereltern, die sich siezen lassen, störende Anrufe,
anstrengende Weihnachten mit Schwiegermut-
ter, erfundene Grüße für eine Sterbende, erwachsene Kinder, die Kunst studieren, Aufklärung
über Stullen, ignorierte Wunschzettel, Austritt
aus der Kirche, überfüllte Familiengräber sowie
verheimlichte Arbeitslosigkeit, kurz:*

Über Familie

»Unsere Oma, die wir nicht oft sehen, hat nur sehr wenig Geld, 200 Euro monatlich zum Leben. Trotzdem schenkt sie meiner Schwester und mir bei jedem Treffen zehn Euro, oft auch mehr. Wir haben dann immer ein schlechtes Gewissen, weil wir das Geld nicht unbedingt brauchen. Können wir es einfach nicht annehmen? Oder ihr (heimlich) irgendwie zurückgeben?«

Ute S. (18), München

Ein Geschenk zurückzuweisen ist tatsächlich eine Zurückweisung. Sogar doppelt, wenn sie geschieht, weil der oder die Schenkende wenig Geld hat. Einmal wird das Geschenk als solches zurückgewiesen und, weil sich die Zurückweisung primär an der mangelnden wirtschaftlichen Potenz des Schenkers festmacht, auch noch die Person als Schenkende. Deshalb würde ich es nicht tun. Obwohl ein Hinweis, dass Sie selbst ausreichend Geld haben, sinnvoll sein kann.

Was dann? Vielleicht würde sich Ihre Oma am meisten über mehr Kontakt freuen. Nicht im Gegenzug für das Geld, der Kontakt sollte nicht erkauft werden. Aber ein Geldgeschenk von jemandem, der wenig hat, kann ein Zeichen von großer Zuneigung sein, die er vielleicht nicht anders ausdrücken kann. Oder schlicht den Wunsch ausdrücken, zur Verbesserung Ihres Lebens beizutragen. Diesen Wunsch sollten Sie dann auch umgekehrt für Ihre Oma hegen. Und vielleicht mit Ihren Eltern besprechen, wie Sie alle zusammen die Lage Ihrer Oma insgesamt verbessern können.

Was das Geschenk selbst angeht, hielte ich es für die beste Lösung, etwas zurückzuschenken. Kein Geld, aber etwas, was Ihre Oma brauchen kann. Generell ist das ideale Geschenk etwas, was der oder die Beschenkte gerne hätte, sich aber nicht leisten kann oder will. Das sind oft eher luxuriöse Dinge, in diesem Fall, wenn das Geld insgesamt knapp ist, kann das aber auch etwas für das tägliche Leben sein. Oder Sie laden Ihre Oma zu einer gemeinsamen Unternehmung ein.

Bliebe noch die Frage nach der Größe des Gegengeschenks. Da Ihre Großmutter Sie über ihre wirtschaftlichen Verhältnisse beschenkt, sollten Sie ihr gegenüber ähnlich großzügig sein. Dabei aber aufpassen, dass es sie nicht beschämt. Wie? Sie haben durch Ihre Frage viel Gefühl für Ihre Mitmenschen bewiesen, das können Sie auch an dieser Stelle einsetzen.

Weiterführende Hinweise:

Francis J. Flynn, Gabrielle S. Adams, Money can't buy love: Asymmetric beliefs about gift price and feelings of appreciation, Journal of Experimental Social Psychology 45 (2009) 404–409

Geschenke, die den Schenkenden materiell überfordern, sind Gegenstand des sogenannten Potlach, Potlatch oder Potlatsch bei den Ureinwohnern Nordamerikas.
Einen schönen Überblick über den Potlach findet man in dem auch sonst sehr lesenswerten Buch: Johan Huizinga, Homo Ludens. Vom Ursprung der Kultur im Spiel, Rowohlt Taschenbuch Verlag, Reinbek bei Hamburg 1987

Der Klassiker für das Prinzip des Austauschs beim Schenken ist:
Marcel Mauss, Die Gabe. Form und Funktion des Austauschs in archaischen Gesellschaften. Suhrkamp Verlag, Frankfurt am Main, 9. Auflage

1990. Mauss geht darin auf den dem Potlach verwandten Kula-Tausch bei den Ureinwohnern pazifischer Inseln ein.

Christian Stegbauer, Reziprozität. Einführung in soziale Formen der Gegenseitigkeit. 2. Auflage, Verlag für Sozialwissenschaften, Wiesbaden 2011

Einen sehr guten Überblick über das Themengebiet bietet die von Frank Adloff und Steffen Mau herausgegebene Textsammlung Vom Geben und Nehmen. Zur Soziologie der Reziprozität, Campus Verlag, Frankfurt am Main 2005. Darin finden sich unter anderem auch Auszüge von wichtigen Stellen aus Marcel Mauss' Die Gabe (S. 61–72).

Hervorragend aber auch die von den beiden Herausgebern verfasste Einführung »Zur Theorie der Gabe und Reziprozität« mit vielen weiteren Literaturhinweisen (S. 9–57).

Für das Phänomen des Geschenke-Tauschs insbesondere: Marshall D. Sahlins, Zur Soziologie des primitiven Tauschs, S. 73–91.

Daneben:
Georg Simmel, Exkurs über Treue und Dankbarkeit, S. 95–108, aus: Georg Simmel, Soziologie. Untersuchung über die Formen der Vergesellschaftung, Suhrkamp Verlag, Frankfurt am Main 1992, S. 652–670
Alvin W. Gouldner, Etwas gegen nichts. Reziprozität und Asymmetrie, S. 109–123
Peter M. Blau, Sozialer Austausch, S. 125–137

»Obwohl meine Freundin und ich ein gemeinsames Kind haben und schon seit sechs Jahren zusammen sind, haben ihre Eltern mir noch nicht das Du angeboten. Unser Sohn dürfte bald registrieren, dass ich seine Großeltern förmlich mit dem Nachnamen anrede. Mich duzen die Eltern meiner Freundin übrigens. Sollten nun meine Freundin oder ich sie darum bitten, dass ich Du zu ihnen sagen darf?«   Heiko W., Baden-Baden

In der österreichischen Fernsehsendung »Wir sind Kaiser« empfängt der Kabarettist Robert Palfrader als Robert Heinrich I. in imperialer Umgebung Gäste, die er konsequent »erzt«, also Männer mit »er« und Frauen mit »sie« in der dritten Person Einzahl anspricht, während die Gäste ihn umgekehrt »ihrzen« müssen, das heißt mit »Ihr« oder »Eure Majestät« ansprechen, bis er sie mit den Worten entlässt: »Er (oder sie) darf sich zurückziehen, muss aber auch einmal ein bisserl brav sein!«

Das Erzen und Ihrzen ist einigermaßen aus der Mode gekommen, dafür wurde das Duzen innerhalb der Familie modern, eine Form, die noch bis ins 19. Jahrhundert zwischen Eltern und Kindern unüblich war. So erschien 1811 eine Schrift unter dem Titel *Ueber die Sünde des Du und Du zwischen Eltern und Kindern* mit dem Hinweis, dass dieses zu vertraute Duzen »die natürliche Rangordnung erschüttert habe«. Vielleicht liegt ja den Eltern Ihrer Freundin an der Aufrechterhaltung dieser »natürlichen

Rangordnung« womöglich auch, weil Sie ja offenbar kein offizieller Schwiegersohn sind. Insofern haben Sie es noch vergleichsweise gut damit getroffen, dass Ihre inoffiziellen Schwiegereltern Sie nicht erzen, also mit »er« anreden, eine Form, die man speziell in höfischer Umgebung Niedergestellten gegenüber verwendete.

Aber auch im einseitigen Duzen drückt sich eine Rangordnung aus: Derjenige, der geduzt wird, aber siezen muss, wird gewissermaßen wie ein Kind behandelt. Dementsprechend ist es heute auch üblich, Jugendliche ab einem gewissen Alter, meist etwa 16 Jahren, zu siezen, an der Schule auch »Oberstufen-Sie« genannt. Da Sie dieses Alter bereits hinter sich gelassen haben dürften, kommt man ins Grübeln: Wollen die Eltern Ihrer Freundin durch ihre Gepflogenheit etwas ausdrücken – Geringschätzung oder Kritik am fehlenden Trauschein –, oder sind sie schlicht gedankenlos?

Und wie darauf reagieren? Naheliegend schiene mir, das einfach zu ignorieren und sich seinen Teil zu denken. Ansonsten wäre es wohl das Einfachste, wenn Ihre Freundin ihre Eltern auf die eigenartige Konstellation hinweist und ein beiderseitiges Duzen vorschlägt. Wobei ich es – gelinde gesagt – ziemlich verwunderlich finde, dass sie das nicht schon lange aus eigenem Antrieb gemacht hat.

Literatur:

Werner Besch, Duzen, Siezen, Titulieren. Zur Anrede im Deutschen heute und gestern. Verlag Vandenhoeck & Ruprecht, Göttingen, 2. Auflage 1998

Friedrich A. Eckstein, Zur Geschichte der Anrede im Deutschen durch die Fürwörter. In: Neue Jahrbücher für Philologie und Pädagogik 100, Leipzig 1869, 469–487

*»Meine alleinerziehende Tochter schläft oft zu außerge-
wöhnlichen Tagesstunden. Mir ist es nun mehrmals passiert, dass ich sie ahnungslos anrufe und im Schlaf störe.
Ich habe sie schon öfter gebeten, doch in dieser Zeit ihr
Telefon auszustellen. Das sieht sie aber nicht ein. Dennoch habe ich Schuldgefühle, wenn ich sie wecke. Was
denken Sie darüber?«* Joachim Z., Hannover

Das Problem des Anrufs, der stört und dessentwegen man
sich entschuldigt, kennt fast jeder. Der Mechanismus der
Schuldgefühle ist nur zu nachvollziehbar: Man tut etwas
und richtet dabei Schaden an – in diesem Fall sogar relativ
großen. Für eine Alleinerziehende ist Schlaf ein sehr wert-
volles Gut. Und das rauben Sie ihr. Unwillentlich zwar,
aber Sie tun es. Auch unwissentlich? Das kann man so
nicht sagen. Sie wissen wohl, dass ein Anruf Ihre Tochter
aus dem Schlaf reißen kann. Aber Sie wissen nicht, ob es
eintritt. Und da merkt man: Sie tappen mit dem Anruf
irgendwie in eine Schuldgefühlsfalle. Sie tun zwar etwas,
was Schaden anrichtet, aber das, was Sie tun, ist nichts
Vorwerfbares. Im Gegenteil, der zwischenmenschliche
Kontakt ist etwas Positives. Zumindest im Allgemeinen.
   Man muss daher genau zwischen Schuldgefühlen und
echter Schuld unterscheiden; und die Schuld sehe ich hier
bei Ihnen nicht. Ein Telefon dient dazu, anzurufen. Wer
das nicht will, kann den Klingelton abschalten. Die Verantwortung dafür liegt außerhalb von Zeiten der üblichen

Nachtruhe voll und ganz beim Telefonbesitzer. Der oder die Anrufende kann nicht wissen, ob es gerade passt. Ein lieber kluger Freund von mir antwortete auf die Frage, ob mein Anruf während der Arbeitszeit gerade störe: »Dann wäre ich nicht rangegangen.« Schon allein für diesen Satz schätze ich ihn ungemein. Jedes Telefon hat einen Stumm-Schalter, eine Taste, um Anrufe abzuweisen, und eine Rückruftaste. Wer nicht gerade Notdienst hat, muss nicht rangehen. Und wer ein Anliegen hat, kann es auf der Mail-box hinterlassen.

Allerdings wird man das Gefühl nicht los, dass hinter diesem ganzen Eltern-Tochter-Kuddelmuddel um Anrufe, Tagesschlaf, Schuldgefühle und Nichteinsehen hier mehr steckt als ein läutendes Telefon. Aber auf anderen Gebieten als dem der Moral.

Literatur:

Der Klassiker um – allerdings berechtigte – Schuldgefühle ist Fjodor M. Dostojewskijs unter dem Namen »Schuld und Sühne« bekannt geworde-ner Roman, der in der neuen Übersetzung von Swetlana Geier aus dem Jahre 1994 nun »Verbrechen und Strafe« heißt.
Als Taschenbuchausgabe 1996 im Fischer Taschenbuch Verlag, Frankfurt am Main erschienen

Zu den psychoanalytischen Wurzeln des Schuldgefühls, aber auch sonst lesenswert:

Sigmund Freud, Das Unbehagen in der Kultur, S. Fischer Verlag, Frank-furt am Main 2007

»Meinen Mann und mich interessiert Weihnachten nicht mehr, wir würden lieber verreisen. Wäre da nicht meine alte Mutter, die 600 Kilometer entfernt wohnt und sozial sehr isoliert ist. Seit Jahren holen wir sie also zu uns und inszenieren ein Weihnachten, mit absehbaren Folgen: Streit, Frust etc. Sie allein zu wissen verdirbt mir den Urlaub, mitkommen will sie nicht. Für uns ist das eine große Belastung. Fällt Ihnen etwas ein?« Marianne F., Bremen

Es geht um Weihnachten, und das gilt doch gemeinhin als Fest des Friedens und der Familie. »Frieden, Frieden« flüstert dementsprechend auch unablässig der Engel auf der Spitze des Baumes in Heinrich Bölls *Nicht nur zur Weihnachtszeit.* In dieser Erzählung treibt Böll die Charakteristika des Festes auf die Spitze oder ad absurdum, weil eine gewisse Tante Milla sich angesichts des Abschmückens des Weihnachtsbaumes so erregt, in Geschrei und Wahnsinn verfällt, dass man ihr zuliebe das Feiern des Weihnachtsfestes fortsetzt. Täglich, das ganze Jahr hindurch, auf unbestimmte Zeit – mit allen negativen Folgen für das Gemüt sämtlicher Beteiligter. Außer für Tante Milla, die im dauernden seligen Weihnachtszauber schwelgt.

Ein wenig erinnert das von Ihnen zwangsweise inszenierte Weihnachten an Bölls Vision in gestreckter Form. Zwar müssen Sie nicht jeden Tag des Jahres, dafür aber jedes Jahr an diesem Tag etwas feiern, was nur eine der

Beteiligten will, Sie hingegen wollen es nicht mehr. Die Absurdität ist geringer als bei Böll, aber vorhanden ist sie dennoch.

Bedeutet das, Sie können ruhigen Gewissens in Urlaub fahren? Ja, aber nicht an Weihnachten. Das sollten Sie meines Erachtens mit Ihrer Mutter feiern. Warum? Wegen einer Regel, die älter ist als das Fest: die goldene Regel. Hinter dem »Behandle andere so, wie du von ihnen behandelt werden möchtest« steckt die einfache Idee, die Angelegenheit aus dem Blickwinkel des anderen zu betrachten. Und wenn Sie wirklich den Blickwinkel Ihrer Mutter einnehmen, statt sich nur an ihre Stelle zu versetzen, fällt Ihnen etwas auf: Das, was für Ihre Mutter gemeinsames Weihnachten bedeutet, kann für sie an keinem anderen Tag des Jahres erreicht werden. Bei Ihnen hingegen hängt die Freude am Urlaub nicht davon ab, dass er just den vierundzwanzigsten Tag des letzten Monats des Jahres mit einschließt. Es geht also nicht um weihnachtliche Charakteristika oder darum, dass Sie Ihre Bedürfnisse grundsätzlich zurückstellen müssten, sondern darum, dass Sie ohne größere Einschränkung auch noch am 27. verreisen können, Ihre Mutter aber nicht mehr mit ihrer Familie Weihnachten feiern kann.

Übrigens hat die goldene Regel gegenüber einer Berufung auf weihnachtliche Grundsätze noch einen großen Vorzug: Sie gilt immer. Nicht nur zur Weihnachtszeit.

Quelle:

Heinrich Böll, Nicht nur zur Weihnachtszeit, 1952. Zum Beispiel enthalten in: Heinrich Böll, Nicht nur zur Weihnachtszeit: Erzählungen. dtv, München 1992

Zur goldenen Regel siehe die Nachweise auf S. 71

»*Meine Großtante, bei der mein Bruder und ich einen Teil unserer Kindheit verbracht haben und die uns sehr geliebt hat, liegt im Sterben. Sie möchte ausdrücklich keinen Besuch mehr, aber wir telefonieren fast täglich. Oft fragt sie nach meinem Bruder, sie leidet darunter, dass er vor vielen Jahren den Kontakt zu ihr abgebrochen hat – ohne konkreten Anlass. Nun erwäge ich, meiner Großtante ein paar liebevolle Worte ›auszurichten‹, die aus dem Munde meines Bruders sicher nicht kommen würden. Ich glaube, es würde sie sehr glücklich machen und sie könnte friedlicher Abschied nehmen. Wie sehen Sie das?*«   *Stefan M., Nürnberg*

Im Englischen kennt man den Begriff der white lies. Damit bezeichnet man Lügen, die nicht negativ, schlecht oder böse sind, sondern im Gegenteil dazu dienen, Konflikte zu vermeiden oder sogar anderen zu helfen. Das hier scheint fast ein Paradefall zu sein: Man erfüllt einer alten, sehr netten Dame einen Wunsch und lässt sie so glücklich in Frieden sterben. Ohne dass es jemandem schadet, zumal es Ihrem Bruder ja ziemlich egal zu sein scheint, was Ihre Großtante über ihn denkt.

Allerdings hält das einer näheren Betrachtung nicht stand. Die liebevollen Worte, die Sie Ihrer Tante vermeintlich ausrichten, in Wirklichkeit aber auftischen wollen, mögen sie tatsächlich glücklich machen, aber irgendwie bekommt das Glück Ihrer Tante durch die Lüge etwas

Schales, ja mehr noch, es bekommt selbst etwas – wenn auch ungewollt – Falsches. Es ist zwar mehr als ein Schein von Glück, aber scheint doch weniger als richtiges Glück.

Damit landet man bei der Frage, worin denn eigentlich das Glück besteht, das Sie für Ihre liebe Tante anstreben. Das wiederum beinhaltet die Überlegung, ob es verschiedene Arten oder Abstufungen von Glück gibt und ob sie unterschiedlich viel wert sind. Eine Frage, mit der sich die Utilitaristen auseinandersetzen müssen, die ja das größte Glück für die größte Zahl von Menschen als Ziel ihrer Ethik anstreben. Von John Stuart Mill, einem der Begründer des Utilitarismus, gibt es dazu einen berühmten Satz: »Es ist besser, ein unzufriedener Mensch zu sein als ein zufriedenes Schwein; besser ein unzufriedener Sokrates als ein zufriedener Narr.« Ohne dass wir hier die Frage nach dem Glück abschließend lösen müssten, scheint mir im zweiten Halbsatz die Lösung Ihrer Frage zu liegen: Es mag sein, dass Ihre Großtante oberflächlich betrachtet glücklicher wird, wenn man ihr etwas vorgaukelt, aber im Endeffekt nur, weil man sie mit der Lüge nicht nur sprichwörtlich zum Narren hält, sondern – ich formuliere das in Anlehnung an Mills Bild mit Bedacht hart – zum Narren degradiert, der nur glücklich ist, weil er die Realität verkennt.

Vielleicht lebt es sich als Narr leichter. Dass es sich leichter stirbt, wage ich schon zu bezweifeln. Aber auf jeden Fall halte ich es für falsch, eine Sterbende zu einem solchen zu machen. Noch dazu ohne Not.

Literatur:

Das Zitat von John Stuart Mill lautet in größerem Zusammenhang: »Es ist besser, ein unzufriedener Mensch zu sein als ein zufriedenes Schwein; besser ein unzufriedener Sokrates als ein zufriedener Narr. Und wenn der

Narr oder das Schwein anderer Ansicht sind, dann deshalb, weil sie nur ihre eigene Seite der Angelegenheit kennen. Die andere Partei hingegen kennt beide Seiten.«

Im englischen Original lautet die Sequenz: »It is better to be a human being dissatisfied than a pig satisfied; better to be Socrates dissatisfied than a fool satisfied. And if the fool, or the pig, are of a different opinion, it is because they only know their own side of the question. The other party to the comparison knows both sides.«

Das Werk gibt es in einer zweisprachigen Ausgabe übersetzt von Dieter Birnbacher: John Stuart Mill, Utilitarianism /Der Utilitarismus, Reclam Verlag, Stuttgart 2006

Lesenswert zum Utilitarismus ist außerdem:
Bernhard Gesang, Eine Verteidigung des Utilitarismus, Reclam Verlag, Stuttgart 2003, darin speziell zur Frage des Glücks als zentrales Ziel des Utilitarismus: Kapitel 1 – »Was ist Glück?«

»Meine Eltern missbilligen sehr, dass ich nun mit 26 von einem Teilzeitjob als Lehrerin lebe und mein lang ersehntes, bisher ihretwegen aufgeschobenes Kunststudium finanziere. Dennoch verlangen sie, dass ich sie häufiger treffe. Bin ich moralisch dazu verpflichtet, auch wenn ich mich dabei jedes Mal starker persönlicher Kritik aussetzen muss?« Mia B., Frankfurt

In seiner *Nikomachischen Ethik* stellt Aristoteles fest, dass zwischen Eltern und Kindern eine asymmetrische Zuneigung bestehe. Die Eltern hätten nicht nur deshalb eine intensivere Beziehung zu den Kindern, weil sie sie von Anfang an liebten, während Kinder das umgekehrt erst mit dem Beginn von Wahrnehmung und Verstehen täten. Vor allem würden Eltern ihre Kinder als »von ihnen herkommend«, also als einen Teil von sich selbst lieben: »Die Eltern lieben also die Kinder wie sich selbst (denn was von ihnen abstammt, ist wie ein anderes Exemplar von ihnen, das sich abgelöst hat)«. Das könnte die Kritik erklären, die Ihre Eltern an Ihnen üben, weil sie Ihr Leben als Teil ihres eigenen Lebens ansehen und Ihre Entscheidung somit als Angriff darauf empfinden.

Nur wie lässt sich das lösen? Auch dafür findet sich etwas bei Aristoteles: »Wenn aber die Kinder den Eltern das gewähren, was ihnen zusteht, und die Eltern den Kindern, was denen zusteht, dann entsteht daraus eine dauerhafte und tugendhafte (gute) Freundschaft.«

Aristoteles meinte damit zwar, dass Art und Stärke der Zuneigung in den beiden Richtungen unterschiedlich sind, mir geht es hier jedoch um die zugrundeliegende Idee, dass es eben etwas gibt, was der eine von dem anderen erwarten kann, und deshalb im Umkehrschluss anderes, was nicht dazugehört. Diese beiden Bereiche sind voneinander abgegrenzt. Und nur wenn diese Abgrenzung der Personen und dessen, was dem anderen jeweils zusteht, beachtet wird, kann ein gutes Verhältnis entstehen.

Ihren Eltern stehen Dankbarkeit und Zuneigung zu, Ihnen umgekehrt ebenso Zuneigung, aber auch die Achtung als eigenständige Persönlichkeit. Wenn Ihre Eltern dem zuwiderhandeln, sind sie es, die ein gutes Verhältnis verhindern, und dann können Sie als erwachsene Tochter nicht verpflichtet sein, sich dem ständig auszusetzen.

Literatur:

Aristoteles' Ausführungen finden sich im VIII. Buch seiner *Nikomachischen Ethik.*

Dort stellt er gleich in den ersten Absätzen fest, dass die Beziehung zwischen Eltern und Kindern eine Form der Freundschaft ist:
»Ja, die Natur selbst scheint sie [die Freundschaft] dem Erzeuger gegen das Erzeugte, und umgekehrt, eingepflanzt zu haben, nicht nur unter den Menschen, sondern auch unter den Vögeln und den meisten anderen Tieren« (1153a 16–19)

Später stellt Aristoteles klar, dass die »Freundschaft« der Mutter zu den Kindern mehr im Lieben als im Geliebtwerden besteht:
»Das zeigen die Mütter, deren Freude es ist, zu lieben. Manche Mütter lassen ihre Kinder von anderen ernähren und schenken ihnen bewußte Liebe, verlangen aber keine Gegenliebe, wenn beides zusammen nicht sein kann, sondern halten sich schon für glücklich, wenn sie nur sehen, daß es ihren Kindern gut geht, und sie haben sie lieb, auch wenn diese aus Unwissenheit ihnen nichts von dem erweisen, was der Mutter gebührt.« (1159a 27–32)

Das Zitat zur asymmetrischen Liebe zwischen Kindern und Eltern lautet im Zusammenhang:

»Die Eltern lieben nämlich ihre Kinder wie ein Stück von sich selbst und die Kinder hinwieder ihre Eltern als die, denen sie ihr Dasein verdanken. Die Eltern wissen aber besser, wer als Kind von ihnen abstammt, als die Kinder, daß sie von ihnen abstammen. Und der Erzeuger steht dem Erzeugten näher, als das Werk seinem Urheber und das Gezeugte seinem Erzeuger steht. Denn was von einem herkommt, gehört dem zu eigen, von dem es ist, wie jedem Menschen seine Zähne, seine Haare oder sonst was zu eigen gehören, dem Erzeugten aber gehört der Erzeuger nicht zu eigen, oder doch weniger. Aber auch die Länge der Zeit begründet einen Unterschied, indem die Eltern ihre Kinder gleich von ihrer Geburt an lieben, diese aber jene erst im Verlauf der Zeit, wenn sie Verstand bekommen oder doch schon so weit beobachten, daß sie ihre Eltern von anderen Leuten unterscheiden. Daraus sieht man auch, warum die Mütter ihre Kinder mehr lieben als die Väter.

Die Eltern lieben nun ihre Kinder gleichsam als sich selbst – denn die von ihnen abstammen, sind durch die Trennung so zu sagen ihr anderes Selbst –, und die Kinder ihre Eltern, als von ihnen geboren;« (1151b)

(jeweils in der Übersetzung von Eugen Rolfes, Felix Meiner Verlag Leipzig 1911, zitiert nach Projekt Gutenberg: http://gutenberg.spiegel.de/buch/2361/1)

Gute Übersetzungen der Nikomachischen Ethik gibt es in Buchform von Olof Gigon bei dtv, München 1991 und von Ursula Wolf im Rowohlt Verlag, Reinbek bei Hamburg 2006

Lesenswert:

Otfried Höffe (Hrsg.), Aristoteles, Nikomachische Ethik. Klassiker Auslegen, Akademie Verlag, Berlin, 3. Auflage 2010
Darin insbesondere: Anthony Price, Friendship (XIII und IX), S. 229–252

Christoph Rapp, Klaus Corcilius (Hrsg.), Aristoteles-Handbuch. Leben – Werk – Wirkung, Verlag J. B. Metzler, Stuttgart 2011

Otfried Höffe (Hrsg.), Aristoteles-Lexikon, Kröner Verlag, Stuttgart 2005

»*Jeden Tag schmiere ich für mich und meine Frau Brote für die Arbeit. Als neulich unsere erwachsene Tochter zu Besuch war, vergaß ich mein Brot zu Hause und ärgerte mich fürchterlich. Meine Tochter dachte, ich hätte es für sie vorbereitet, und freute sich sehr. Meine Frau meinte nachher, ich soll sie in dem Glauben lassen, aber ich habe dabei ein schlechtes Gewissen.*«　　　Gerd O., Heidelberg

In seiner Schrift *De mendacio* – Über die Lüge – teilte der Kirchenlehrer Augustinus die Lügen nach abnehmender Schwere in acht Klassen ein: 1. die schlimmste Verfehlung, die Hauptlüge, mendacium capitale: Lügen in Glaubensdingen; 2. Lügen, die nicht nützen, aber andere verletzen; 3. Lügen, die nützen, aber anderen schaden; 4. Lügen aus Lust am Lügen und Täuschen; 5. Lügen aus Sucht, anderen zu gefallen; Lügen, ohne jemandem zu schaden, um 6. einem anderen zu nützen, 7. einen Menschen zu retten oder 8. ihn vor körperlicher Unreinheit zu bewahren.

Will man sich diese Überlegungen hier zunutze machen, stößt man auf zwei Probleme: In welchem Verhältnis zur Lüge steht es, einen Irrtum nicht aufzuklären? Und welcher augustinischen Klasse entspricht das hier am ehesten? Natürlich ist es schlimmer, jemandem ins Gesicht zu lügen, als ihn oder sie in einem Irrtum zu belassen. Aber so groß sehe ich die Unterschiede manchmal nicht. Wenn Ihre Tochter sich überschwänglich bei Ihnen bedankt, dass Sie an sie gedacht haben, und Sie nichts entgegnen, scheint mir das doch schon in die Nähe zu kommen.

Damit wäre man beim interessantesten Teil: der Zuordnung. Und, das wird Sie vielleicht überraschen, ich würde die Sache hier nicht der fünften oder sechsten, sondern der ersten, schlimmsten Klasse zuordnen. Warum? Hier geht es nicht um Religion, sondern um Moral, den zwischenmenschlichen Umgang. Und zieht man die Parallele, scheint mir die Täuschung über Handlungen und ihre Motive im Zwischenmenschlichen der über Glaubensdinge in der Religion vergleichbar. Es gräbt an den jeweiligen Fundamenten.

Aber ich bin kein Kirchenlehrer und muss gestehen, dass mir die Freude Ihrer Tochter wichtiger wäre als die Reinheit der Lehre. Und vielleicht rebelliert Ihr Gewissen ja auch, weil Sie nicht an ein zusätzliches Brot für Ihre Tochter gedacht hatten.

Literatur:

Aurelius Augustinus, Über die Lüge, zitiert nach: Aurelius Augustinus, Die Lüge und Gegen die Lüge, Übertragen und erläutert von Paul Keseling, Augustinus-Verlag, Würzburg 1953
Die Einteilung der Lügen findet sich in Kapitel 25, die Erläuterung, warum diese verschiedenen Lügen im Einzelnen verwerflich sind, in Kapitel 42.
Dort heißt es zur Lüge in Glaubensdingen (ad 1.): »Nicht lügen darf man also in der religiösen Unterweisung; ein großes Verbrechen wäre das und die erste Art einer verabscheuungswürdigen Lüge.«
Und zur Lüge aus Sucht, anderen zu gefallen (ad 5.): »Nicht lügen darf man fünftens, weil man auch die Wahrheit selbst nicht zu dem Zwecke sagen darf, um den Menschen zu gefallen, geschweige denn eine Lüge, die an sich schon, weil es eine Lüge ist, unstreitig schimpflich ist.«

Aus vor allem theologischer, aber auch sonstiger Sicht empfehlenswert:
Eberhard Schockenhoff, Zur Lüge verdammt? Politik, Justiz, Kunst, Medien, Medizin, Wissenschaft und die Ethik der Wahrheit. Verlag Herder, Freiburg im Breisgau, 2. Auflage 2005
Die Ausführungen zu Augustinus finden sich dort in Kapitel II. 1. Unbedingte Pflicht zur Wahrhaftigkeit: Augustinus, auf S. 43 ff.

Alfons Fürst, Patristische Diskussionen über die Lüge, in: Rochus Leonhardt, Martin Rösel (Hrsg.), Dürfen wir lügen? Beiträge zu einem aktuellen Thema, Neukirchener Verlag, Neukirchen-Vluyn 2002, S. 68–90

Weitere lesenswerte Literatur zur Lüge:

Simone Dietz, Die Kunst des Lügens. Eine sprachliche Fähigkeit und ihr moralischer Wert, Rowohlt Taschenbuch Verlag, Reinbek bei Hamburg 2003

Volker Sommer, Lob der Lüge. Täuschung und Selbstbetrug bei Tier und Mensch, dtv, München 1994

Mathias Mayer (Hrsg.), Kulturen der Lüge, Böhlau Verlag, Köln 2003

Georg Geismann, Hariolf Oberer (Hrsg.), Kant und das Recht der Lüge, Verlag Königshausen + Neumann, Würzburg 1986

Immanuel Kant, Über ein vermeintliches Recht aus Menschenliebe zu lügen, Akademie-Ausgabe, Band VIII, S. 423–430
Online abrufbar unter: http://www.korpora.org/Kant/aa08/423.html

Otto Lipmann, Paul Plaut (Hrsg.), Die Lüge in psychologischer, philosophischer, juristischer, pädagogischer, historischer, soziologischer, sprach- und literaturwissenschaftlicher und entwicklungsgeschichtlicher Betrachtung, Verlag Johann Ambrosius Barth, Leipzig 1927

André Comte-Sponville, Ermutigung zum unzeitgemäßen Leben. Ein kleines Brevier der Tugenden und Werte, Rowohlt Taschenbuch Verlag, Reinbek bei Hamburg, 3. Auflage 2010, darin das Kapitel 16: Die Aufrichtigkeit, S. 229 ff

Sowie:

Rainer Erlinger, Moral. Wie man richtig gut lebt, S. Fischer Verlag, Frankfurt am Main 2012, darin das Kapitel: Von neuen Frisuren, Präsidenten und Praktikantinnen. Über die Lüge, S. 32–52

Mit stärkerem wissenschaftlichen Bezug die Vorlesung »Wer einmal lügt … Über Lüge und Wahrheit« in: Rainer Erlinger, Nachdenken über Moral. Gewissensfragen auf den Grund gegangen, S. Fischer Verlag, Frankfurt am Main 2012, S. 13–46

»Ich lasse mich von Weihnachtsgeschenken gern überraschen, weil ich mich freue, wenn sich jemand wirklich
Gedanken macht. Täuscht sich der Schenker in meinem
Geschmack, tausche ich eben um. Das nimmt mir keiner
übel, außer meiner Schwester, die Wunschzettel schreibt,
damit sie nichts Falsches bekommt. Darauf lasse ich
mich aber nicht ein, da ich ja anders über das Schenken
denke und lieber selbst etwas aussuche. Allerdings würde
sie nie etwas umtauschen. Mache ich einen Fehler, wenn
ich ihren Wunschzettel ignoriere?«

Heinz T., Donauwörth

Eigenartig: Sie veranstalten offenbar zu Weihnachen ein
gegenseitiges Piesacken, das über das ohnehin beachtliche, als weihnachtstypisch allgemein akzeptierte Maß an
Tortur und Erpressung noch hinausgeht. Mehr aber überrascht, dass Sie sich dabei streng an die goldene Regel
halten: Behandle andere so, wie du von ihnen behandelt
werden willst. Sie selbst wünschen sich einfühlsam ausge-
suchte Geschenke und nichts von der Stange eines
Wunschzettels, deshalb verhalten Sie sich auch Ihrer
Schwester gegenüber so. Ihre Schwester hingegen möchte
nicht, dass von ihr überreichte Präsente umgetauscht werden, deshalb behält sie, was immer man ihr geschenkt hat,
mag es auch schon dutzendfach zu Hause liegen. Nicht
obwohl, sondern weil Sie sich an die goldene Regel halten,
sind Sie beide unglücklich.

Wie kann ein Moralprinzip, das als so grundlegend gilt, dass man es als »golden« bezeichnet, derart versagen? Noch dazu beim Schenken, dem Inbegriff der Zuwendung an den anderen. Man könnte das nun mit einem der Hauptfehler der goldenen Regel erklären, ihrer Subjektivität: Denn man projiziert nur seine eigenen Wünsche auf den anderen. Hier scheint mir das Problem aber gerade an der altruistischen Grundsituation zu liegen: Die goldene Regel dient dazu, durch Reflexion auf die eigene Situation egoistisches Verhalten zu begrenzen. Das Schenken bezieht sich jedoch von Anfang an auf das Gegenüber. Hier über die goldene Regel die eigenen Wünsche einzuschleusen, bedeutet einen Rückschritt, der die ursprüngliche Intention abschwächt und dadurch zerstörerisch wirkt.

In Wirklichkeit beschenken Sie sich beide selbst, wenn Sie jeweils kategorisch auf Ihren eigenen Maßstäben beharren. Mein Schluss daher: Beim Schenken orientiert man sich am Beschenkten, oder man es lässt es bleiben. Weihnachten hin oder her.

Literatur:

Zur goldenen Regel:

Alfred Bellebaum, Heribert Niederschlag (Hrsg.), Was Du nicht willst, dass man Dir tu' ... Die Goldene Regel – ein Weg zum Glück?, UVK Universitätsverlag Konstanz 1999

Otfried Höffe, Goldene Regel, in: Otfried Höffe (Hrsg.), Lexikon der Ethik, Verlag C. H. Beck, München, 7. Auflage 2008

Eine tiefer gehende Analyse der goldenen Regel findet sich in dem Kapitel »Was Du nicht willst ... Die Goldene Regel und ihre Schwächen« in: Rainer Erlinger, Nachdenken über Moral. Gewissensfragen auf den Grund gegangen, S. Fischer Verlag, Frankfurt am Main 2012, S. 123–160

»Ich habe seit Jahren mit der katholischen Kirche nichts mehr am Hut, etliche gesellschaftliche Positionen der Kirche lehne ich sogar dezidiert ab, zum Beispiel in Sachen Aids, Homosexualität oder Gleichstellung der Frauen. Eigentlich würde ich austreten, wenn ich nicht wüsste, dass es meinen Vater schwer belasten, ja sogar verletzen würde. Kann, soll oder muss ich meinem Vater zuliebe gegen meine Überzeugung in der Kirche bleiben?«

Daniel T., Mannheim

Kann man die Frage denn überhaupt beantworten, ohne zu entscheiden, ob es richtig ist, in der Kirche zu sein? Meiner Meinung nach ja, denn das eigentliche Problem liegt im Verhältnis zwischen Ihnen und Ihrem Vater. Jeder von Ihnen beiden hat eine bestimmte Einstellung zu Glauben und Kirche, von deren Richtigkeit er überzeugt ist. Leider sind die beiden Meinungen einander entgegengesetzt und in der Frage, ob Sie in der Kirche bleiben sollen, unvereinbar. Analysiert man beide Sphären, fällt eine Asymmetrie auf: Ihr Vater will, dass Sie seiner Einstellung wegen in der Kirche bleiben, während Sie umgekehrt nicht verlangen, dass Ihr Vater Ihretwegen austritt. Dies könnte dagegen sprechen, dass Sie dem Wunsch Ihres Vaters folgen, lägen nicht zwei Besonderheiten vor: Ein Vater sorgt sich natürlich besonders um das Wohlergehen seines Kindes, und in Ihrem Falle dürfte er zudem aus seinem Glauben heraus gehalten sein, sich um Ihr Seelenheil zu kümmern.

Schlägt man, wie wir es hier gern machen, in den klassischen Quellen nach, stößt man auf eine Stelle bei Platon. Der meinte, wer seine Verwandtschaft in Ehren hält und »dieselben Familiengötter verehrt«, dürfte »mit Fug die Huld der über die Geburten waltenden Götter beim Kinderzeugen erlangen«. Nun wollen Sie vielleicht gar keine Kinder oder halten das für Aberglauben, das hilft somit auch nur begrenzt.

Allerdings hat es auch etwas Unaufrichtiges an sich, wenn Sie wirklich innerlich mit der Kirche abgeschlossen haben, ja sie sogar ablehnen und nur Ihrem Vater zuliebe formal in der Kirche bleiben. Und beim Kirchenlehrer Augustinus findet man einen Gedanken, der hier interessant sein könnte: In seinem Buch *De mendacio* (Über die Lüge) teilt er die Lügen nach ihrem Schweregrad ein und erachtet als schwerste, noch vor dem Wunsch, schlechthin Böses zu tun oder sich am Betrug zu ergötzen, in Glaubensdingen zu lügen. Das sollte zwar mehr Ihrem Vater zu denken geben als Ihnen selbst, dem Glaubensdinge ja eher fremd zu sein scheinen. Dennoch würde ich an dieser Stelle anknüpfen: Wenn Sie mit der Kirche lediglich nichts mehr anfangen können, Ihnen das Thema eher egal ist, spricht manches dafür, aus persönlicher Zuneigung zu Ihrem Vater, dem das sehr wichtig zu sein scheint, dennoch Mitglied zu bleiben. Widerstrebt es Ihnen jedoch explizit, hielte ich einen Verbleib rein aus Gefallen für unaufrichtig.

Literatur:

Platon, Nomoi V. Buch 729 c. Übersetzt von Hieronymus Müller, Platon, Sämtliche Werke, Band 4, Rowohlt Taschenbuch Verlag, Reinbek bei Hamburg 1994

Aurelius Augustinus, De mendacio, zitert nach: A. Augustinus, Die Lüge und Gegen die Lüge, übertragen und erläutert von P. Keseling, Würzburg 1953, S. 58

Eberhard Schockenhoff, Zur Lüge verdammt? Politik, Justiz, Kunst, Medien, Medizin, Wissenschaft und die Ethik der Wahrheit. Verlag Herder, Freiburg im Breisgau, 2. Auflage 2005
Die grundlegenden Ausführungen zu Augustinus finden sich dort in Kapitel II. 1. auf S. 43 ff., zu den Unterklassen auf S. 52 f.

Codex Iuris Canonici (CIC) – Codex des kanonischen Rechtes in der Fassung der Promulgation vom 25. 1. 1983 (Auszug):

Can. 211 – Alle Gläubigen haben die Pflicht und das Recht, dazu beizutragen, daß die göttliche Heilsbotschaft immer mehr zu allen Menschen aller Zeiten auf der ganzen Welt gelangt.

Can. 225 – § 1. Da die Laien wie alle Gläubigen zum Apostolat von Gott durch die Taufe und die Firmung bestimmt sind, haben sie die allgemeine Pflicht und das Recht, sei es als einzelne oder in Vereinigungen, mitzuhelfen, daß die göttliche Heilsbotschaft von allen Menschen überall auf der Welt erkannt und angenommen wird, diese Verpflichtung ist um so dringlicher unter solchen Umständen, in denen die Menschen nur durch sie das Evangelium hören und Christus kennenlernen können.

Can. 226 – § 1. Die im Ehestand leben, haben gemäß ihrer eigenen Berufung die besondere Pflicht, durch Ehe und Familie am Aufbau des Volkes Gottes mitzuwirken.

§ 2. Da die Eltern ihren Kindern das Leben geschenkt haben, haben sie die sehr schwerwiegende Pflicht und das Recht, sie zu erziehen; daher ist es vor allem Aufgabe der christlichen Eltern, für die christliche Erziehung ihrer Kinder gemäß der von der Kirche überlieferten Lehre zu sorgen.

»Meine Familie besitzt ein Familiengrab. Dort wurden bisher meine Eltern, mein Schwager und meine Frau bestattet. Nun ist meine Schwester verstorben, doch das Familiengrab bietet lediglich Platz für fünf Särge. Bin ich moralisch dazu verpflichtet, der Beisetzung meiner Schwester in unserem Familiengrab zuzustimmen, oder stellt mein eigener Wunsch, nach meinem Tode an der Seite meiner Frau zu ruhen, einen berechtigten Grund dar, diese Zustimmung zu verweigern? Urnenbestattungen kommen aus religiösen Gründen nicht in Betracht.«

Hermann E., Ravensburg

Für gewöhnlich stoße ich mich ja daran, wenn auf ein Problem mit dem Vorwurf geantwortet wird: »Das hätten Sie doch vorher wissen können!« Nur verfolgt diese Kolumne den Anspruch, über den besprochenen Einzelfall hinaus das Leben der Menschen allgemein zu verbessern. Und dazu ist es notwendig, sich mit dem Tod zu beschäftigen. Das Problem war doch spätestens bei der Beisetzung Ihrer Frau absehbar: Sie und Ihre Schwester würden früher oder später sterben, dann wäre nur noch ein Platz im Grab übrig. Ein Gespräch unter Lebenden oder rechtzeitige Planung wäre dem besser gerecht geworden als nun eine einsame Entscheidung.

Doch muss man in der bestehenden Situation zu einem Ergebnis kommen: Im Grab liegen bislang Ihrer beider Eltern und Ihre jeweiligen Ehegatten. Sie und Ihre Schwester haben also ein gleich großes Interesse an dem einzig freien Grabplatz. Vielleicht hilft hier weiter, was man in einer der Oden des Horaz über den Tod lesen kann: »Alle steuern wir dem gleichen Ziele zu; für jeden wird sein Los aus der Urne geschüttelt, bis es früher oder später herausspringt und wir mit dem Kahn in die ewige Verbannung fahren müssen.« Da Sie zu Lebzeiten keine gemeinsame Regelung getroffen haben, würde ich Horazens Bild vom gleichen Ziel, der Urne und dem Los heranziehen: Im Tod sind alle gleich, Ihre Schwester hat das Los des früheren Todes ereilt, anders betrachtet, hat sie es gezogen. Und ich kann keinen Grund erkennen, von dem daraus erwachsenden »Recht der Erstverstorbenen« abzuweichen.

Das ist nun freilich unbefriedigend für Sie. Deshalb sollten Sie mit der Friedhofsverwaltung sprechen, ob nicht eine Umbettung Ihrer Frau in ein neues Grab für Sie beide in Frage kommt. Wenn Ihnen besonders daran liegt, neben ihr zu liegen, schiene mir das eine sinnvolle und pragmatische Lösung, soweit es zulässig und möglich ist.

Quellen:

Horaz, Oden II, 3, 25 ff.
Original lateinisch:
»Omnes eodem cogimur, omnium
versatur urna serius ocius
sors exitura et nos in aeternum
exilium inpositura cumbae.«

Das Bestattungswesen ist Ländersache, die Regelungen finden sich in den Friedhofs- und Bestattungsgesetzen der Länder, hier einschlägig wäre § 41 des Baden-Württembergischen Bestattungsgesetzes.

Die genauere Ausgestaltung erfolgt in den Friedhofssatzungen und -ordnungen der Gemeinden.

»*Ich bin seit kurzem arbeitslos. Da ich weiß, dass sich meine 82-jährige Mutter darüber sehr grämen würde, möchte ich sie in ihren letzten Lebensjahren von dieser schlechten Nachricht verschonen. Kann es als Notlüge durchgehen, wenn ich ihr meine Arbeitslosigkeit verheimliche, oder muss ich ehrlich sein?*«

Bruno F., Recklinghausen

Bei einer 82-jährigen Mutter sind Sie dem Jugendlichendasein wohl schon deutlich entwachsen. Das lässt die Sache natürlich in einem anderen Licht erscheinen als bei einem 15-Jährigen, der sich jeden Morgen, von der Mutter mit Kakao und Stullen versorgt, vermeintlich auf den Weg zu einer nicht mehr vorhandenen Ausbildungsstelle macht und nach einem Tag in Parks und Warenhäusern am Abend erfundene Anekdoten vom Vorgesetzten auftischt.

Hier erinnert es mehr an einen Klassiker der Lügendiskussion. Der Kirchenlehrer Augustinus wollte auch einen Schwerstkranken nicht schonen, den die Nachricht vom »Tod seines einzigen, heiß geliebten Sohnes« umbringen würde. Es sei, so Augustinus, leichter, den Verlust des zeitlichen Lebens zu ertragen, als Schaden an der Seele zu nehmen und den ewigen Tod der Sünde zu sterben. Andere Philosophen sehen die Wahrhaftigkeit als einen Wert neben der Menschlichkeit und wägen ab. Dem würde auch ich mich anschließen und es davon abhängig machen, wie sehr Ihre Mutter durch die Nachricht beeinträchtigt würde. Brächte es sie buchstäblich um, spräche das sehr gegen das Offenbaren. Allerdings müssen Sie dabei stets bedenken, inwieweit Sie Ihre Mutter nicht mehr als gleichwertigen Menschen ansehen, wenn Sie sie wie ein Kind vor der Realität schlechter Nachrichten abschirmen.

Dennoch scheint mir auch Ihr Alter von Bedeutung. Anders als der 15-Jährige unterstehen Sie nicht mehr der elterlichen Sorge und haben als Erwachsener – unabhängig von der Frage der Lüge – nicht die Pflicht, Ihrer Mutter über alles Rapport zu erstatten. Soweit sie Ihre enge Vertraute geblieben ist, werden Sie es ihr eher erzählen wollen, schon allein, damit sie es nicht von anderen erfährt; teilen Sie hingegen auch sonst wenig von Ihrer beider Alltag, brauchen Sie auch nicht selektiv mit belastenden Nachrichten anzufangen.

Literatur:

Aurelius Augustinus, Die Lüge und Gegen die Lüge, übertragen und erläutert von Dr. Paul Keseling, Augustinus-Verlag, Würzburg 1953, S. 116

Eberhard Schockenhoff, Zur Lüge verdammt? Politik, Justiz, Kunst, Medien, Medizin, Wissenschaft und die Ethik der Wahrheit. Verlag Herder, Freiburg im Breisgau, 2. Auflage 2005, das Beispiel von Augustinus diskutiert Schockenhoff dort auf S. 53 f.

»Wer einmal lügt ... Über Lüge und Wahrheit« in: Rainer Erlinger, Nachdenken über Moral. Gewissensfragen auf den Grund gegangen, S. Fischer Verlag, Frankfurt am Main 2012, S. 13–46

Weitere Leseempfehlung zur Lüge siehe S. 67 f.

Fitness und Fairness

Über Fans, die auf den Gegner setzen, Bräuche beim Segeln, Fairness und Aristoteles im Fußballverein, Unverbindlichkeit im Kampfsport, Joggen über oder unter Brücken, letzte Fotos von einem abgestürzten Bergsteiger sowie Champions-League-Finale bei Hochzeiten, kurz:

Über Sport

»Ein guter Freund von mir ist Fan des TSV 1860 München. In seiner Freizeit spielt er regelmäßig auf einer Sportwetten-Plattform und setzt dabei jedes Mal auf Sechzig. Allerdings hätte er zurzeit mehr Chancen auf einen Gewinn, würde er gegen den TSV setzen. Wäre ihm das als altem Fan erlaubt?« Max R., München

Magisches Denken war meine erste Idee: Vielleicht hat, wer gegen alle Wahrscheinlichkeit immer wieder auf seinen Verein setzt, schlicht Angst, täte er es nicht, wäre das mehr als ein böses Omen, würde die ohnehin schlechten Chancen noch weiter mindern. Und wie viel mehr muss das dann erst für eine Wette dagegen gelten?

Nun ist mir Begeisterung für Ballspiele tendentiell eher fremd, deshalb habe ich mit einem Anhänger des TSV 1860 gesprochen, den man mit Fug und Recht als in der Wolle gefärbten Fan bezeichnen kann. Er meinte, gegen den eigenen Verein zu wetten, bedeute, Geld zu verdienen mit dem Elend seines Herzensvereins. Unter Fans sei das wie Verrat, und Verräter wolle man natürlich nicht sein, es fiel sogar das Wort »Judaslohn«. Umgekehrt könne man jedoch kaum verlangen, dass jemand Geld auf seinen Verein setzt, wenn er überzeugt ist, das Spiel würde verloren. Aber dann sollte man eben gar nicht wetten! Doch gebe es vielleicht einen Grund, es dennoch zu tun: Wenn der unwahrscheinliche Gewinn, so er doch eintritt, für den Fan so viel süßer schmecke, weil die Sechziger gewonnen haben. Eine Art emotionale Super-Wettquote also, welche die Ausschüttung bei einem Sieg gefühlt vervielfacht und das Wetten trotz schlechter Chancen wieder lohnend macht. Und bei einer Niederlage umgekehrt alles entwertet und jeglichen Sinnes beraubt.

Ich würde – um die Frage zu beantworten und wieder auf heimisches Terrain zu kommen – auf die mir wichtige Integrität der Person abstellen: Wie soll jemand, ohne sich zu verbiegen, ohne Beschädigung seiner Persönlichkeit, etwas tun, was seinem Inneren, seinen Emotionen als Fan diametral entgegenläuft? In diesem Fall bin ich mir also mit den Freunden des Ballspiels nahezu einig: Vielleicht wäre es ihm nicht explizit verboten, gegen seinen Verein zu wetten, für falsch hielte ich es trotzdem.

Literatur:

Über das manchmal schwierige Leben als Löwen-Fan, ein Text von Bastian Obermayer im Süddeutsche Zeitung Magazin: Löwen weinen nicht, Heft 49/2010
Online abrufbar unter: http://sz-magazin.sueddeutsche.de/texte/anzeigen/35128/Loewen-weinen-nicht

Zur Integrität:

Arnd Pollmann, Integrität. Aufnahme einer sozialphilosophischen Personalie, transcript Verlag, Bielefeld 2005

Bernard Williams, Kritik des Utilitarismus, Verlag Vittorio Klostermann, Frankfurt am Main 1979

Zum Thema Magisches Denken:

Matthew Hutson, The 7 Laws of Magical Thinking: How Irrationality Makes Us Happy, Healthy, And Sane, Oneworld Publications, 2012

Matthew Hutson, The Science of Superstition. No one is immune to magical thinking, The Atlantic, March 2015

»Es war der erste Tag eines gemeinsamen Segelurlaubs mit Freunden. Die Partnerin eines meiner besten Freunde stieß mich spaßeshalber vom Segelboot, wobei ein Sea Band (zur Vermeidung von Seekrankheit am Handgelenk getragen, Wert: 160 Euro) verlorenging. Trotz Aufforderung wollte mir die junge Dame nicht die Daten ihrer Versicherung mitteilen und hat auch nicht ein Vergleichsangebot, die halben Kosten zu übernehmen, angenommen. Wie soll ich mich nun weiter verhalten, um die Freundschaft nicht zu gefährden?«   *Noah L., Frankfurt*

Ha, dachte ich, so wie ich die Segler kenne, gibt es doch bestimmt einen entsprechenden Brauch, und fragte einen befreundeten Segelexperten. Wahrscheinlich, so meine Vorstellung, würde entweder ein Tau in die Luft geworfen und je nachdem, auf welcher Seite des Masts es sich verfängt, dem einen oder dem anderen recht gegeben. Oder aber man hängt beide Streitenden so lange an Back- und Steuerbord über die Reling, bis einer nachgibt, Schuld und Schaden auf sich nimmt und der ganzen Crew eine Runde ausgibt. Bei der würde schließlich mit einem Spruch des Skippers wie: »Hoch die Tassen, runter der Zwist«, alles bereinigt.

Leider kannte mein Freund nichts dergleichen. Es sei, so meinte er, lediglich üblich, Schäden, die nicht grob fahrlässig oder gar vorsätzlich entstehen, unter der ganzen Mannschaft aufzuteilen. Dieses Maß an Sorglosigkeit sähe er hier nicht verwirklicht, da es auch strikt verboten sei, auf offener See, wonach die Frage klänge, jemanden von Bord zu stoßen.

Das Ergebnis, alle sollen zahlen, gefällt mir ehrlich gesagt an dieser Stelle nicht; doch träfe auch ein Rat zur Schadensverteilung nicht den Kern Ihrer Frage: Wie die Freundschaft erhalten? Nachdem Sie offenbar schon ergebnislos darüber gesprochen haben – das offene Wort sollte stets an erster Stelle stehen –, halte ich hier vor allem eines für sinnvoll: Großzügigkeit. Vergessen Sie die Angelegenheit, und freuen Sie sich weiter an der Freundschaft. Dabei meine ich »vergessen« wörtlich, also nicht schweigen und Groll behalten. Es sei denn, Sie sehen plötzlich nie gekannten Geiz oder Sturheit bei Ihren Freunden (und wie steht's damit auf Ihrer Seite?). Dann wäre aber das und nicht das Geld die Gefahr. 160 Euro sind kein Pappenstiel, aber eine echte Freundschaft ist viel zu wertvoll, um ihretwegen Schlagseite zu bekommen.

»Ich spiele seit siebeneinhalb Jahren Fußball im Verein. Seit einigen Wochen ist ein Neuer dabei. Da er noch nicht so gut spielt, wird er von den anderen ausgelacht und ausgegrenzt. Ich finde das falsch, will ihn aber nicht in Schutz nehmen, weil ich fürchte, dass meine Teamkameraden dann mich angreifen. Was tun?«

Markus W., 12 Jahre, Stuttgart

Vielen Dank für deine Frage. Ich finde gut, dass du sie stellst. Und man muss nicht erst bei den Simpsons sehen, wie Bart wegen seiner Freundschaft mit Milhouse von den Schulrowdys verprügelt wird, um deine Befürchtungen zu verstehen. Dennoch solltest du den Neuen in Schutz nehmen; ich will dir gern erklären, warum.

Du schreibst selbst ganz zu Recht, dass man niemanden ausgrenzen darf. Das ist ein allgemeiner Grundsatz. Der allein wäre schon Grund genug, sich dagegenzustellen, wenn es jemand tut – ganz egal, wo es passiert, ob auf dem Sportplatz, in der Schule oder im Freundeskreis. Hier geschieht es beim Fußball, da könnte man auch an das Prinzip des Fairplay denken, das nicht nur auf dem Spielfeld, sondern genauso im Umgang miteinander gelten sollte.

Mir scheint aber noch etwas anderes wichtig: Es geht dabei auch um dich. Im alten Griechenland gab es einen bekannten Philosophen: Aristoteles. Der antwortete auf die Frage, wie man sich verhalten soll: Man soll handeln wie ein tugendhafter Mensch. Wie ein Mensch also, der die richtige Einstellung, die richtige Haltung hat. Auch ohne zu wissen, was Aristoteles genau darunter verstand, hilft das schon weiter. Denn die richtige Haltung kann doch kaum sein, zuzulassen, dass jemand ausgegrenzt wird, nur damit man selbst keine Probleme bekommt.

Aristoteles meinte aber auch, dass man ein tugendhafter Mensch nur wird, wenn man das richtige Verhalten ein-übt – also trainiert wie beim Sport. Das bedeutet, dass dein Verhalten in dieser Sache etwas mit dir macht: Es macht dich ein klein wenig mehr entweder zu einem Menschen, der sich nach seinem eigenen Vorteil richtet, oder zu ei-nem, der das, was er für richtig hält, auch dann tut, wenn es für ihn schwierig wird. Und ich hoffe für dich – aber auch für deine Umwelt, also für uns alle –, dass du lieber ein Mensch mit Haltung sein möchtest. Schließlich wol-len wir alle lieber in einer Welt leben, in der Menschen eine Haltung haben, statt sich nur um ihre Vorteile zu kümmern.

Wird das schwierig für dich? Vielleicht, aber anderer-seits spielst du seit siebeneinhalb Jahren Fußball, bist also vermutlich in der Mannschaft respektiert. Und wer eine solche Position hat, sollte sie auch nutzen, um Haltung zu zeigen. Für die anderen ist es noch schwieriger.

Leseempfehlungen:

Für Jugendliche:

Fernando Savater, Tu, was du willst. Ethik für die Erwachsenen von mor-gen, Beltz & Gelberg, Weinheim 2001
Stephen Law, Philosophie. Abenteuer Denken, Arena Verlag, Würzburg 2002
Héctor Zagal, José Galindo, Ethik für junge Menschen, Reclam Verlag, Stuttgart 2000

Ernst Tugendhat, Celso López, Ana María Vicuña, Wie sollen wir handeln? Schülergespräche über Moral, Reclam Verlag, Stuttgart 2000
Und schließlich in eigener Sache: Rainer Erlinger, Lügen haben rote Ohren. Ullstein Verlag, Berlin 2005

Für Erwachsene:

Hans Lenk (Hrsg.), Philosophie des Sports, Schorndorf 1973, darin insbesondere: Dietrich Kurz, Gymnastische Erziehung bei Platon und Aristoteles, S. 163–184
Martin Gessmann, Philosophie des Fußballs, Wilhelm Fink Verlag, München 2011

Zur Tugendethik:

Aristoteles, Nikomachische Ethik, insbesondere II. Buch
Gute Übersetzungen gibt es von Olof Gigon bei dtv, München 1991 und Ursula Wolf im Rowohlt Taschenbuch Verlag, Reinbek bei Hamburg 2006

Das Kapitel »Tugendethik« in der auch sonst empfehlenswerten Einführung in die Ethik von Herlinde Pauer-Studer, facultas WUV/UTB, Wien, 2. Auflage 2010

Eine Sammlung von modernen Texten zu diesem Thema: Tugendethik, herausgegeben von Klaus Peter Rippe und Peter Schaber, Reclam Verlag, Stuttgart 1998

Das Kapitel »Tugendethik und moralische Motivation« einschließlich einer Einleitung in Texte zur Ethik, herausgegeben von Detlef Horster, Reclam Verlag, Stuttgart 2012

»Ich bin Mitglied in einem Kampfsportverein, war aber in letzter Zeit aus verschiedenen Gründen nicht im wöchentlichen Training. Meine Gruppe im Verein ist relativ klein, die ehrenamtlichen Trainer geben quasi Privatstunden. Muss ich also ein schlechtes Gewissen haben, wenn ich wegen Lustlosigkeit oder anderer banaler Gründe dem Training fernbleibe?« Robin S., Erfurt.

Eines vorneweg: Fast drängt sich mir die Frage auf, ob es nicht aus moralischer Sicht generell besser ist, nicht zu einem Kampfsportverein zu gehen. Tatsächlich kann ich ein gewisses Unbehagen gegenüber der wechselseitigen Gewaltanwendung als Freizeitvergnügen nicht leugnen, aber dagegen lässt sich wohl das Messerargument vorbringen: Nicht das Messer ist schlecht, sondern was man mit ihm macht. Kampfsportarten können der Selbstverteidigung dienen und der Körperbeherrschung.

Damit wenden wir uns dem Kernproblem zu: Das verorte ich in der Frage der Verbindlichkeit. Der Zürcher Ethiker Markus Huppenbauer beschreibt sie als Tugend, die, wie jede Tugend in aristotelischer Tradition, die Mitte zwischen zwei Extremen darstellt: hier die zwischen Flatterhaftigkeit und Fixiertheit. Zudem sieht er diese Tugend unter Berufung auf Immanuel Kant untrennbar mit der Freiheit verbunden. Nur wenn man eine gewisse Entscheidungsfreiheit hat, also nicht durch Verträge, Verpflichtungen oder das Gesetz absolut festgelegt ist, bekommt der Begriff Verbindlichkeit im Alltag auch einen Sinn.

Huppenbauer weist auch auf einen interessanten Aspekt hin: Unverbindlichkeiten würden vor allem dann wahrgenommen, wenn in einer Konstellation, die nicht explizit geregelt ist, Asymmetrien entstehen. Und genau das scheint mir bei Ihnen der Fall zu sein: Vermutlich würden Sie es eigenartig finden, wenn die ehrenamtlichen Trainer einfach so wie Sie »wegen Lustlosigkeit oder anderer banaler Gründe« das Training ausfallen ließen. Das aber zeigt doch, dass in der Verabredung zum Training zwar keine absolute Verpflichtung, aber doch eine gewisse Verbindlichkeit liegt.

Was bedeutet das konkret? Die Antwort wird leichter, wenn man Verbindlichkeit tatsächlich als Tugend auffasst, die nicht starr angewendet, sondern zwischen den beiden Extremen jeweils der Situation angepasst wird. Sie müssen also kein ärztliches Attest vorlegen, wenn Sie einmal nicht kommen wollen – aber vollkommen beliebig ist Ihr Erscheinen auch nicht, weil das tatsächlich dem anderen Part, den Trainern, nicht gerecht wird.

Literatur:

Markus Huppenbauer, Verbindlichkeit – semantisch und ethisch, in: Gabrielle Rütschi, Vielleicht. Die unverbindliche Verbindlichkeit, Books on Demand, Norderstedt 2008, S. 103–120

Immanuel Kant, Grundlegung zur Metaphysik der Sitten, Akademie-Ausgabe, S. 439. »Der Wille, dessen Maximen nothwendig mit den Gesetzen der Autonomie zusammenstimmen, ist ein heiliger, schlechterdings guter Wille. Die Abhängigkeit eines nicht schlechterdings guten Willens vom Princip der Autonomie (die moralische Nöthigung) ist Verbindlichkeit. Diese kann also auf ein heiliges Wesen nicht gezogen werden. Die objective Nothwendigkeit einer Handlung aus Verbindlichkeit heißt Pflicht.«

»Beim Joggen an der Isar kann ich die Straße über die Thalkirchner Brücke auf einem Zebrastreifen überqueren oder unter der Brücke hindurchlaufen. Der Weg bergab und bergauf durch die Unterführung ist etwas beschwerlicher, weshalb ich meist auf ebener Strecke darüberlaufe und die Autofahrer abbremsen müssen. Das stresst sie, und der Spritverbrauch wird erhöht. Kann ich ruhigen Gewissens den Zebrastreifen benutzen, was ja mein Recht ist, oder ist es meine Pflicht, die Nerven der Autofahrer, deren Geldbeutel und die Umwelt zu schonen?«

Simon K., München

Manchmal hadere ich mit meinem Schicksal. Warum kann diese Frage nicht eine junge Mutter stellen, die mir erklärt, dass sie auf dem Weg zum Kinderarzt jedes Mal den schweren Kinderwagen mühsam einen Umweg erst nach unten und dann wieder nach oben schieben muss? Wie schnell könnte ich ihr jegliche Erleichterung zubilligen!

Aber nein, es fragt ein junger, offensichtlich gesunder Mann, der seiner Freizeitbeschäftigung nachgeht. Und schon stehe ich vor einem Haufen von Problemen. Zum Beispiel: Welches Gewicht hat eine zusätzliche, nicht unbedingt nötige Beschwerlichkeit beim Joggen? Bei einer Beschäftigung, welche entsprechend ihrer Natur, a priori, würde Kant sagen, in erster Linie den Sinn hat, (zu Ertüchtigungszwecken) eine zusätzliche Beschwerlichkeit zu schaffen. Eine Laufrunde führt ohne Stopp von der Haustüre wieder dahin zurück, die gesamte Strecke stellt also per definitionem nichts anderes dar als einen einzigen Umweg. Fällt da ein bisschen mehr überhaupt ins Abwägungsgewicht?

Andererseits die Bewertung einer Unterführung: Handelt es sich dabei wirklich um eine Erleichterung für Fußgänger? Oder um eine Einrichtung, welche die Menschen in einen dunklen, muffig riechenden Tunnel verbannt, damit die Autos ungestört bei schönster Aussicht über die Brücke gleiten können? Spräche Letzteres nicht sehr gegen einen moralischen Benutzungszwang?

Wie nun entscheiden? Konfuzius soll einmal gefragt worden sein, ob es ein Wort gibt, das ein ganzes Leben lang als Richtschnur des Handelns dienen kann. Seine Antwort lautete: »Gegenseitige Rücksichtnahme.« Das gilt in beide Richtungen. Wenn Sie über die Brücke traben, sind die Autofahrer gefordert, ohne Murren stehen zu bleiben und Sie passieren zu lassen. Gibt es eine Unterführung, spricht umgekehrt viel dafür, sie auch zu benutzen.

»Im Urlaub habe ich Fotos und ein kurzes Video von einer Bergwand mit Kletterern gemacht. Dabei hielt ich unfreiwillig eine Szene fest, wie ein frei kletternder junger Mann den Halt verlor und mehr als 100 Meter in die Tiefe stürzte. Wie geht man mit solchen Bildern um? Hätte ich sie den Hinterbliebenen zur Verfügung stellen sollen? Davor hatte ich ehrlich gesagt Skrupel, deshalb habe ich sie der Polizei gegeben.«　　　　　　*Melanie B., Wiesbaden*

Die erste Überlegung ist die, ob oder warum man hier überhaupt tätig werden sollte und nicht lieber angesichts des Unglücks die Sache auf sich beruhen lässt. Doch diese Frage scheint mir aus moralischer Sicht einfach zu beantworten: Sie sind nun einmal im Besitz der Bilder, und wenn diese Bilder für die Hinterbliebenen wertvoll oder für deren Trauer hilfreich sein können, sehe ich eine Verpflichtung zu handeln wie in jedem anderen Fall, in dem ein Mensch in Not ist und ein anderer helfen kann.

Hilfreich könnten die Bilder tatsächlich sein, denn in der Verarbeitung des Verlustes von geliebten Menschen kennt man den »letzten Blick«, der Angehörigen hilft, Abschied zu nehmen. Allerdings ist damit der nach dem Tod gemeint, und er soll vor allem auch helfen, den Verlust zu begreifen, der zunächst oft verdrängt wird. Diese Gefahr und auch die einer pathologischen Trauer, die das Geschehen nicht verarbeitet, besteht hier umso mehr, als ein junger Mensch durch ein Unglück überraschend zu Tode kam, was die Angehörigen meist stärker erschüttert und traumatisiert als der in der Lebenserfahrung liegende Tod eines alten Menschen. Und das Verdrängen könnte durch ein Video, das den Verunglückten lebend im Berg zeigt, sogar noch verstärkt werden.

Der Traumapsychologe Markos Maragkos von der Universität München warnt deshalb ausdrücklich davor, als Laie die Angehörigen unvorbereitet mit den Bildern zu konfrontieren. Den Verunglückten sozusagen noch ein letztes Mal lebend zu sehen könnte tatsächlich helfen, vor allem, wenn der Leichnam nach dem Sturz womöglich unansehnlich ist. Das sei allerdings individuell sehr unterschiedlich, und um festzustellen, ob das der Fall ist oder gar das Gegenteil, weil die Angehörigen infolge der Bilder den Tod noch weniger verstehen, müsste ein Fachmann sich die Bilder vorher ansehen und mit den Angehörigen sprechen.

Nach all dem bin ich der Meinung, dass Sie vollkommen richtig gehandelt haben. Oft ist es ja problematisch, die persönliche Verantwortung auf Dritte abzuschieben. Aber im Gegensatz zu Ihnen kann die Polizei auch fachliche Unterstützung heranziehen und so den Angehörigen wirklich helfen.

Literatur:

Joachim Wittkowski, I. Sicht der Wissenschaften und Religionen 5. Psychologie, sowie ders. III. Allgemeine Haltungen und Umgangsweisen 6.2 Trauer – psychologisch, in: Héctor Wittwer, Daniel Schäfer und Andreas Frewer (Hrsg.), Sterben und Tod. Geschichte – Theorie – Ethik. Ein interdisziplinäres Handbuch, J. B. Metzler Verlag, Stuttgart 2010, S. 50–61 und 197–202

Therese A. Rando, Trauern: Die Anpassung an den Verlust, in: Joachim Wittkowski (Hrsg.), Sterben, Tod und Trauer, Verlag Kohlhammer, Stuttgart 2003, S. 173–192

John S. Stephenson, Death, Grief, and Mourning, The Free Press, New York 1985

Markos Maragkos, Posttraumatische Belastungsstörung. Verhaltenstherapie & Verhaltensmedizin, Band 31, Heft 2 (2010), 194–207.

Neil Small, Theories of grief: a critical review, in: Jenny Hockey, Jeanne Katz, Neil Small (eds.), Grief, Mourning and Death Ritual, Open University Press, Buckingham-Philadelphia 2001, S. 19–48

»Eine Freundin heiratet diesen Samstag, am Tag des Champions-League-Finales. Sie ist wenig fußballinteressiert, aber ich bin großer FC-Bayern-Fan. Kann sie erwarten, dass ich auf ihrer Hochzeit auf das Finale verzichte? Oder kann ich erwarten, dass es eine Möglichkeit gibt, am Rande das Spiel zu verfolgen?«   Lisa Z., Ulm

Auf einer Rangliste von chronisch überbewerteten Angelegenheiten stünden bei mir Fußball und Hochzeiten ähnlich weit oben. Insofern kann ich den Konflikt emotional zwar nur begrenzt nachvollziehen, stehe dafür aber keiner der Seiten zu nahe. Nüchtern betrachtet, scheint es mir sinnvoll, im Nebenraum einen Fernseher aufzustellen. Ebenso sinnvoll erscheint es mir, selbst als Fan dort nicht wie ein Kleinkind vor Zeichentrickfilmen neunzig Minuten starrend auszuharren, sondern nur zwischendurch mal reinzuschauen und vielleicht die Schlussphase ganz zu verfolgen.

Das Brautpaar will mit Freunden seine Hochzeit feiern. Zum Wort »feiern« fallen mir Assoziationen ein wie: Spaß haben, sich amüsieren, lachen, tanzen, essen, trinken, reden, kurz alles, was dazu dient, dass alle möglichst viel Freude haben. All das lässt sich damit verbinden, dass Teile der Gäste zwischendurch in den Nebenraum gehen, um Fußball zu gucken. So wie heutzutage Raucher zwischendurch rausgehen und nach geraumer Zeit zurückkommen.

Könnte das Brautpaar gekränkt sein, weil es nicht die ungeteilte Aufmerksamkeit erhält? Ja, wenn es die Hochzeitsfeier mit der Hochzeitszeremonie verwechselt. Auch ich fände es nicht gut, wenn Raucher während des Treueschwurs aufstehen, um sich draußen kurz eine anzustecken, und ebenso unpassend, wenn die Fußballfans statt des Ringetauschs im Nebenraum die Tore bejubeln. Nur: Danach wird gefeiert, die Trauung ist der Anlass, das Brautpaar zwar der Mittelpunkt, aber zu einem Fest gehören die Gäste, und deshalb zählen auch deren Wünsche. Was hat ein Brautpaar von widerwillig ausharrenden Gästen, die heimlich auf ihre Handys schauen? Umgekehrt gilt: Wem das ununterbrochene Betrachten eines Ballspiels wichtiger ist als die Hochzeit, der ist dort am falschen Platz.

Von A nach B

Über laut vorlesende Mütter, Aufstehen für Älte-
re, Rentner auf Elektromobilen, Kinder in siche-
reren und unsichereren Kindersitzen, Mitschuld
am Tod einer Radfahrerin, Sichbreitmachen auf
Parkplätzen, Rolltreppen mit wechselnder Fahrt-
richtung, Erstattung von Reservierungskosten so-
wie Schleichverkehr durch Wohngebiete, kurz:

Über Verkehr

»Neulich am Morgen stieg eine Mutter mit ihrer etwa vierjährigen Tochter in einen gutgefüllten Pendlerzug ein. Die Frau begann ihrer Tochter vorzulesen – so laut, dass sich niemand im Großraumabteil mehr auf Gespräche oder die Zeitung konzentrieren konnte, sondern zwangsweise den Abenteuern des »Räuber Rudibert« lauschte. Manche Reisende lächelten sich verstohlen an, aber niemand traute sich, etwas zu sagen. Wer will schon als kinderfeindlich gelten? Aber hätte ich die Dame darauf hinweisen dürfen, dass sie mich und die anderen Reisenden stört?«   *Marie-Luise A., Heidelberg*

Auch wenn es gefährlich ist, diese Antwort zu geben: Ja, Sie hätten die Dame auf die Störung ansprechen dürfen. Bevor nun der Vorwurf der Kinderfeindlichkeit über mich hereinbricht: Es geht hier nicht um Kinderlärm, sondern um Erwachsenenlärm. Denn wenn man die Räubergeschichte im ganzen Großraumabteil gehört hat, hätte sie bestimmt nicht unbedingt so laut gelesen werden müssen.

Falls es wirklich Kinderfeindlichkeit bei uns gibt, liegt das sicherlich kaum an den kleinen Wesen. Im Grunde mag jeder Mensch Kinder, ob er will oder nicht. Das hat die Natur so eingerichtet, und es funktioniert heute noch, wie der Erfolg aller Marketingstrategien mit Kindchenschema – großer Kopf und große Augen – belegt. Und vom nächtelang brüllenden Säugling sind die Eltern noch entnervter als die Nachbarn.

Auch das ist Natur: Kinderschreien muss stärker stören als anderer Lärm; das erhöht die Überlebenschancen der Kleinen. Ablehnung kann entstehen, wenn Eltern absolute Rücksicht für sich und die Kinder einfordern, selbst aber keine üben und sie den Kindern auch nicht vermitteln.

Auch Altenfeindlichkeit wird beklagt. So sie besteht, dann nicht, weil Menschen weißes Haar haben, sondern weil manche ihr Alter wie einen Pokal vor sich hertragen und allen Jüngeren vermitteln, frech und unwissend zu sein. Und wenn Yuppies angefeindet werden, dann nicht, weil sie viel Geld verdienen und gerne ausgeben, sondern weil einige meinen, deshalb gehöre ihnen die Welt, und andere das spüren lassen.

Wenn es jemand schwerer hat als andere, müssen die anderen und die Gesellschaft das ohne Rede ausgleichen. Darüber hinaus aber ist jeder zu Rücksicht verpflichtet, egal, ob jung oder alt, Kind oder Rentner, Kinderloser oder Elternteil. Und wenn sich jemand rücksichtslos benimmt, darf man etwas sagen. Auch zu einer Mutter mit Kind.

Literatur:

Den Gedanken, dass Nachteile von der Gesellschaft ausgeglichen werden sollen, findet man bei John Rawls.

John Rawls, Eine Theorie der Gerechtigkeit, Suhrkamp Verlag, Frankfurt am Main 1975, besonders § 17 Die Tendenz zur Gleichheit, S. 121 ff.

John Rawls, Gerechtigkeit als Fairness. Ein Neuentwurf, Suhrkamp Verlag, Frankfurt am Main 2003, besonders § 21 Veranlagung als gemeinschaftliches Guthaben ansehen, S. 123 ff.

Otfried Höffe (Hrsg.), John Rawls. Eine Theorie der Gerechtigkeit. Aus der Reihe Klassiker Auslegen, Akademie Verlag, Berlin, 2. Auflage 2006

Thomas W. Pogge, John Rawls, Verlag C. H. Beck, München 1994

»Als sich in der vollbesetzten U-Bahn eine etwa 60 Jahre alte Frau in meine Nähe stellte, wollte ich (37 Jahre) aufstehen, um ihr meinen Platz anzubieten. Dann habe ich es doch nicht getan, da ich ihr damit unterstellen würde, dass sie so gebrechlich und alt aussieht, dass man ihr einen Platz anbieten muss. War das richtig?«

Andreas G., München

Älteren den Platz zu überlassen ist ein klassisches Gebot der Höflichkeit, aber auch der Moral: Man macht ihn frei für jemanden, von dem man annimmt, dass er oder sie nicht (mehr) gut stehen kann; ein Unterfall des klassischen Hilfegebots. Dagegen haben Sie verstoßen, wenn Sie sitzen geblieben sind.

Allerdings hat das einen Haken, der hier in der Formulierung »von dem man annimmt« liegt. Sie müssen sich über die betreffende Person ein Urteil bilden, sie kategorisieren, typisieren, labeln: jung oder alt, hilfsbedürftig oder nicht. Dieses Urteil kann im Widerspruch zur Persönlichkeit und des Selbstbildes des- oder derjenigen stehen und sie oder ihn deshalb verletzen. Die Soziologin Iva Fidancheva nennt das in ihrem Buch *Die verletzende Macht der Höflichkeit* eine »Verletzung durch Mislabeling« und führt dazu als Paradebeispiel just Ihr Problem des Aufstehens für Ältere an. Sie weist jedoch auch darauf hin, dass das Kategorisieren anderer trotz aller negativen Aspekte die Interaktion erleichtert, weil man nur »begrenzte Verarbeitungskapazitäten« habe und die Einschätzung im täglichen Leben »überschnell« erfolgen müsse. Mit anderen Worten: Sie kommen im Alltag gar nicht darum herum, andere in Schubladen zu stecken, auch auf die Gefahr hin, ihnen dabei Unrecht zu tun.

Was bedeutet das für Sie? Dass Sie sich überhaupt diese Gedanken machen, zeichnet Sie schon einmal aus. Sie respektieren die Dame in mehrfacher Hinsicht: als ältere Mitbürgerin, als Person, der, wenn nötig, Hilfe zusteht, aber auch als individuellen und verletzlichen Menschen. Wenn Sie dies alles beachten und abwägen, können Sie sich am Ende immer noch irren, etwa weil die Dame hilfsbedürftiger oder aber verletzlicher ist als gedacht. Jedoch wäre ein derartiger Irrtum zwar bedauerlich, aber nicht vorwerfbar.

Literatur:

Iva Fidancheva, Die verletzende Macht der Höflichkeit, Verlag Ferdinand Schöningh, Paderborn 2013, S. 180 ff.

Ein Klassiker in diesem Zusammenhang ist: Erving Goffman, Interaktionsrituale, Suhrkamp Verlag, Frankfurt am Main 1986

»Vor kurzem stand ich mit einer Freundin auf einer sehr breiten Einkaufsstraße und unterhielt mich, als ein Rentner wiederholt auf einem Elektromobil schnurstracks auf uns zufuhr, ohne auszuweichen. Offensichtlich erwartete er, dass wir für ihn zur Seite treten. Müssen wir das, oder nutzt er sein Elektromobil für asoziales Verhalten?«

Klara S., Düsseldorf

Sie verwenden den Begriff »asozial«, und wenn ich den aufgreife, muss ich feststellen, dass Sie sich beide gleichermaßen »asozial« verhalten – in der wörtlichen Bedeutung dieses Begriffs. Die griechische Vorsilbe »a-« bedeutet übersetzt »un-«, weshalb »asozial« mit »unsozial« oder »nicht sozial« zu übersetzen wäre und nicht mit der Bedeutung »gegen die Gemeinschaft«, also anti-sozial, wie es meist verwendet wird.

Und darum, dass sich hier beide Seiten a-sozial, nicht sozial verhalten, kommen Sie nicht herum. Sie sehen jemanden, der offensichtlich Hilfe zur Fortbewegung braucht, auf sich zukommen und wollen nicht ausweichen. Er wiederum sieht zwei Menschen im Gespräch vertieft und will es anscheinend ebenso wenig. Soziales Verhalten, also ein Verhalten für die Gemeinschaft, für das Zusammenleben, wäre für beide, dem anderen Platz zu lassen, sei es, indem man beiseitetritt, sei es, indem man einen Bogen fährt.

Vielleicht ist es ein bisschen übertrieben, aber ich glaube, das A-soziale winkt immer schon aus der Ferne, wenn man sich Gedanken darüber macht, wer denn nun in einer bestimmten Situation »im Recht« ist. Und es eilt mit großen Schritten heran, wenn es darum geht, wer wem ausweichen oder Platz machen muss. Ich halte auszuweichen, dem anderen Platz zu machen für eine elementare soziale Handlung und noch mehr für eine Geste, die hilft, das Miteinander zu festigen, weil man damit den anderen anerkennt.

Damit wären wir beim letzten, allerdings leicht spekulativen Punkt. Ein alter Mensch, der nicht mehr so mobil sein kann, mag sich schnell – ob zu Recht oder nicht – an den Rand der Gesellschaft gedrängt fühlen. Das könnte ein Grund dafür sein, warum er nicht ausweichen will. Vor allem aber könnte es für Sie ein Grund sein, ihm Platz zu machen – ob zu Recht oder nicht.

Literatur:

Für die Anerkennung als zentraler Punkt der Sozialphilosophie steht das Werk des Frankfurter Philosophen Axel Honneth.
Axel Honneth, Kampf um Anerkennung, Suhrkamp Verlag, Frankfurt am Main 1992/2003

Für die gegenseitige Rücksichtnahme – auch am Beispiel des Ausweichens – als eines der grundlegenden Prinzipien einer zeitgemäßen Moral siehe das Kapitel 15 »Von Bahnfahrern, Spaziergängern und Vorausschau. Über Rücksicht« in: Rainer Erlinger, Moral. Wie man richtig gut lebt, S. Fischer Verlag, Frankfurt am Main 2011

»Wir haben zwei kleine Kinder und nehmen oft deren Freunde im Auto mit. Ich habe zwei Kindersitze, die laut TÜV zu den sichersten gehören, und zwei weniger sichere vom Discounter. Ich setze unsere Kinder immer auf die schlechteren Sitze und die fremden auf die besseren. Aber sollte etwas passieren, würde ich vielleicht besser damit fertig werden, hätte ich die Kinder anders gesetzt. Oder?«

Marlene P., Celle

Die erste Frage hat sich eigentlich schon im Laden gestellt: Warum haben Sie die billigen Sitze gekauft? Aber nun, wenn Sie mit vier Kindern vorm Auto stehen, können Sie nur mehr mit Hinweis auf die mangelnde Sicherheit die Mitnahme ablehnen, verlangen, dass die Eltern eigene Sitze mitgeben, oder Sie müssen sich, falls das alles in der konkreten Situation nicht geht – Stichwort: heranziehendes Unwetter –, hart gesprochen, mit dem Abwägen von Leben befassen.

Das ist eine der heikelsten Fragen in der Moralphilosophie, und wenn man richtigerweise davon ausgeht, dass Menschenleben nicht einteilbar oder gar abstufbar sind, wäre es konsequent, die sicheren Plätze zu verlosen.

Dennoch hat man das Gefühl, es bestehen unterschiedliche Verpflichtungen, und diesem Gefühl sollte man nachgehen. Tatsächlich haben Sie eigenen Kindern gegenüber mehr Verantwortung als fremden.

Wenn Sie tatenlos zusehen, wie andere Eltern ihre Kinder verwahrlosen oder gar verhungern lassen, handeln Sie falsch, aber es wäre noch vorwerfbarer, würden Sie das Ihren eigenen Kindern widerfahren lassen. Wenn Sie auf einen Notruf hin zum brennenden Kindergarten rasen, werden Sie vermutlich auch nicht zuerst alle anderen Kinder retten und hoffen, dass für Ihre am Schluss noch genügend Zeit bleibt. Demzufolge müssten Sie Ihre Kinder auf die sicheren Plätze setzen.

Jedoch: Sobald Sie Freunde Ihrer Kinder im Auto mitnehmen, handeln Sie in Vertretung der jeweiligen Eltern, übernehmen deren Schutzpflichten treuhänderisch mit, tragen somit allen gegenüber die gleiche Verantwortung.

Das eröffnet Raum für eine weitere Überlegung: Traditionellerweise gilt es als moralisch hochwertig, ja sogar heilig, sich oder sein Leben für andere zu opfern. Doch passt das hier nicht: Man kann sich selbst, aber nicht andere Menschen opfern, und die eigenen Kinder sind in diesem Zusammenhang eigenständige Menschen. Soweit es um die Kinder geht und Ihre Verantwortung ihnen gegenüber, verbietet sich eine Bevorzugung der einen oder anderen. Jedes dieser Leben hat den gleichen Wert.

Allerdings spielt hier noch etwas mit hinein: Neben den Kindern selbst wären bei einem Unglück auch die Eltern betroffen, die mit dem Verlust zurechtkommen müssten. Diesen Teil, der Sie selbst betrifft, können Sie auf sich nehmen. Und das beantwortet vielleicht Ihre sehr persönliche Frage, mit welchen Folgen Sie besser fertig werden könnten.

Weiterführende Informationen zum Thema:

Micha H. Werner, Verantwortung, in: Marcus Düwell / Christoph Hübenthal / Micha H. Werner (Hrsg.), Handbuch Ethik, Verlag J. B. Metzler, Stuttgart 2002

Otfried Höffe, Verantwortung, in: Otfried Höffe (Hrsg.), Lexikon der Ethik, C. H. Beck Verlag, München, 7. Auflage 2008

Kurt Bayertz, Verantwortung: Prinzip oder Problem? Wissenschaftliche Buchgesellschaft, Darmstadt 1995

Praktische Hinweise:

Der ADAC informiert im Internet über Fragen rund um die Mitnahme von Kindern im Auto. Im Mai 2010 haben Stiftung Warentest und ADAC gemeinsam Kindersitze für die verschiedenen Altersklassen auf ihre Sicherheit hin getestet.
Informationen dazu gibt es in der Zeitschrift »Test« im Heft 06/2010.

Die Unfallforschung der Versicherer (UDV) im Gesamtverband der Deutschen Versicherungswirtschaft e. V. (GDV) hält im Internet Informationen bereit, unter anderem eine Broschüre zum Download.

»*Bei uns in der Stadt gibt es eine Straße mit viel Verkehr und einem Radstreifen am Fahrbahnrand. In dieser Straße befindet sich auch ein Pizza-Bringdienst, dessen Fahrer oft unerlaubterweise auf dem Radstreifen parken. Ich habe mehrmals überlegt, ob ich nicht einfach mal in den Laden gehe und die Angestellten darauf anspreche und sie bitte, dies nicht zu tun. Leider habe ich das nie getan. Jetzt kam eine Radfahrerin ums Leben, weil sie einem auf dem Radstreifen parkenden Auto des Lieferdienstes auswich und von einem Auto erfasst wurde. Bin ich mitschuldig an ihrem Tod?*«* Hans W., N.N.*

Ihre Sorge ist nachvollziehbar, ja auf den ersten Blick sogar einleuchtend. Sie haben eine Gefahr gesehen, und nachdem etwas passiert ist, kann man feststellen, es wäre vielleicht besser gewesen, Sie hätten etwas gesagt. Dennoch gelange ich aus zwei Gründen zu der Meinung, dass Sie keine Mitschuld trifft.

Zum einen würde eine echte Mitschuld voraussetzen, dass Sie für die Situation in irgendeiner Weise mitverantwortlich sind. Das sind Sie als reiner Passant nicht, zumindest nicht solange nur eine abstrakte Gefahr vorliegt. Ansonsten müssten Sie auch etwas gegen jede unübersichtliche Kreuzung oder sonstige gefährliche Situation unternehmen. Vor allem aber müsste es eine realistische Chance geben, dass Ihre Intervention etwas verändert hätte, und davon kann man kaum ausgehen. Es scheint eher abwegig, dass die Angestellten geantwortet hätten: »Vielen Dank für den Hinweis. Nun, weil Sie das gesagt haben, werden wir in Zukunft nicht mehr so parken, sondern die Pizza immer bis zum nächsten legalen Parkplatz tragen.«

Man erkennt dabei zugleich, wer sich alles an Ihrer Stelle Gedanken machen sollte. In erster Linie der Fahrer des parkenden Autos. Man muss es klar sagen: Jeder, der, und sei es auch nur kurz, auf einem Radweg stehen bleibt und die Radfahrer damit zum Ausweichen auf die Straße zwingt, muss damit rechnen, dass etwas passiert, bis hin zum Tod eines Menschen. Das Gleiche gilt für denjenigen, der einen Pizza-Dienst ohne ausreichende Haltemöglichkeiten für die Fahrzeuge betreibt, die Behörde, die diese Nutzung genehmigt oder nicht untersagt hat, und jede Verkehrspolizeistreife, die seit der Eröffnung des Geschäfts an den parkenden Pizza-Autos vorbeigefahren ist, ohne etwas zu unternehmen. Sie alle hatten Verantwortung und die Möglichkeit, das zu unterbinden. Im Gegensatz zu Ihnen.

Literatur:

Einen interessanten Beitrag zur Problematik, wann man etwas gegen Missstände unternehmen darf/soll/muss, lieferte 2004 der Film Muxmäuschenstill, in dem der Protagonist Herr Mux versucht, jegliches Fehlverhalten, zunächst in seiner Umgebung, später auch deutschlandweit durch Selbstjustiz zu unterbinden und daran zugrunde geht.

Muxmäuschenstill von Marcus Mittermeier, Buch & Darsteller: Jan Henrik Stahlberg, Deutschland 2004

Ein sogenanntes Filmheft zu Muxmäuschenstill von Thomas Winkler ist bei der Bundeszentrale für politische Bildung erschienen.
Online abrufbar hier: http://www.bpb.de/shop/lernen/filmhefte/34123/muxmaeuschenstill

Lesenswert in diesem Zusammenhang und allgemein zu den Unterschieden zwischen Tun und Unterlassen und deren Auswirkungen und die Verantwortung ist:

Dieter Birnbacher, Tun und Unterlassen, Reclam Verlag, Stuttgart 1995: Nachdem das Buch lange Zeit vergriffen und auch antiquarisch nur schwer erhältlich war, erscheint glücklicherweise gerade eine 2. durchgesehene Neuauflage im Alibri Verlag, Aschaffenburg. Interessant ist dort insbesondere auch das Kapitel 6 »Verborgene Parameter?« mit einer Tabelle, die verschiedene Merkmale von Handeln und Unterlassen gegenüberstellt (in der Reclam-Ausgabe auf S. 131).

Zum Thema Verantwortung:

Otfried Höffe, Verantwortung, in: Otfried Höffe (Hrsg.), Lexikon der Ethik, Verlag C. H. Beck, München, mittlerweile in der 7. Auflage 2008

H. Lenk / M. Maring, Verantwortung, in: Joachim Ritter, Karlfried Gründer und Gottfried Gabriel (Hrsg.), Historisches Wörterbuch der Philosophie, Band 11, Schwabe Verlag, Basel 2001, Spalte 566–575

Micha H. Werner, Verantwortung, in: Marcus Düwell, Christoph Hübenthal, Micha H. Werner (Hrsg.), Handbuch Ethik, Verlag Metzler, Stuttgart 2002, S. 521–527

Kurt Bayertz (Hrsg.), Verantwortung: Prinzip oder Problem, Wissenschaftliche Buchgesellschaft, Darmstadt 1995

»Abends findet mein Vater in unserer Wohngegend nur schwer einen Parkplatz. Am frühen Nachmittag, wenn ich mit dem Roller von der Schule komme, ist hingegen noch alles frei. Deshalb hat mein Vater mich aufgefordert, meinen Roller auf der Straße zu parken und ihn bei seinem Eintreffen auf unser Grundstück zu stellen, damit er dann an der von mir frei gehaltenen Stelle parken kann. Rechtlich darf ich mit meinem Roller mit Versicherungskennzeichen einen Kfz-Parkplatz besetzen, doch ich könnte auch gleich aufs Grundstück fahren. Wo soll ich parken?« Dirk S., Wuppertal

Das Rechtliche sollte hier ja keine allzu große Rolle spielen, und die Überlegung, ob es erlaubt ist, Ihren Roller auf einen Autoparkplatz zu stellen, wäre sicherlich beim ADAC besser aufgehoben als bei uns. Ob es allerdings richtig ist, dabei einen ganzen Parkplatz zu besetzen? Da hätte ich sowohl rechtliche als auch moralische Bedenken. In der Straßenverkehrsordnung findet sich nämlich die Bestimmung: »Es ist platzsparend zu parken.« Und das ist eine besondere Ausprägung des leider viel zu wenig beachteten Paragraphen 1 StVO: »Die Teilnahme am Straßenverkehr erfordert ständige Vorsicht und Rücksicht. Jeder Verkehrsteilnehmer hat sich so zu verhalten, dass kein anderer geschädigt, gefährdet oder mehr, als nach den Umständen unvermeidbar, behindert oder belästigt wird.« Eigentlich sollte diese Bestimmung unnötig sein, weil sie etwas anordnet, was ohnehin selbstverständlich ist. Aber vielleicht wäre es umgekehrt eine gute Idee, »Straße« durch »Leben« zu ersetzen und diesen Paragraphen als ersten und einzigen einer »Lebensverkehrsordnung« aufzustellen.

Für Ihr Sichbreitmachen bedeutet diese Regel: Da Sie Ihren Roller problemlos auf dem Grundstück abstellen können, behindern Sie meines Erachtens die Parkplatzsuchenden vorher mehr als nach den Umständen unvermeidbar. Und jetzt kommen wir zur Trennung von Recht und Moral: Die Straßenverkehrsordnung wird fragen, ob Sie ein Recht auf den Parkplatz haben, die Moral nach Ihren Beweggründen. Sie machen das Parkplatz-wechsel-dich-Spielchen speziell, um andere in der Zwischenzeit vom Parken abzuhalten, also mit der Absicht, sie mehr als nötig zu behindern. Schon allein diesen Willen kann man nicht gutheißen, auch wenn Sie es Ihrem Vater zuliebe machen.

Hinweise:

Straßenverkehrs-Ordnung (StVO)
I. Allgemeine Verkehrsregeln
§ 12 Halten und Parken
…
(6) Es ist platzsparend zu parken; das gilt in der Regel auch für das Halten.

»Vor kurzem stand ich bei Regen und Kälte an der Halte-
stelle und wartete, mit vielen anderen Leuten, auf die verspätete Tram. Als sie endlich kam, drängten alle zu den
Türen. Zum Schluss wollte ein Vater mit Kinderwagen
einsteigen, aber der Wagen war voll. Er musste draußen
bleiben und auf die nächste, ebenfalls verspätete Tram
warten. Hätten ich und andere Fahrgäste aussteigen müssen, um Platz für den Kinderwagen zu schaffen?«

Gabi R., München

Für gewöhnlich hört man bei diesem Themenkreis sehr
schnell Hinweise darauf, dass Eltern, indem sie Kinder
aufziehen, einen wichtigen Beitrag für die Gesellschaft
leisten. Gern begleitet von Schlagworten wie »Wer soll
denn unsere Rente zahlen?«. Und die Geschichten von
Müttern, die unter unausgesprochener moralischer Berufung darauf lautstark oder gar rempelnd Platz für sich und
ihren Kinderwagen einfordern, sind legendär – aber auch
wahr.

Das halte ich für grundfalsch. Zwar tragen Eltern,
indem sie Kinder aufziehen, tatsächlich zum gesellschaftlichen Nutzen bei, aber Kinder zu bekommen wird – einschließlich der Kinder selbst – durch diese Betrachtungsweise auf einen Nützlichkeitsaspekt reduziert. Die Kinder
werden dabei in den Worten Immanuel Kants »bloß als
Mittel« betrachtet und dadurch in ihrer Würde beschädigt.

Hinzu kommt, dass die Entscheidung, Kinder zu bekommen, meist eine freiwillige ist. Eltern treffen sie – hofentlich –, weil sie Kinder wollen und nicht, um der Gesellschaft einen Dienst zu erweisen. Im Grundsatz stehen deshalb Eltern mit ihren Kindern keine Vorrechte aufgrund moralischer Verdienste zu.

Dennoch bin ich der Meinung, dass es gut gewesen wäre, dem Vater mit dem Kinderwagen Platz zu machen. Auch wenn die Entscheidung, Kinder zu bekommen, eine freie ist, gehört sich fortzupflanzen zur Natur des Menschen, zum Menschsein. Mehr als andere Entscheidungen, mit denen man seine Idee vom Leben gestaltet. Damit aber würde ich den Umstand, Kinder zu haben oder nicht, auf eine Stufe stellen mit den verschiedenen Möglichkeiten, die Menschen von der Natur mitgegeben bekommen; und für die hat John Rawls in seiner *Theorie der Gerechtigkeit* den Grundsatz geprägt, dass die Gesellschaft die Aufgabe hat, die unterschiedlichen Chancen auszugleichen, um Ungerechtigkeiten zu vermeiden.

Bezogen auf den Vater, der mit seinem Kinderwagen geringere Chancen hat, in die Trambahn zu kommen, kann dieser Nachteil am besten ausgeglichen werden, wenn einige von denen, die den Platz in der Trambahn leichter ergattern konnten, freiwillig zurücktreten, also wieder aussteigen, und dadurch Platz schaffen. Wie gesagt, es geht nicht um Verdienste, Vorrechte oder gar moralische Überlegenheit, sondern lediglich um einen gerechten Ausgleich der Nachteile.

Literatur:

Immanuel Kant, Grundlegung zur Metaphysik der Sitten, Akademie-Ausgabe, S. 429

Zu John Rawls siehe S. 100

»Darf ich – jung, gesund – eine U-Bahn-Rolltreppe mit wechselnder Fahrtrichtung benutzen, wenn ich genauso gut die Treppe gehen könnte? Schließlich könnten oben eine Frau mit Kinderwagen oder ein Herr mit Gehhilfe stehen, die dann warten müssen, bis niemand mehr fährt, damit sie endlich die Fahrtrichtung ändern können, um nach unten zu kommen.« Leon H., München

Seit Jahr und Tag werde ich nicht müde zu betonen, dass es sich auszahlt, moralisch richtig zu handeln. Und zwar nicht nur für die anderen, zugunsten derer man sich zurücknimmt, nicht nur für das Zusammenleben allgemein, das durch das richtige Handeln verbessert wird, sondern auch für denjenigen, der richtig handelt.

Und hier kann ich es wissenschaftlich belegen. Einer Studie aus Singapur zufolge verbraucht man 0,11 Kalorien dabei, eine 15 Zentimeter hohe Stufe hinaufzugehen, und immerhin noch 0,05 Kalorien dabei, sie hinabzugehen. Nun beträgt die ideale, beim Bau hierzulande anzustrebende Stufenhöhe nach den klassischen Untersuchungen am Kaiser-Wilhelm-Institut für Arbeitsphysiologie 17 Zentimeter (bei einer Auftrittsgröße von 29 Zentimetern), so dass der gesundheitliche Gewinn noch größer sein dürfte.

Dieser Gewinn wurde auch in der »Harvard Alumni Study« bestätigt, einer Kohortenstudie über mehrere Jahrzehnte mit anfangs mehr als 20 000 Teilnehmern: Bei denen, die täglich insgesamt mindestens acht Stockwerke stiegen, war die Sterblichkeitsrate im Beobachtungszeit-raum um 33 Prozent geringer als bei jenen, die das nicht taten. Eine Schweizer Studie zeigte bereits nach zwölf Wochen vermehrten Treppensteigens eine Verbesserung von Blutwerten und Körperfunktionen. Sie sehen, es lohnt sich, wie vorhergesagt auch für Sie selbst, richtig zu handeln.

Ach, das wäre jetzt fast untergegangen: Ja, es ist besser, Rolltreppen mit wechselnder Fahrtrichtung als junger gesunder Mensch nicht zu benutzen. Es gibt Menschen, die auf sie angewiesen sind, weil sie den Höhenunterschied sonst nicht oder nur schwer bewältigen können. Wenn andere die Wechselrolltreppen benutzen, vermindert das die Verfügbarkeit für diejenigen, die sie brauchen. Die sind ohnehin oft langsamer und werden dann auch noch zum Warten verdonnert. Das ist nicht gut.

Literatur:

Teh, Kong Chuan und Abdul Rashid Aziz, Heart rate, oxygen uptake, and energy cost of ascending and descending the stairs, Medicine & Science in Sports & Exercise, April 2002 – Volume 34 – S. 695–699

Hugo Fischer, Barbara Weißgerber, Treppen – funktionell, nutzerfreundlich, sicher. Bundesanstalt für Arbeitsschutz und Arbeitsmedizin (früher: Kaiser-Wilhelm-Institut für Arbeitsphysiologie), Dortmund 2006

Harvard Medical School, Harvard Health Publications, Walking: Your steps to health; http://www.health.harvard.edu/newsletter_article/Walking-Your-steps-to-health

Meyer P., Kayser B., Kossovsky M. P., Sigaud P., Carballo D., Keller P. F., Martin X. E., Farpour-Lambert N., Pichard C., Mach F., Stairs instead of elevators at workplace: cardioprotective effects of a pragmatic intervention, Eur J Cardiovasc Prev Rehabil. 2010 Oct;17(5):569–75

»Neulich fuhren wir mit dem ICE und hatten zwei Plätze reserviert. Der Zug war durch andere Verspätungen extrem voll. Auf unseren Plätzen saß ein älteres Paar ohne Reservierung. Natürlich haben wir ihnen unsere Plätze überlassen. Aber wäre es unverschämt gewesen, sie aufzufordern, uns die Reservierungskosten (immerhin neun Euro) zu erstatten?«   Marc G., Stuttgart

Es freut mich zu lesen, dass Sie dem älteren Paar »natürlich« Ihre Plätze überlassen haben. Nicht nur weil das vollkommen richtig ist, sondern weil ich noch vor einigen Jahren die Frage beantwortet habe, ob dieses Verhalten denn moralisch geboten sei. Sollte ich mit dieser Kolumne auf die Dauer tatsächlich etwas bewirken?

Doch zurück zu Ihrem eigentlichen Anliegen: Ich muss gestehen, dass ich im ersten Moment fast die Augen verdreht und den Kopf geschüttelt habe ob der Idee, sich in so einem Fall seine Reservierung bezahlen zu lassen – solange sie noch etwas kostet. Aber mit längerem Nachdenken gelangte ich immer mehr zu der Überzeugung: Eigentlich wäre es vollkommen korrekt. Von vier an der Sache beteiligten Personen haben zwei für die Sitzplätze bezahlt, und die beiden anderen haben sie eingenommen. Das ist ein unbefriedigendes Ergebnis, für das sich zumindest in finanzieller Hinsicht eine einfache Lösung anbietet: Wenn der Zahlende schon nicht zum Sitzen kommt, sollte wenigstens der Sitzende zum Zahlen kommen.

Hätte mich das ältere Paar gefragt, würde ich deshalb empfehlen, sie sollten Ihnen die Reservierung erstatten. Und Sie darüber hinaus vielleicht zu einem Kaffee einzuladen. Das können Sie dann ablehnen oder annehmen. Was aber daraus entsteht, ist eine Verbundenheit und die Erfahrung, dass gutes Verhalten zu einem guten Gefühl führt. Das moralisch Richtige wird emotional positiv eingebettet und gelangt damit dorthin, wo es hingehört.

Das jedoch vermisse ich leider, wenn Sie das Geld für Ihre Reservierung fordern. Das richtige Verhalten, das hier, obwohl es geboten ist, eine gewisse Großzügigkeit beinhaltet, bekommt plötzlich einen kleinlichen Anstrich. Das ist schade, und deshalb würde ich Ihnen raten, die Reservierungskosten nicht einzufordern. Auch wenn Sie im Grunde das Recht dazu hätten.

Hinweis:

Die 2008 beantwortete Frage, ob man einen reservierten Platz Älteren überlassen sollte, kann man nachlesen in: Rainer Erlinger. Gewissensbisse. 111 Antworten auf moralische Fragen des Alltags, S. Fischer Verlag, Frankfurt am Main 2011, S. 78 f.

»Auf dem Rückweg aus den Bergen kommt es in Orts-durchfahrten häufig zu langen Staus. Dank Ortskenntnis weichen wir dann auf innerörtliche Nebenstraßen mit rei-ner Wohnbebauung aus. So kommen wir fast ohne Stau und etwa eine halbe Stunde früher nach Hause, aber die Anwohner haben den Verkehr im Wohngebiet. Ist unser Vorgehen moralisch vertretbar?« Ruth S., Schongau

Ihre Frage ist ein schönes Beispiel für eine sich selbst an-wendende moralische Regel: Was ist, wenn es allgemei-nes Gesetz würde oder alle das täten? Eine Antwort fin-den Sie in diesem Falle nämlich auch jenseits der Moralphilosophie – in der Realität. Wenn es alle täten, wäre auf den Nebenstraßen ebenfalls Stau. Und auch wenn das nicht der Fall wäre, würden die Anwohner mas-siv gestört, vermutlich so stark, dass sie auf die Barrika-den gingen, bis die Verwaltung ebensolche errichten wür-de. Sei es mittels Durchfahrverboten oder, wenn das nichts nützt, durch Poller. Sie könnten also nicht mehr ausweichen, und am Ende stünden wieder alle im Stau auf der Hauptstraße.

Man sieht an dieser Stelle sehr gut, welche Funktion und welchen Vorteil die Moralphilosophie hat: Sie ver-sucht, das Richtige vom Falschen zu unterscheiden, ohne dass man es ausprobieren muss und der Ernstfall eintritt. Also ohne entnervte Anwohner auf den Barrikaden, Ver-botsschilder und am Ende betonierten Straßensperren.

Rein durch Nachdenken, ohne äußeren Zwang, nur mit dem inneren Gesetzgeber in jedem Einzelnen.

Theoretisch ist also alles klar. Nur, die negativen Folgen treten, in der theoretischen Universalisierung gedacht, zwar sofort ein, in der Praxis aber erst, wenn der Schleichverkehr eine kritische Größe erreicht. In den Worten von Aristoteles: Eine Schwalbe macht noch keinen Frühling und ein Auto im Wohngebiet noch keinen Verkehrsterror.

Und in dieser Theorie-Praxis-Lücke würde ich trotz theoretischer Bedenken die praktische Lösung suchen: Solange der Schleichverkehr für die Anwohner keine große Belastung darstellt, halte ich Ihr Ausweichen für vertretbar. Wird das Leben im Wohngebiet allerdings merklich beeinträchtigt, ist dorthin auszuweichen theoretisch wie praktisch bedenklich.

Literatur:

Die Freiheit und der Gegensatz von Freiheit und Kausalität, die sogenannte dritte Antinomie, ist die Grundlage der Moralphilosophie Kants. Das hat Theodor W. Adorno brillant in seiner Vorlesung im Jahre 1963 dargestellt. Die Vorlesung gibt es erfreulicherweise als Buch zu kaufen: Theodor W. Adorno, Probleme der Moralphilosophie, herausgegeben von Thomas Schröder, Suhrkamp Verlag, Frankfurt am Main 2010

Das Zitat von der Schwalbe stammt aus dem ersten Buch von Aristoteles' Nikomachischer Ethik, 1098a 15: »Denn eine Schwalbe macht noch keinen Frühling und auch nicht ein einziger Tag; so macht auch ein einziger Tag oder eine kurze Zeit niemanden glücklich und selig.«

Gute Übersetzungen gibt es zum Beispiel von Olof Gigon bei dtv, München 1991, und von Ursula Wolf im Rowohlt Verlag, Reinbek bei Hamburg 2006.

Man gönnt sich ja sonst nichts

*Über das Verbindende von gemeinsamen Essen,
Schwan auf dem Teller, Griff zu den frischesten
Produkten, das gute Gefühl, moralisch richtig zu
handeln, Mitbestellen von Oliven, Probieren von
zu teuerem Prosecco, Lob für enttäuschendes Essen sowie wider Willen ausgeschenkten Alkohol,
kurz:*

Über Genuss

»Auf die Frage des Kellners: ›Rechnung zusammen oder getrennt?‹, antwortet oft jemand unabgesprochen: ›Zusammen!‹, und teilt später die Gesamtsumme durch die Zahl der Personen. Das erleichtert zwar dem Kellner die Abrechnung, entspricht aber nicht unbedingt dem, was jeder Einzelne konsumiert hat. Darf ich, wenn ich wesentlich weniger hatte, ein Veto einlegen?« Hella T., Kiel

In seinem Buch *Totem und Tabu* schreibt Sigmund Freud über die Bedeutung des gemeinsamen Essens anhand von archaischen Kulturen: »Mit einem anderen zu essen und zu trinken war gleichzeitig ein Symbol und eine Bekräftigung von sozialer Gemeinschaft und von Übernahme gegenseitiger Verpflichtungen.« Bei Wüstenstämmen dürfe man, erklärt Freud, auch heute noch, wenn man den kleinsten Bissen oder ein Getränk mit jemandem geteilt habe, dessen Schutzes und Hilfe sicher sein. Allerdings nur »für so lange, als der gemeinsam genossene Stoff der Annahme nach in seinem Körper verbleibt«. Deshalb bedürfe es der Wiederholung dieser »Teilnahme an der nämlichen Substanz«, um das Band der Vereinigung zu stärken und dauerhaft zu machen.

Diese archaischen Ideen beeinflussen uns bis heute. Ein gemeinsames Essen verbindet wesentlich mehr als ein sonstiges Treffen. Auch Sie haben sich vermutlich nicht deshalb in einem Restaurant verabredet, weil keine Zeit mehr war, vorher zu essen.

Was bedeutet das für die Rechnung? Nun, ich glaube, das gemeinsame Bezahlen dient nicht nur der vereinfachten Abrechnung, sondern verklammert auch die einzelnen Gerichte und Getränke zu einem gemeinsamen Mahl, der »nämlichen Substanz«, und umgekehrt trennt man mit dem Aufspalten der Rechnung symbolisch die verzehrten Stoffe voneinander und macht damit das verbindende Moment teilweise zunichte.

Das soll nun nicht zu größeren Ungerechtigkeiten führen, deshalb dürfen Sie durchaus ein Veto einlegen. Nur sollten Sie sich der unbewussten Wirkungen klar sein, es also nur tun, wenn die Unterschiede zu groß sind. Vor allem aber sollten die anderen in der Runde, besonders die »Zusammen«-Rufer, darauf achten und von sich aus den geringeren Konsum Einzelner durch entsprechendes Auf- und Abrunden berücksichtigen. Auch das stärkt die Gemeinschaft.

Literatur:

Sigmund Freud, Totem und Tabu, IV. Die infantile Wiederkehr des Totemismus. 4., Fischer Taschenbuch Verlag, Frankfurt am Main, 10. Auflage 2007, S. 186 ff., insbesondere 188 ff.

M. Kaiser-El-Safti, Unbewußtes, das Unbewußte, in: Joachim Ritter, Karlfried Gründer und Gottfried Gabriel (Hrsg.), Historisches Wörterbuch der Psychologie, Band 11, Schwabe Verlag, Basel 2001, Sp. 124–133

Zur Kulturgeschichte des Essens gibt es eine ganze Reihe von Büchern. Lesenswert sind unter anderem:

Gert v. Paczensky und Anna Dünnebier, Kulturgeschichte des Essens und Trinkens, btb / Goldmann Verlag, München 1997

Klaus E. Müller, Kleine Geschichte des Essens und Trinkens. Vom offenen Feuer zur Haute Cuisine, Verlag C. H. Beck, München 2009

»Vor kurzem waren mein Mann und ich zu einer Hochzeit eingeladen. Als Festessen wurde Schwan serviert – als Vorspeise und als Hauptgang. Der Gastgeber verriet zunächst nicht, was es war, die Gesellschaft durfte raten. Als ich hörte, dass es Schwan war, verging mir der Appetit, ich brachte kaum etwas hinunter. Ein anderes Gericht gab es nicht. Offen gestanden empfand ich das als Zumutung. Ich wollte dem Brautpaar aber nicht den Abend verderben. Hätte ich trotzdem etwas anderes verlangen können?« Karin I., Aachen

Sie schreiben, dass Ihnen der Appetit vergangen ist und Sie es nicht schafften, den Schwan zu essen. Das klingt nach einer Art von Ekel, obwohl der Schwan offenbar weder eklig roch noch schmeckte – nach meinen Recherchen handelte es sich dann wohl um ein Jungtier –, und das eröffnet eine interessante Perspektive: Neben der physiologischen Hauptfunktion des Ekels als Schutz vor Ansteckendem, Giftigem oder Verdorbenem wird in der Moralpsychologie die These vertreten, dass Ekelgefühle mit der Übertretung von Regeln gegen Vorschriften der Reinheit, des Göttlichen oder der Natur verbunden sind.

Trifft das hier zu? Schwäne sind Entenvögel, gehören zu den Gänsen. Enten wie Gänse essen die meisten Menschen ohne Bedenken, deshalb ist es interessant, warum das bei Schwänen nicht so ist. Schließlich galten Schwäne auch hierzulande lange Zeit als Festtagsbraten der Herrscher, also als etwas ganz Besonderes, das oft auch aufwendig unter einer Haube aus dem weißen Federkleid aufgetragen wurde.

Vermutlich liegt es daran, dass der Schwan in vielen Kulturen metaphorisch aufgeladen wird als Sinnbild der Liebe, aber auch der Reinheit; ihn zu essen kann man daher als Tabubruch auffassen. Überspitzt hatten Sie womöglich das Gefühl, symbolisch die Braut zu verspeisen. Das kann niemand von Ihnen verlangen, schon gar nicht am Tage der Hochzeit. Aber auch sonst vertrete ich die These, dass man – spätestens seit dem Tod Kaiser Caligulas, dem bösartige Scherze mit ungenießbaren Gerichten nachgesagt werden – nur in ganz besonderen Fällen gezwungen sein kann, aus Etikettegründen das Aufgetragene wider den eigenen Willen hinunterzuwürgen.

Berechtigt Sie das, etwas anderes zu verlangen? Meiner Meinung nach: nein. Trotz ihrer Verantwortung für die grenzwertige Speisenfolge scheidet es aus, das Brautpaar am Festtag damit zu belästigen. So diejenigen, die für das Essen zuständig sind, nicht erkennbar überlastet sind, kann man vorsichtig nachfragen, ob es auch eine Alternative gibt. Falls nicht, kann man sich an die Beilagen halten oder auf den Nachtisch hoffen. Im Übrigen ist es auch keine Katastrophe, wenn man, statt sich wie üblich bei derartigen Festivitäten zu überfressen, an diesem Tag einmal ein bisschen weniger isst. Sie sind schließlich wegen des Brautpaars dort und nicht wegen des Essens.

Literatur:

Gerd Unverfehrt, Wein statt Wasser. Essen und Trinken bei Hieronymus Bosch. Vandenhoeck & Ruprecht, Göttingen 2003. Zu dem Bild »Die Hochzeit zu Kana«, das im Museum Boijmans van Beuningen in

Rotterdam hängt, erläutert Unverfehrt die Symbolik des Schwans, seine historische Bedeutung als Speisevogel für Feste sowie Farbe und Konsistenz des Schwanenfleisches. Im Anhang finden sich Schwanenrezepte aus mehreren Jahrhunderten.

»Abgesang des gebratenen Schwans« aus den *Carmina Burana* Nr. 130

Rozin, P., Haidt, J., & McCauley, C. R. (2008), Disgust. In M. Lewis, J. M. Haviland-Jones & L. F. Barrett (Eds.), Handbook of emotions, 3rd ed. (pp. 757–776). New York: Guilford Press

Haidt, J. (2003), The moral emotions. In R. J. Davidson, K. R. Scherer, & H. H. Goldsmith (Eds.), Handbook of affective sciences. Oxford: Oxford University Press (S. 852–870)

Haidt, J., Koller, S., & Dias, M. (1993), Affect, culture, and morality, or is it wrong to eat your dog?, Journal of Personality and Social Psychology, 65, 613–628

Rozin, P., Lowery, L., Imada, S., & Haidt, J. (1999), The moral-emotion triad hypothesis: A mapping between three moral emotions (contempt, anger, disgust) and three moral ethics (community, autonomy, divinity), Journal of Personality and Social Psychology, 76, 574–586

Jesse Prinz, (2006), The Emotional Basis of Moral Judgments, Philosophical Explorations, 9, S. 29–43

Hoffmann-Krayer, Schwan, in: Handwörterbuch des deutschen Aberglaubens (10 Bände). Hrsg. v. Hanns Bächtold-Stäubli unter Mitwirkung von Eduard Hoffmann-Krayer. Mit einem Vorwort von Christoph Daxelmüller, Berlin / New York, Walter de Gruyter 1987, Band 7, Sp. 1402–1406

Winfried Menninghaus, Ekel. Theorie und Geschichte einer starken Empfindung, Suhrkamp Verlag, Frankfurt am Main 2002

Christoph Demmerling, Hilge Landweer, Philosophie der Gefühle, Verlag J. B. Metzler, Stuttgart 2007, S. 93–110

»Im Supermarkt wähle ich meist die Produkte mit der längsten Haltbarkeit – selbst wenn ich davon ausgehe, dass ich sie in den nächsten Tagen verbrauche. Die derzeitige Diskussion um den enormen Anteil an Lebensmitteln, der auf dem Müll landet, hat mich aber zum Nachdenken gebracht. Ist es legitim, weiter die frischesten Produkte zu kaufen? Oder soll ich eher zu Waren greifen, die bald ablaufen?«

Hannes L., Köln

In der Frühzeit dieser Kolumne habe ich schon einmal eine ähnliche Frage beantwortet. Damals schrieb ich, dass man kaum verlangen könne, sich in einem Selbstbedienungsladen die schlechteren Sachen, etwa die angeschlagenen Äpfel am Obststand, herauszusuchen. Oder vor unterschiedlich frischen Milchpackungen die Augen zu schließen und den Zufall entscheiden zu lassen, welche man greift. Deshalb wäre es niemandem vorzuwerfen, dass er sich die frischeren Packungen nimmt. Allerdings habe ich damals schon vorgeschlagen, in den Fällen, in denen man weiß, dass man die Produkte gleich verzehren will, die früher ablaufenden zu nehmen, damit keine Lebensmittel weggeworfen werden müssen. Insofern muss ich meine damalige Antwort nicht widerrufen, würde aber heute, neun Jahre später, die Schwerpunkte anders setzen. Denn ich muss gestehen, damals war mir nicht bewusst, wie viele Lebensmittel tatsächlich auf dem Müll landen. Davon sind Waren, deren Mindesthaltbarkeitsdatum abgelaufen ist, ein Teil, und den sollte man möglichst vermindern.

Viel entscheidender aber scheint mir die Grundeinstellung, die hinter alldem steht: zum einen nur makellose Lebensmittel zu akzeptieren, die Idealbildern entsprechen, zum anderen für sich stets das Optimum herauszusuchen. Diese beiden Haltungen führen im Zusammenspiel mit einem Marktgeschehen, in dem die Anbieter um die Gunst der Käufer konkurrieren, zu dem unfassbaren Ausmaß, in dem Lebensmittel an den verschiedensten Stellen der Produktions-, Handels- und Konsumkette weggeworfen werden.

Deshalb wird man das Problem nicht lösen können, ohne an der Grundeinstellung anzusetzen. Lebensmittel sind nun einmal ein Naturprodukt mit der Bandbreite der Natur. Deshalb können sie nur dann so standardisiert und wunderschön im Regal liegen, wenn man alles, was von der Norm abweicht, aussortiert, also riesige Ausschussmengen akzeptiert. Das Gleiche gilt für den natürlichen und logischen Umstand, dass Lebensmittel altern, was aber nicht automatisch bedeutet, dass sie deshalb gleich schlecht oder ungenießbar werden, sondern nur manchmal etwas unansehnlicher und oft nicht mal das. Und für sich immer das Beste zu fordern oder herauszusuchen ist ohnehin eine negative Haltung, die es zu vermeiden gilt.

Hinweis:

Die frühere Frage zu diesem Thema kann man nachlesen in: Rainer Erlinger, Gewissensbisse, Süddeutsche Zeitung Edition, München 2005, S. 151 f.

»Ich versuche, ein moralisch richtiges Leben zu führen. Dazu gehören für mich Veganismus und das Bemühen, den ökologischen Fußabdruck so klein wie möglich zu halten. Ich fühle mich besser, wenn ich mich so verhalte, frage mich aber manchmal: Liegt meinem Verhalten damit nicht doch ein selbstsüchtiger Antrieb zugrunde, der meiner Zufriedenheit dient und nicht meiner Umwelt?«

Hartmut L., Tübingen

Beim ersten Nachdenken könnte man meinen, man sei schon wieder bei der alten Unterscheidung zwischen Handeln aus Neigung und Handeln aus Pflicht. Aber nach Ihrem eigenen Bekunden leben Sie ja nicht vegan, weil Ihnen Gemüse so gut schmeckt, oder verzichten auf Autofahren, weil Sie so gern zu Fuß gehen, sondern weil Sie ein moralisch richtiges Leben führen wollen. Was bedeutet, Sie tun es aus Pflicht im Sinne Kants. Jetzt aber wird es interessant: Sie schreiben, Sie halten sich gern an diese Pflicht, weil Sie sich dann besser fühlen, und meinen nun, indirekt sei das doch wieder selbstsüchtig, weil es aus Neigung geschehe.

Das ist eine Variante des Problems, das man in der Moralphilosophie als »psychologischen Egoismus« kennt. Damit bezeichnet man die Idee, dass auch Motive, die auf den ersten Blick nicht egoistisch erscheinen, auf den zweiten Blick durchaus egoistisch sind oder zumindest sein können. Das wäre zum Beispiel dann der Fall, wenn man nur deshalb altruistisch oder moralisch richtig handelt, weil man andernfalls Sanktionen fürchtet. Bei klassischen staatlichen oder elterlichen Strafen mag man das noch abgrenzen können, aber sowie es um innerliche oder verinnerlichte Strafen geht, wird es schwierig: Wer Moral für wichtig hält, weil er Angst hat, bei unmoralischem Verhalten geächtet, also aus der Gesellschaft ausgeschlossen zu werden, hält aus egoistischen Motiven die Moral hoch. Noch komplizierter wird es, wenn man das Gewissen im Sinne Freuds als Über-Ich und damit als verinnerlichte elterliche Instanz ansieht: Wer seinem Gewissen folgt, tut dies nach dieser Interpretation letztlich, um Strafen zu entgehen, nur nennt man die in diesem Fall Gewissensbisse.

Auch wenn man darüber diskutieren kann, halte ich die Betrachtungsweise im Grunde für richtig: Im Endeffekt handelt jemand moralisch, hilft dem Nächsten oder schont die Natur, weil er oder sie es besser findet, das zu tun, als es nicht zu tun. Damit agiert er letztlich wieder aus Motiven, die in ihm oder ihr liegen. Nur liegt das meines Erachtens zugleich in der Natur der Sache oder des Menschen – es ist gewissermaßen ein Konstruktionsprinzip, das aber den Wert der objektiv guten Motivation nicht schmälert. Im Gegenteil: Es zeigt, dass Sie nicht nur moralisch handeln, sondern dass auch Ihre Grundeinstellungen moralisch sind.

Quellen:

Dieter Birnbacher, Analytische Einführung in die Ethik, Walter de Gruyter Verlag, Berlin, 2. Auflage 2007. Dort Kapitel 7. Moralische Motivation und moralischer Wert, insbesondere ab 7.6 Die Herausforderungen des psychologischen Egoismus, S. 312 ff.

Bernard Williams, Egoismus und Altruismus, in: Bernard Williams, Probleme des Selbst. Philosophische Aufsätze 1956–1972, aus dem Englischen übersetzt von Joachim Schulte, Reclam Verlag, Stuttgart 1978, S. 398–423

Robert Shaver, »Egoism«, The Stanford Encyclopedia of Philosophy (Winter 2010 Edition), Edward N. Zalta (ed.)
Online abrufbar unter: http://plato.stanford.edu/archives/win2010/entries/egoism/

Stephen Stich, John M. Doris, Erica Roedder, »Altruism«, in: John M. Doris (Hrsg.), The Moral Psychology Handbook, New York, Oxford 2010, S. 147–205

Elliott Sober, What is psychological egoism. In: The Blackwell Guide to Ethical Theory. Blackwell, Malden, MA, 2000, S. 129–148

Zum Unterschied zwischen Handeln aus Pflicht und pflichtgemäßem Handeln die bekannte Stelle in:
Immanuel Kant, Grundlegung zur Metaphysik der Sitten, Akademie-Ausgabe, Band IV, S. 397
Online aufrufbar unter:
http://www.korpora.org/Kant/aa04/397.html

»Bei meinem Lieblingsitaliener bestelle ich immer die gleiche Pizza, die alles hat, was ich mag, aber auch Oliven, die ich nicht mag. Lasse ich sie liegen, werden Lebensmittel verschwendet, bestelle ich sie ab, kann der Pizzabäcker die Oliven noch einmal verkaufen und verdient doppelt, was ich ihm aber nicht so gönne. Welches Verhalten wäre hier ethisch richtig?« Thomas R., Frankfurt

Ha, endlich mal eine einfache Frage. Natürlich ist es sinnvoller, die Oliven abzubestellen, als sie sich servieren und liegen zu lassen, damit sie dann weggeworfen werden. Alles klar? Ich hoffe, Sie stoßen sich nicht daran, dass ich »sinnvoller« schreibe und nicht »ethisch richtig«, denn wenn ich mich dezidiert dazu äußern soll, wird es haarig.

Zu den bekanntesten Zitaten der neueren Philosophiegeschichte gehört sicherlich Theodor W. Adornos »Es gibt kein richtiges Leben im falschen«. Über Adornos ursprüngliche Intention wird viel diskutiert, deshalb formuliere ich für unsere Überlegungen hier absichtlich anders und neu: »Es gibt kein richtiges Handeln im Falschen.« Und damit sind wir bei Ihrer Frage, welches Verhalten hier ethisch richtig wäre: keines von beiden. Denn beide Alternativen gründen darauf, dass Sie sich über den merkantilen Wert von ein paar Oliven im Centbereich Gedanken machen und vor allem dass Sie Ihrem Pizzabäcker diesen Gegenwert oder die Oliven nicht gönnen. Schlicht und einfach Missgunst, noch dazu bei etwas, was Sie nicht mögen. Das ist das Falsche im Sinne des Zitats, und in diesem Falschen können Sie Oliven abbestellen oder auch nicht, ethisch richtig wird dort nichts mehr.

Was soll das alles wegen der paar Oliven, höre ich schon manchen sagen. Ja, vollkommen richtig: Die Oliven sind unwichtig, aber sie zeigen die zugrundeliegende Haltung auf. Und um die geht es. Die einzig angebrachte Überlegung ist doch: Bekommen Sie gute Pizza bei nettem Service zu einem vernünftigen Preis? Wenn ja, ist alles in Ordnung. Wenn nein, gehen Sie woanders hin. Und wenn Ihnen überall derartige Kleinigkeiten Ungemach bereiten, bleiben Sie vielleicht am besten zu Hause. Das könnte dann womöglich in Bezug auf die Umgebung das ethisch richtige Verhalten sein.

Literatur:

Das berühmte Zitat von Theodor W. Adorno entstammt seinem Buch Minima Moralia aus dem Jahr 1951, erschienen und seither immer wieder neu aufgelegt im Suhrkamp Verlag, Frankfurt am Main/Berlin.
Das Zitat findet sich als Schlusssatz der Miniatur 18 »Asyl für Obdachlose«, das sich mit dem privaten Wohnen und dem Privateigentum beschäftigt.

Wie Martin Mittelmeier in seinem Aufsatz »Es gibt kein richtiges Sich-Ausstrecken in der falschen Badewanne« (Recherche. Zeitung für Wissenschaft 4/2009, online abrufbar) ausführt, lautete der Satz in den Typoskripten im Theodor W. Adorno Archiv ursprünglich »Es läßt sich privat nicht mehr richtig leben.« Zur Einordnung des Zitats ist Mittelmeiers Aufsatz sehr zu empfehlen.
Online abrufbar unter:
http://www.recherche-online.net/theodor-adorno.html

Lesenswert nicht nur zu diesem Zitat ist auch die Besprechung der Minima Moralia anlässlich der Neuauflage zum 50. Jahrestags ihres Erscheinens im Jahr 2001 durch den Philosophen Martin Seel in der Zeit Nr. 19 / 2001 vom 3.5.2001.

Online abrufbar hier: http://www.zeit.de/2001/19/Das_Richtige_im_Fal-schen

Allgemein zu den Minima Moralia lesenswert: Andreas Bernard und Ul-rich Raulff (Hrsg.), Theodor W. Adorno, Minima Moralia neu gelesen, Suhrkamp Verlag, Frankfurt am Main 2003

Zum Thema Missgunst und teilweise ihr Verhältnis zum Neid:

Christoph Demmerling, Hilge Landweer, Philosophie der Gefühle, J.B.Metzler Verlag, Stuttgart 2007, S.195–217

John Rawls, Eine Theorie der Gerechtigkeit, Suhrkamp Verlag, Frankfurt am Main 1979, S.575ff.

Immanuel Kant, Metaphysik der Sitten, Zweiter Teil. Metaphysische Anfangsgründe der Tugendlehre, I. Ethische Elementarlehre § 36, Reclam Verlag, Stuttgart 1990, S.349, Akademie-Ausgabe, S.458

Zur Kulturgeschichte des Neides aus vor allem psychologischer und psy-choanalytischer Sicht:

Rolf Haubl, Neidisch sind immer nur die anderen. Über die Unzufrieden-heit, zufrieden zu sein, Verlag C.H.Beck, München 2009

»Im Supermarkt bot mir eine Werbedame eine Kostprobe Prosecco an. Ich habe sie angenommen, obwohl sofort klar war, dass mir diese Marke zu teuer ist. Er war wirklich sehr gut, aber ich frage mich, ob ich nicht gleich hätte sagen sollen, dass ich zwar gerne den Prosecco koste, ihn mir aber nicht leisten kann.« Caroline F., Würzburg

Bei Ihrer Frage kommt man ein wenig ins Grübeln. Wie wäre wohl so manche Geschichte verlaufen, wenn jeder konsequent ablehnt, wovon sie oder er annimmt, dass es nicht in Frage kommt? 1874 etwa soll der damalige Professor Philipp von Jolly dem 16-jährigen Max Planck vom Studium der Physik abgeraten haben, weil in dieser Wissenschaft schon fast alles erforscht sei. Hätte sich der junge Max davon beeindrucken lassen, wäre das Planck'sche Wirkungsquantum, die für die Quantentheorie fundamentale Naturkonstante, wohl unentdeckt geblieben. Zumindest würde es heute wohl anders heißen.

Romeo und Julia wären vielleicht hochbetagt und jeder gesegnet mit einer stattlichen Anzahl von Kindern und Enkelkindern friedlich entschlummert, hätten sie sich davon überzeugen lassen, besser nicht mit dem Spross des jeweils gegnerischen Clans anzubandeln. Falls sie sich nicht vorher schwer depressiv vom berühmten Balkon gestürzt hätten, weil sie ein Leben lang ihrer wahren Liebe nachtrauerten.

Glück hatte schließlich der Münchner Hygieniker Max

von Pettenkofer. Um seine Überzeugung zu beweisen, dass die Cholera nicht einfach von den kurz zuvor entdeckten Choleravibrionen verursacht wird, trank er 1892 in einem Selbstversuch ein Glas davon. Heute nimmt man an, er erkrankte nur deshalb nicht ernsthaft, weil er die Krankheit früher schon einmal durchgemacht hatte. Sein Schüler Carl Emmerich hingegen, der das Experiment kurz danach wiederholte, überlebte nur knapp. Man sieht, es kann sinnvoll sein, Zweifel an der eigenen Haltung zuzulassen.

Dass sich das auch lohnt, davon sind Werbetreibende überzeugt. Kritiker halten ja ohnehin jede Form von Werbung für den Versuch, Menschen von der Überzeugung abzubringen, sie bräuchten die beworbene Sache gar nicht. Eine irrige Überzeugung, meinen die Werbenden, die deshalb nichts unversucht lassen, ihre Zielobjekte mit der Liebe zum Produkt zu infizieren. In Ihrem Fall mit Pettenkofers Methode: Man gibt Ihnen ein Glas davon zu trinken. Vermutlich in der Hoffnung, es möge Ihnen so gut schmecken, dass Sie das Getränk in Zukunft haben wollen, gleich, was es kostet. Die Chance, dass dies eintritt, lassen sich wiederum die Hersteller etwas kosten, weshalb auch Sie ruhigen Gewissens probieren, um nicht zu sagen, verzeihen Sie mir bitte das Wortspiel: kosten dürfen.

Quellen:

Max Planck, Wege zur Physikalischen Erkenntnis. Reden und Vorträge, Band 1. Verlag S. Hirzel, Leipzig 1943

Gregor Raschke, Die Choleratheorie Max von Pettenkofers im Kreuzfeuer der Kritik – Die Choleradiskussion und ihre Teilnehmer. Dissertation zur Erlangung des akademischen Grades eines Doktors der Medizin an der Fakultät für Medizin der Technischen Universität München 2007

»Neulich waren wir in einem Restaurant. Die Bedienung war ausgesprochen freundlich, das Essen jedoch enttäuschend. Als uns die Kellnerin hoffnungsvoll fragte, ob es uns geschmeckt habe, flunkerten wir aus Sympathie und bejahten. Auf dem Heimweg allerdings kamen uns Zweifel, ob es nicht besser gewesen wäre, unser Missfallen zu äußern.«   *Johann R., Germering*

Es gibt eine Reihe von Fragen, die eigentlich keine Fragen sind. Bekanntestes Beispiel ist das englische »How do you do?« – es stellt keine Frage dar, sondern einen Gruß. Im Deutschen erfüllt »Wie geht's?« eine ähnliche Funktion: Es zeigt eigentlich nur, dass man allgemein am Wohlergehen desjenigen, zu dem man es sagt, interessiert ist, aber nicht, dass man Details darüber hören will.

Wie steht es damit bei »Hat's geschmeckt?«? Gehört es zu diesen formelhaften Nicht-Fragen, auf die man genauso »Danke, gut« erwidern soll wie auf die vermeintliche Frage »Wie geht's?«? Im privaten Bereich sicherlich. Bei einer Einladung dem Gastgeber darauf mit »Nein« zu antworten, geht in die Nähe der Antwort »Ja« auf die Frage »Bin ich zu dick?«. Wenn auch nicht mit ganz der gleichen Sprengkraft.

In Restaurants ist es zwiespältig. Einerseits ist die Frage fast so etwas wie eine Begleitmusik beim Abräumen der Teller, damit die Kellner nicht schweigend am Tisch hantieren müssen. Dann wäre »Danke, gut« als Kontrapunkt angebracht. Andererseits hat man auch mit einem netten Lokal eine geschäftliche Beziehung und darf zum Ausdruck bringen, wenn etwas nicht passt.

Am Ende würde ich es aber an etwas ganz anderem entscheiden: In einem Restaurant offen zu sagen, wenn das Essen enttäuschend war, ist neben der Frage der Ehrlichkeit auch eine der Fairness. Sagen Sie nichts, sondern gehen einfach nur nicht mehr hin, weil es Ihnen nicht geschmeckt hat, und alle machen das so, wird die freundliche Bedienung die Sympathie ihrer Gäste nicht sehr lange genießen können, weil das Restaurant bald Pleite macht, statt etwas an der Küche zu ändern. Die Chance dazu enthalten Sie den Betreibern vor, wenn Sie aus falsch verstandener Sympathie nichts sagen. Ein altes Problem der Lüge – auch bei der Antwort auf »Bin ich zu dick?«

Literatur:

Lesenswert zum Thema Umgang zwischen Gästen und Gastgebern ist das Kapitel »Kulinarisches Zwischenspiel« in dem stets empfehlenswerten Buch »Die Tante Jolesch. Oder Der Untergang des Abendlandes in Anekdoten« von Friedrich Torberg, dtv, München 1977

Lesenswert zu den Grauzonen der Lüge:

Simone Dietz, Die Kunst des Lügens. Eine sprachliche Fähigkeit und ihr moralischer Wert, Rowohlt Taschenbuch Verlag, Reinbek bei Hamburg 2003

Rainer Erlinger, Höflichkeit. Vom Wert einer wertlosen Tugend, S. Fischer Verlag, Frankfurt am Main 2016, dort das Kapitel: Das Kompliment. Höflichkeit und Lüge

Weiterführende Literaturhinweise zum Thema Lüge finden sich auf S. 67 f.

»Ich finde Alkohol eklig und trinke deshalb nie – eine persönliche Entscheidung aus tiefster Überzeugung. Bin ich dennoch moralisch verpflichtet, alkoholische Getränke auf meiner Geburtstagsfeier – ich werde demnächst 18 – zu tolerieren, da ich als Gastgeberin das Wohlbefinden aller im Blick haben muss? Oder kann ich für den einen Abend meine Gäste zwingen, sich meinen Überzeugungen zu beugen?«
Gundula K., Erfurt

Üblicherweise vertrete ich die Ansicht, man sollte eine Einladung so gestalten, dass es den Gästen gefällt. Damit wäre Ihre Frage beantwortet, lägen hier nicht zwei Besonderheiten vor, die zu berücksichtigen sind: zum einen, dass es um Alkohol geht, zum anderen Ihr Alter.

Alkohol ist ein starkes Suchtmittel, das massive individuelle wie gesellschaftliche Schäden anrichtet; einer 2010 in der renommierten Zeitschrift »The Lancet« veröffentlichten Studie zufolge liegt er auf der Rangliste der schädlichen Drogen auf Platz eins, noch vor Heroin und Crack. Das mag damit verbunden sein, dass wir nicht nur in einer alkoholpermissiven Gesellschaft leben, die Alkohol gestattet, sondern in einer alkoholimperativen, die Alkohol vorschreibt: Wer keinen Alkohol trinken oder ausschenken will, muss sich – so wie Sie – rechtfertigen. Andererseits stellt Alkohol auch ein Kulturgut dar, auf das vollständig zu verzichten einen doch erheblichen Verlust darstellen würde.

Vermutlich sind auch Ihre Gäste um die 18 Jahre alt. In Deutschland ist zwar die Abgabe von nichthochprozentigen Alkoholika an Jugendliche ab 16 Jahren erlaubt, es wird jedoch immer wieder auch ein generelles Alkoholverbot bis 18 Jahre diskutiert. Das kann man angesichts der gesellschaftlichen Realität – pro Jahr werden ungefähr 20 000 Jugendliche mit Alkoholvergiftungen in Notaufnahmen eingeliefert – je nach Betrachtungsweise als notwendig oder illusorisch ansehen.

Vor diesem Hintergrund würde ich folgendermaßen abwägen: Im Vordergrund steht hier Ihre Autonomie – übrigens ein wichtiger Aspekt gerade an einem 18. Geburtstag. Wenn Sie keinen Alkohol ausschenken wollen, brauchen und sollten Sie das auch nicht tun. Wenngleich es nett gegenüber Ihren Gästen wäre, die gern ein Bierchen hätten und sich schließlich wohl fühlen sollen. Ansonsten halte ich bei Alkohol Aristoteles' Mesotes-Lehre vom goldenen Mittelweg für den besten Ansatz. Ihr zufolge liegt die Tugend in der Mitte zwischen zwei Extremen, dem Übermaß und dem Mangel. Das sehe ich auch hier einschlägig; sowohl was den Alkohol allgemein angeht als auch vor dem Hintergrund des Alters der Gäste. Zum Erwachsenwerden gehört auch der verantwortungsvolle Umgang mit Drogen wie Alkohol: Ob der dann bedeutet, keinen zu trinken oder ihn maßvoll zu genießen, ist jedermanns eigene Sache.

Literatur:

David J. Nutt, Leslie A. King, Lawrence D. Phillips, On behalf of the Independent Scientific Committee on Drugs, Drug harms in the UK: a multicriteria decision analysis, The Lancet, Volume 376, Issue 9752, S. 1558–1565

Es kann der Frömmste
nicht in Frieden leben ...

Über Weihnachtwünsche für Andersgläubige, unfreundliches Grüßen, Vorstellen von neu Zu- gezogenen, abgestellte Gegenstände im Treppen- haus, Schneeräumen in der Reihenhaussiedlung, das Annehmen von Paketen sowie Zusehen in den Fenstern gegenüber, kurz:

Über Nachbarn

»Wir haben in der Nachbarschaft etliche Läden, die Muslimen gehören oder in denen Muslime arbeiten und in denen wir häufig einkaufen. Vor den Festtagen wünschten die aufmerksamen Verkäufer mir frohe Weihnachten und ein gutes neues Jahr. Automatisch und ehrlichen Herzens wünschte ich dies gleichfalls – um später verlegen zu bemerken, dass die Angesprochenen ja gar nicht Weihnachten feiern und das muslimische Neujahrsfest schon Ende November war. Wie aber verhalte ich mich richtig, was antworte ich korrekterweise?« Stefan M., Oberhausen

Wie wäre es für Sie, wenn Ihnen jemand unerwartet »Eid Mubarak« zugerufen hätte, den islamischen Gruß zum Zuckerfest Eid al-Fitr, zum Ende des Fastenmonats Ramadan? Ähnlich dürfte es für einen Muslim sein, wenn man ihm »Frohe Weihnachten« wünscht. Mit Einschränkungen: Auch für muslimische Mitbürger ist hierzulande Weihnachten – anders als für Sie das Zuckerfest – mit freien Tagen, »Feiertagen« verknüpft, also ein weltlicher Grund, fröhlich zu sein. Umgekehrt sind jedoch viele in einer Glaubensdiaspora empfindlicher gegenüber religiösen Vereinnahmungen.

Ich persönlich würde mich über Glück- und Segenswünsche zu jedem Anlass, in jeder Sprache und jeder Religion freuen, weil ich sie als Ausdruck der Wertschätzung und Zuneigung auffasse. Allerdings ist das kein Maßstab für die Behandlung anderer, weil es dabei auf deren Empfinden, nicht auf meines ankommt. Und tatsächlich lassen sich islamische Rechtsgutachten, Fatwas, finden, die jede Form von Bezugnahme auf nichtislamische Feste als »haram«, islamrechtlich verboten, ansehen. Andererseits haben im Dezember 2007 138 muslimische Gelehrte und Geistliche in einem gemeinsamen Schreiben den Christen ausdrücklich fröhliche und friedliche Weihnachten gewünscht.

In den USA kennt man schon länger den Konflikt vor allem zwischen dem jüdischen Chanukkah und dem christlichen Weihnachten – manchmal auch »December Dilemma« genannt –, weshalb im interreligiösen oder öffentlichen Bereich oft die neutrale Formulierung »Happy Holidays« gegenüber »Merry Christmas« bevorzugt wird.

Ich finde es sehr gut, sich Gedanken darüber zu machen, wie das, was man sagt und tut, beim Gegenüber, der vielleicht andere Vorlieben hat, aufgenommen wird. Dennoch halte ich es für schade, wenn ein positiv gemeinter Gruß und Wunsch wegen religiöser Differenzen zum Problem werden kann. Meines Erachtens wirft das kein gutes Licht auf das Prinzip Religion insgesamt.

Dezidiert religiöse Wendungen wie »Ein gesegnetes Fest der Geburt unseres Herrn!« hätten auch für mich einen missionarischen Beigeschmack; aber meiner Meinung nach hat sich »Frohe Weihnachten« mittlerweile vom religiösen Inhalt so weit gelöst wie der Konsumwahn zum Fest. Dennoch halte ich aus Respekt gegenüber dem anderen in Fällen wie Ihrem die neutrale Formulierung »Schöne Feiertage« für vorzugswürdig.

Literatur:

Der gemeinsame Brief der muslimischen Gelehrten und Geistlichen mit den Weihnachtswünschen für 2007 ist online abrufbar unter: www.acommonword.com

Zur religiösen Neutralität rund um Weihnachten und Chanukkah gibt es zwei Grundsatzentscheidungen des US-Supreme Court:

Lynch v. Donnelly 465 U. S. 668 (1984)
Online abrufbar unter: https://supreme.justia.com/cases/federal/us/465/668/case.html

County of Allegheny v. American Civil Liberties Union, Greater Pittsburgh Chapter 492 U. S. 573 (1989).
Online abrufbar unter: https://supreme.justia.com/cases/federal/us/492/573/case.html

Zwei interessante Artikel in der New York Times zum December-Dilemma:
Andy Newman, Holidays' Convergence Adds to December Dilemma, The New York Times, 20.12.2005
http://www.nytimes.com/2005/12/20/nyregion/20holiday.html

Andy Newman, In Interfaith Homes, Dealing With the ›December Dilemma‹, The New York Times, 22.12.2014
Online abrufbar unter: http://www.nytimes.com/2014/12/23/nyregion/in-interfaith-homes-dealing-with-the-december-dilemma.html

Zur Lösung des December-Dilemmas gibt es als ironisch-genervten Vorschlag aus einer gemischt jüdisch-christlichen Familie »Chrismukkah«
http://www.nytimes.com/2005/12/20/nyregion/20holiday.html
zu begehen mit entsprechenden Produkten.

Das geht zurück auf die Bezeichnung »Weihnukka«, unter der auch 2005/2006 im Jüdischen Museum Berlin eine Ausstellung zu Geschichten von Weihnachten und Chanukka zu sehen war. Informationen dazu online unter: http://www.jmberlin.de/weihnukka/

Der Katalog zu der Ausstellung ist auch als gleichnamiges Buch im Berliner Nicolai Verlag erschienen:
Cilly Kugelmann (Hrsg.), Weihnukka. Geschichten von Weihnachten und Chanukka, Nicolai Verlag, Berlin 2005

»*Ich bemühe mich um gute Nachbarschaft. Aber der Mann, der mir gegenüber wohnt, hat vier mir bekannte Familien um jeweils mehrere zehntausend Euro betrogen, und zwar so, dass die Familien keine Chance haben, an ihr Geld zu kommen. Denn er hat eine ›eidesstattliche Versicherung‹ abgelegt. Trotzdem fährt er teure Autos, kleidet sich sehr gut und geht regelmäßig zur Arbeit. Ich vermeide, ihn zu grüßen, aber manchmal geht es nicht anders, und dann schäme ich mich in Grund und Boden. Wäre es besser, wenn ich ihm meine Verachtung ins Gesicht sagen würde?*«*   Brigitte D., München*

In dem Asterix-Band *Das Geschenk Cäsars* gelangt der Gastwirt Orthopädix an eine Urkunde mit dem Siegel Julius Cäsars, die ihn als Eigentümer des unbeugsamen gallischen Dorfes ausweist. Dessen Bewohner und ihr Häuptling Majestix erkennen das Dokument natürlich nicht an. Die beiden Frauen von Majestix und Orthopädix, Gutemine und Gelatine, treffen also in herzlicher gegenseitiger Abneigung aufeinander. Auf dem entsprechenden Bild stehen sich die Damen im Profil mit gereckter Brust, erhobenen Nasen und schlitzartigen Augen gegenüber. An den Sprechblasen mit dem identischen Inhalt »Angenehm, Madame« hängen Eiszapfen, und der Zeichner Uderzo lässt zudem Schnee herabrieseln.

Ich halte dieses Bild nicht nur für ungemein treffend und urkomisch, sondern das dargestellte Verhalten auch für richtig, obwohl verächtliches Grüßen eigentlich einen Widerspruch in sich darstellt. Aus Sicht der Verhaltensforschung dient der Gruß nämlich neben der Kontaktaufnahme auch der Aggressionsabwendung, Beschwichtigung und dem Erhalt einer Bindung. All das wollen weder die beiden Gallierinnen untereinander noch Sie gegenüber dem betrügerischen Nachbarn ausdrücken. Dennoch, ich finde, dass eine Grußverweigerung etwas ausgesprochen Kindisches, Trotziges an sich hat. Meiner Ansicht nach gehört der Gruß zum Minimum eines zivilisierten Umgangs zwischen Menschen, mögen sich diese auch noch so sehr verachten. Sie brauchen nicht freundlich zu dem Betrüger sein, im Gegenteil, das wäre sogar unehrlich. Sie können ihm auch sachlich sagen, was Sie von ihm und seinen Gaunereien halten. Kurz und distanziert grüßen sollten Sie ihn trotzdem. Wie man das macht, ohne sich zu verbiegen, kann man – wie so vieles – bei Asterix lernen.

Literatur:

Goscinni/Uderzo, Das Geschenk Cäsars, Großer Asterix Band XXI, Ehapa Verlag, Stuttgart 1968, S. 18

»Unser Nachbarhaus ist ein Einfamilienhaus, das vermietet wird. Im Laufe der Zeit hat sich keiner der neuen Mieter, die in der Regel alle jünger als wir waren, bei uns vorgestellt. Wir sind schon im Rentenalter, aber ich bin der Auffassung, dass diese Geste zum guten Ton gehört und man das schon in der Kindheit gelernt haben sollte. Liege ich da falsch?« Herbert K., Holzkirchen

Im Grunde haben Sie vollkommen recht: Es ist gut, sich in einer solchen Konstellation bei den Nachbarn vorzustellen. Schon allein, weil man sich in Zukunft regelmäßig über den Weg laufen wird und es komisch ist, wenn man sich dann lediglich etwas verdruckst zunickt und als »die Nachbarn rechts« respektive »links« kennt, aber nicht mehr. Nachbarn sind oft die Naheliegendsten, wenn es darum geht, einander zu helfen, auch dafür ist es gut, wenn man sich vorgestellt hat. Und ins benachbarte Einfamilienhaus zu ziehen, ist auch ein Grad von individueller Annäherung, der es höflich erscheinen lässt, sich vorzustellen.

Wenn Ihre neuen Nachbarn das nicht tun, hat das aber vielleicht weniger mit Unhöflichkeit zu tun als vielmehr mit anderen Lebensmodellen. Sie schreiben davon, dass Sie das mit den neuen Mietern nebenan immer wieder so erleben. Die bleiben offenbar nicht so lange, dieses Haus ist ein Zwischenschritt, bald geht es wieder weiter und zu neuen Nachbarn. Deshalb ist vermutlich die Nachbarschaft auch nicht so wichtig für sie.

Der Soziologe Georg Simmel stellte schon 1903 fest, dass Großstädter einander reserviert begegnen, weil man die Vielzahl der Kontakte sonst nicht aushalten könnte. Deshalb hätten Großstädter jene »Reserve, infolge deren wir jahrelange Hausnachbarn oft nicht einmal von Ansehen kennen und die uns dem Kleinstädter so oft als kalt und gemütlos erscheinen lässt«.

Der Idee, dass man sich in der Nachbarschaft vorzustellen hat, liegt auch eine bestimmte Auffassung über deren Bedeutung für das Leben zugrunde. Diese Auffassung haben aber nicht alle, manche genießen gerade den Abstand und die Unverbindlichkeit, weil sie andere Bezugsgruppen oder die Abgeschiedenheit bevorzugen. Menschen sind unterschiedlich, ihre Lebensentwürfe auch, deshalb muss man sie in weiten Grenzen so akzeptieren, wie sie sind.

Literatur:

Georg Simmel, Die Großstädte und das Geistesleben, in: Georg Simmel, Individualismus der modernen Zeit, Suhrkamp Verlag, Frankfurt am Main 2008

Online abrufbar unter: http://gutenberg.spiegel.de/buch/die-grossstadte-und-das-geistesleben-7738/1

»Seit einiger Zeit stellt meine Nachbarin ihre Schuhe, Regenschirme, andere unpraktische Gegenstände und gelegentlich den Küchenmüll vor ihre Wohnungstür im Treppenhaus unseres Mehrfamilienhauses. Jedes Mal, wenn ich meine Wohnung verlasse oder nach Hause komme, fällt mein Blick auf dieses ›Arrangement‹. Ist es kleinlich, sie zu bitten, ihre Sachen in der Wohnung zu behalten? Soll ich sie ansprechen und so unser gutes Verhältnis möglicherweise stören?« Jana B., Berlin

Treppenhäuser sind teilöffentliche Räume, die gemeinschaftlich genutzt werden. Nur wie? Unstreitig ist sicherlich, dass man in die Wohnungen gelangen soll und aus ihnen heraus – im Alltag und in Notfällen. Dem Ausmaß an Gegenständen im Treppenhaus sind von daher notwendige Grenzen gesetzt, zum Beispiel durch Brandschutz und Fluchtwege. Davon abgesehen kann man die gemeinschaftliche Nutzung des Treppenhauses unterschiedlich sehen: Extensiv, dass also jeder Bewohner es automatisch so weit für eigene Zwecke nutzen darf und soll, wie es die anderen nicht behindert – also Bilder aufhängen, Gegenstände und Pflanzen aufstellen und Dinge zwischenlagern. Oder restriktiv, dass von allein nur die Nutzung gestattet ist, die notwendig ist, alles Weitere dagegen nur dann, wenn sämtliche Beteiligten zustimmen. Das halte ich für richtig, denn die Geschmäcker sind verschieden. Dem einen rührt das Bild eines lustigen Bären oder weinenden

Harlekins das Herz, dem andern schlägt es auf den Magen. Um das zu lösen, hat man die Wohnungstür erfunden. Dahinter gilt »My home is my castle«, davor eben nicht.

Doch muss man das hier gar nicht entscheiden, denn bei Ihnen geht es um etwas anderes: um Dinge, die man selbst nicht in der Wohnung haben will. Und da endet sogar die ausuferndste Vorstellung einer gemeinschaftlichen Nutzung. Wie kommt jemand, dem die eigenen Schuhe zu sehr stinken, um sie in der Wohnung zu haben, auf die Idee, sie dem Nachbarn vor die Tür zu stellen? Dasselbe gilt für den Müll vorm Runtertragen oder die Pflanze, die alle Blätter verloren hat. Da scheint mir ein Grundfehler im Verständnis zu liegen: Etwas gemeinschaftlich zu nutzen bedeutet kein Minus an erforderlicher Sorgfalt, sondern nur ein Plus an Nutzern – und damit eher ein Mehr an Zurückhaltung. Treppenhäuser sind keine Abstellkammern.

Was tun? Einer meiner Freunde hat seinen Nachbarn – mit denen er immer noch befreundet ist – einen Fotokalender geschenkt mit Bildern von Müll und anderen Gegenständen, die sie regelmäßig vor ihre und damit auch seine Wohnungstür gestellt hatten; für jeden Monat ein Bild von einem anderen Arrangement. Das fand ich ziemlich charmant. Ansonsten: Ja, sprechen Sie Ihre Nachbarin an. Wenn das nichts hilft, zeigen Sie ihr diese Kolumne, dann wird sie sich besinnen, die Dinge wegräumen und Ihnen zur Entschuldigung einen Kuchen backen.

»Unsere Reihenhaussiedlung würde gern einen Winterdienst engagieren und die Kosten teilen. Ich räume aber lieber selbst, weil mir das Spaß macht. Wenn ich mich jedoch nicht beteilige, steigen für die anderen die Kosten, oder das Vorhaben scheitert ganz. Muss ich mich also doch beteiligen?«
Ernst B., Wiesbaden

»No man is an island – Niemand ist eine Insel«, schrieb der englische Renaissancedichter John Donne 1624. Nick Hornby lässt in seinem Roman *About a Boy* den Protagonisten Will Freeman – im Film gespielt von Hugh Grant – widersprechen: Er sei sehr wohl eine Insel, nämlich Ibiza. Bei Ihnen ist es wohl eher Grönland, da Sie gern Ihr Gespür für Schnee ausleben möchten. Scheint hierzulande doch zu drohen: Es kann der Frömmste nicht in Frieden räumen, wenn es den faulen Nachbarn nicht gefällt.

Reihenhäuser sind Zwitterwesen. Einerseits handelt es sich um Häuser, und die sind archetypisch etwas Abgeschlossenes, Einzelnes: vier Wände und ein Dach. Andererseits haben Reihenhäuser auch etwas von einer vertikalen Wohnung, da sie – meist tiefer als breit – oft mit mehr Fläche an Nachbarn grenzen als frei stehen. Dementsprechend teilen sie sich oft Erschließung und Gemeinschaftsflächen.

Das gibt das Stichwort: Gemeinschaft. Auch als rechtlicher Alleineigentümer eines Reihenhauses ist man, ob man will oder nicht, durch die Nähe zugleich Teil einer zumindest informellen Gemeinschaft. Das bedeutet nun nicht, dass in ihr das Heil läge oder Sie sich jeder Mehrheitsentscheidung beugen müssen – getreu dem Motto »Du bist nichts, deine Reihenhaussiedlung ist alles«. Die Freiheit des Einzelnen halte ich für eine der größten Errungenschaften unserer Gesellschaft. Deshalb müssten Ihre Nachbarn akzeptieren, dass es ohne Sie teurer wird. Aber falls an Ihrer Weigerung der Winterdienst für die anderen Eigentümer ganz scheitern würde, spricht aus meiner Sicht doch so manches dafür, sich zu beteiligen. Nicht zähneknirschend zwangsweise, sondern als bewusste und freie Entscheidung Ihren Mitmenschen zuliebe. Eine Denkweise, die bei aller Liebe zur Freiheit auch in anderen Konstellationen sinnvoll sein kann: No man is an island.

Literatur:

Das Zitat »No man is an island« stammt vom englischen Renaissancedichter John Donne, der es schaffte, in demselben Absatz seiner Meditation XVII aus dem Jahr 1624 noch eine zweite Wendung für die Nachwelt zu prägen: »For whom the bell tolls – Wem die Stunde schlägt«.

»No man is an island, entire of itself; every man is a piece of the continent, a part of the main. If a clod be washed away by the sea, Europe is the less, as well as if a promontory were, as well as if a manor of thy friend's or of thine own were. Any man's death diminishes me because I am involved in mankind; and therefore never send to know for whom the bell tolls; it tolls for thee.«

Die gesamte Meditation kann man hier nachlesen:
http://www.online-literature.com/donne/409/

Ferdinand Tönnies, Gemeinschaft und Gesellschaft. Grundbegriffe der reinen Soziologie, WBG, Darmstadt, 4. Auflage 2005

Helmuth Plessner, Grenzen der Gemeinschaft, Suhrkamp Verlag, Frankfurt am Main 2002

»Laufend klingeln bei uns im Erdgeschoss Zusteller, um Pakete für Leute, die in unserem Hochhaus wohnen, abzugeben. Zwar freuen wir uns, wenn umgekehrt jemand ein Paket für uns entgegennimmt, möchten aber nicht zu kostenlosen Dauermitarbeitern der Paketdienste werden. Ist es legitim, wenn wir nur noch Pakete von Mitbewohnern annehmen, die wir gut kennen?«   Ruth F., Hamburg

Zu den Albträumen der Großstadt gehört es, zu einer Postfiliale gehen zu müssen, von denen es immer weniger mit umso längeren Schlangen gibt. Und bei manchen Versanddiensten müsste man, um an ein nichtzugestelltes Paket zu kommen, sogar ein entlegenes Gewerbegebiet aufsuchen. Ergo: Wem seine Mitmenschen nicht vollkommen egal sind, der sollte ihnen das ersparen.

Zudem sieht eine Strömung in der politischen Philosophie, der Kommunitarismus, in der Einbettung in die – unter anderem nachbarliche – Gemeinschaft sogar die Grundlage von Moral und Gerechtigkeit. Und auch wenn ich mich dieser Strömung nicht anschließen will, halte ich Hilfe unter Nachbarn für wertvoll, wegen ihrer Effekte, aber auch wegen ihres sozialen Gehalts.

Das ändert aber nichts daran, dass das Bestellen im Internet und die Zustellung nach Hause bei Berufstätigen, Studierenden oder anderen Menschen, die ihre vier Wände regelmäßig verlassen, auf einem vollkommen unzulänglichen Konzept beruhen: Zusteller versuchen, Pakete in voraussehbar leeren Wohnungen abzugeben. Und das für ein Entgelt, das ihr Auskommen oft kaum oder nicht sichert, erst recht nicht, wenn sie die Pakete nicht loswerden oder für wenige Cent viele Stockwerke erklimmen müssen. Das Ganze funktioniert nur, wenn nette Menschen wie Sie – oder Geschäfte in der Nachbarschaft – Pakete annehmen und damit kostenlos Zustellleistungen erbringen. Ihre Freundlichkeit subventioniert die Dumpingpreise der Internetversender und Paketdienste gegenüber Geschäften, die den Service bieten, Waren in der Umgebung vorzuhalten.

Vor allem aber entwertet man die Nachbarschaftshilfe, wenn man sie einseitig und übermäßig einfordert oder, noch schlimmer, zum Teil eines Geschäftsmodells macht. Geschäfte weigern sich zunehmend, Sendungen für Fremde anzunehmen, und auch Sie haben das Recht dazu.

Literatur:

Axel Honneth (Hrsg.), Kommunitarismus. Eine Debatte über die moralischen Grundlagen moderner Gesellschaften, Campus Verlag, Frankfurt am Main 1993

Hartmut Rosa, Kommunitarismus, in: Marcus Düwell, Christoph Hübenthal, Micha H. Werner (Hrsg.), Handbuch Ethik, Verlag J.B. Metzler, Stuttgart 2002, S. 218–230

Bell, Daniel, »Communitarianism«, The Stanford Encyclopedia of Philosophy (Fall 2013 Edition), Edward N. Zalta (ed.)
Online abrufbar hier: http://plato.stanford.edu/entries/communitarianism/

Einer der bekanntesten Vertreter des Kommunitarismus ist der Rechtsphilosoph Michael Sandel, der vor allem durch seine sehr sehenswerte Vorlesung »Justice in Harvard« bekanntwurde, die man hier online verfolgen kann: http://www.justiceharvard.org/

»Von meinem Fenster aus sehe ich mir gern Szenen im Haus gegenüber an. Ein älterer Herr vor dem Fernseher, der ständig hustet, eine junge Frau, die morgens Fitnesstraining macht, oder ein Herr, der leicht bekleidet in seiner Wohnung zu einem Diskoblitzer tanzt. Ist es unmoralisch, mich daran zu erfreuen? Lädt nicht, wer seine Gardinen nicht zuzieht, dazu ein, zuzusehen?«

Gitta M. Wolfsburg

Wenn man aus dem Fenster schaut und gegenüber bewegt sich etwas, sieht man unwillkürlich hin. Das ist nicht nur vollkommen unbedenklich, sondern ein sinnvoller Reflex aus Urzeiten, der es unseren Ahnen ermöglichte, herannahende Säbelzahntiger rechtzeitig zu bemerken. Nur sobald man festgestellt hat, dass kein Säbelzahntiger naht und kein Mord geschieht wie in Alfred Hitchcocks *Das Fenster zum Hof*, gelangt man an eine Grenze. Ob man die überschreitet, hängt von zwei Kriterien ab: Intensität und Intentionalität. Wie stark und mit welcher Absicht nähert man sich der Sphäre des anderen?

Es ist der Unterschied zwischen sehen und beobachten, schauen und spähen, ansehen und anstarren, hören und horchen, aufschnappen und belauschen, berühren und betasten, zufällig bemerken und geplant erforschen. Genau dazwischen liegt die Grenze zwischen dem Respektieren der Privatheit und ihrer Missachtung.

Zu behaupten, dass, wer seine Gardinen nicht zuzieht, zum Zusehen einlädt, beraubt die Menschen ihrer Freiheit. Es würde bedeuten, wer privat sein will, muss sich – zumindest visuell – einschließen, den Fremden aktiv abwehren. Im Gegensatz dazu sehe ich das Recht auf Privatheit nicht an Zäune und Barrieren angeknüpft, sondern am Menschen.

Wer sich in ein Restaurant oder Café setzt, weiß, dass er oder sie sich in die Öffentlichkeit begibt. Dennoch würde sich wohl fast jeder unwohl fühlen und zu Recht dagegen verwahren, falls jemand am Nachbartisch fortwährend herüberstarrt und genau beobachtet, was man tut.

Und hier kommt noch hinzu, dass Ihre Nachbarn durch die Fenster zwar einsehbar sind, aber nicht in der Öffentlichkeit, sondern in ihrer Wohnung und damit eindeutig in einem privaten Bereich. Wer gern nach draußen sehen will statt auf Gardinen und Rollos, hat deshalb noch lange nicht auf seine Privatheit verzichtet.

Literatur:

Wolfgang Schmale, Marie-Theres Tinnefeld, Privatheit im digitalen Zeitalter, Böhlau Verlag, Wien 2014

Samuel D. Warren & Louis D. Brandeis, The Right to Privacy, Harvard Law Review, Heft Nr. 5, Vol IV 1890

Beate Rössler, Der Wert des Privaten, Suhrkamp Verlag, Frankfurt am Main 2001

Raymond Geuss, Privatheit – Eine Genealogie, Suhrkamp Verlag, Frankfurt 2002

Wolfgang Sofsky, Verteidigung des Privaten, Verlag C. H. Beck, München 2007

Ich shoppe, also bin ich

Über Abgeben von Bewertungen im Internet, Spenden statt Schenken, das Teil zwischen den Waren an der Kasse, Happy Hour in der Bäckerei, zu billig ausgezeichnete Geräte, Rispentomaten mit oder ohne Strunk, Flüchtlingsspenden für den eigenen Konsum, Einhaltung von eigenen Einkaufsprinzipien sowie Verzicht auf Centmünzen beim Herausgeben, kurz:

Über Einkaufen und Konsum

»Wenn ich im Internet Kleidung bestelle oder ein Hotel buche, achte ich immer auf die Bewertungen anderer Käufer. Ich selbst bin allerdings meist zu faul, um nach dem Kauf oder dem Urlaub auch eine Bewertung abzugeben. Wäre ich dazu verpflichtet, wenn ich für meine Kaufentscheidung die Meinung anderer, die weniger faul waren, berücksichtige?« Knut R., Wolfsburg

Sie bringen mich in Verlegenheit. Dabei ist Ihre Frage im Grunde leicht zu beantworten. Und das auch noch mit einem Werkzeug, dessen ich mich oft und gerne bediene: Kants kategorischem Imperativ. In der Formel des allgemeinen Gesetzes lautet er: »Handle nur nach derjenigen Maxime, durch die du zugleich wollen kannst, dass sie ein allgemeines Gesetz werde.« Ihre Maxime wäre hier: »Ich will keine Bewertung abgeben (weil ich zu faul bin)«. Das Gesetz hieße also: »Du sollst keine Bewertung abgeben.« Ein derartiges Gesetz können Sie nicht wollen, weil Sie ja selbst die Bewertungen gerne nutzen. Keine Bewertung abzugeben fällt deshalb bei der Prüfung am kategorischen Imperativ durch.

Warum dann meine Verlegenheit? Weil ich mich diesem Ergebnis nicht anschließen will. Bewertungen zu nutzen, aber selbst keine abzugeben, stellt zwar streng genommen das Verhalten eines Trittbrettfahrers dar; hier aber liegt meines Erachtens ein Sonderfall vor, was man erkennt, wenn man es mit dem Klassiker des Trittbrettfahrens, dem Schwarzfahren, vergleicht. Während niemand gerne für seinen Fahrschein bezahlt, gibt es eine Menge an Menschen, die mit Freude jede Möglichkeit nutzen, sich im Netz zu äußern, ja nachgerade danach lechzen. Sie handeln also nicht auf deren Kosten. Und während jedes nichtgelöste Ticket auf die Bilanz des Verkehrsunternehmens durchschlägt, funktionieren viele Bewertungsportale auch dann, wenn nicht jeder Nutzer oder Käufer mitmacht. Ich zögere deshalb, eine allgemeine Pflicht zu konstatieren.

Anders hingegen, wenn Ihre Bewertung die Information für die anderen Nutzer merklich verbessert, etwa weil es erst wenige Bewertungen gibt oder Ihre Einschätzung von den bisher abgegebenen stark abweicht. Dann wird es schwieriger für Sie, sich vor dem Bewerten zu drücken. Dafür aber einfacher für mich: Ich kann mich wieder Kant anschließen.

Quellen:

Immanuel Kants kategorischer Imperativ findet sich in der Formel des allgemeinen Gesetzes in der Grundlegung zur Metaphysik der Sitten, Akademie-Ausgabe, Band IV, S. 421.
Online zu lesen hier:
http://www.korpora.org/Kant/aa04/421.html

Lesenswert:

Kant für Anfänger. Der kategorische Imperativ. Eine Lese-Einführung von Ralf Ludwig, dtv, München 1999

Sowie das Kapitel »Die kantische Ethik« in der auch sonst empfehlenswerten Einführung in die Ethik von Herlinde Pauer-Studer, facultas WUV/UTB, Wien, 2. Auflage 2010

»Nach dem Weihnachts- und Geschenkestress letztes Jahr habe ich beschlossen, ich spare mir dieses Jahr das Gerenne, spende stattdessen das Geld und sage das den ›Nicht-Beschenkten‹. Aber kann ich das für sie entscheiden? Ich bringe sie ja um ihr Geschenk, selbst wenn es einem wohltätigen Zweck dient.« Malte G., Lüneburg

Fragen zum Thema »spenden statt schenken« erreichen mich jedes Jahr in großer Zahl und den verschiedensten Varianten. Sie zu beantworten scheint mir nicht ungefährlich: Womöglich gibt es schwarze Listen einer geheimen Vereinigung der Krawattennäher, Sockenstricker, Chocolatiers und Bildbandverlage – unter Federführung der Nippesdrechsler und Weihnachtstinnefflechter. Also der Branchen, die teilweise oder ganz von der Verzweiflung der Geschenkesuchenden leben. Zudem dürfte die Heizleistung der Müllkraftwerke ohne derartige Gaben gerade in der kalten Winterzeit bedrohlich sinken. Ganz zu schweigen vom Umsatz der Psychotherapeuten, Nackenmasseure und Anbieter von nachweihnachtlichen Wellnesswochenenden.

Dennoch: Üblicherweise schenkt man Menschen etwas, die man mag. Diese Zuneigung sollte dann umgekehrt auch vorhanden sein; in den Einkaufsrubel kurz vor Weihnachten wünscht man aber nur Menschen, die man abgrundtief hasst. Geschenke sollen den Beschenkten Freude bereiten und zeigen, dass man sie mag. Wer ein ideales, passendes Geschenk weiß, etwas, was der oder die Beschenkte will oder braucht, soll es auch schenken. Deswegen gerät man nicht in Stress. Sondern wegen der Verlegenheitsgeschenke. Die heißen eigentlich so, weil sie Verlegenheit vermeiden sollen, in Wirklichkeit aber Schenker und Beschenkte genau in solche bringen. Das größte Geschenk für alle ist daher, in solchen Fällen nichts zu schenken. Außer bei Kindern oder anderen Menschen, die sich ihre Wünsche nicht selbst erfüllen können. Ansonsten gilt in unserer Überflussgesellschaft: Mit einer Spende statt des Geschenks beschenkt man die, die es wirklich brauchen. Wer möchte, kann auch die Organisation nach den Vorlieben der jeweiligen Beschenkten auswählen. Dann zeigt man, dass man sich Gedanken gemacht hat, und das ist das schönste Geschenk.

Leseempfehlung:

Lesenswert zum Schenken ist immer wieder der Eintrag 21 »Umtausch nicht gestattet« in Theodor W. Adornos »Minima Moralia«, Suhrkamp Verlag, Frankfurt am Main 1951, auch wenn Adorno dort eine andere Auffassung vertritt, als sie der Antwort hier zugrunde liegt.

Ebenfalls lesenswert ist die Anmerkung von Andreas Bernard zu Adornos Eintrag 21 in: Andreas Bernard / Ulrich Raulff (Hrsg.), Theodor W. Adorno ›Minima Moralia‹ neu gelesen, Suhrkamp Verlag, Frankfurt am Main 2003, S. 15 ff.

»Jedes Mal, wenn ich im Supermarkt einkaufen gehe, stellt sich mir an der Kasse dieselbe Frage: Wer ist dafür zuständig, dieses Teil, an dem die Kassiererin erkennt, was zu welchem Kunden gehört, auf das Band zu legen? Ist es meine Aufgabe, es hinter meine Einkäufe zu platzieren, oder soll der nächste Kunde es vor seine Einkäufe legen?«   *Meike F., Lüneburg*

Um Ihre Frage zu beantworten, habe ich diesmal Experimente durchgeführt und verschiedene Szenarien getestet: meine Einkäufe mit und ohne Warentrenner – wie diese Teile offiziell heißen – hinter die vorherigen gelegt, mal mit kleinerem oder größerem Abstand, manchmal einen solchen Trenner hinter meinen Waren positioniert und manchmal nicht. Und dann beobachtet, wie die anderen Kunden darauf reagieren. Zugegebenermaßen nicht besonders wissenschaftlich, aber dennoch aufschlussreich.

Als Erstes konnte ich feststellen, dass die Dinger, so schrecklich ich sie persönlich finde, dennoch ihren Sinn haben, weil sie den Kassiervorgang vereinfachen. Allerdings wirken sie nicht nur für Waren abgrenzend, sondern auch gegenüber den Menschen und haben damit auch etwas Passiv-Aggressives. Wer das für übertrieben hält, sollte einmal den Menschen in die Augen schauen, während sie diese Trenner vor oder hinter ihre Einkäufe setzen oder gesetzt bekommen: Fast immer erkennt man an den Gesichtern, dass es hier um so etwas wie Revierabgrenzung geht, oft gepaart mit unter- oder überschwelligen Vorwürfen, dass man diese Grenze zieht oder eben nicht gezogen hat.

Damit aber wird es schwierig zu beantworten, wer die Trenner setzen sollte, denn gerade bei Lappalien wie dieser sind die symbolischen Auswirkungen auf das Zusammenleben wesentlich gewichtiger als jede theoretische Überlegung, wessen Aufgabe und Recht das nun sein könnte.

Dennoch haben meine Experimente auch eine Lösung geliefert: Wenn man den Menschen in die Augen sieht, lächelt man meist unwillkürlich – ich zumindest tue es. Das aber nimmt dem Ganzen jegliche Aggression, macht es im Gegenteil zu einem prosozialen Verhalten, und dann ist tatsächlich egal, wer den Trenner setzt. Eigentlich nicht besonders überraschend, aber dennoch wirksam.

Hinweis:

Es scheint sich dabei nicht, wie man annehmen möchte, um ein typisch deutsches Phänomen zu handeln. Sowohl der Warentrenner, im Englischen auch »cashier stick«, »cashier bar«, »shopping divider« oder einfach »divider« genannt, als auch die Diskussion um die »supermarket etiquette« gibt es offenbar in vielen Ländern.

Interessant finde ich die einfache Idee einer Firma aus den USA, die Kassenbänder mit regelmäßigen Streifen zu versehen, so dass die folgenden Kunden einfach ihre Einkäufe hinter den nächsten Streifen legen können und so signalisieren, dass die Waren nicht mehr zu den vorherigen gehören: http://www.4extender.com/CM.jpg

»In einer Münchner Bäckereikette gibt es eine Art ›Happy Hour‹: Eine Stunde vor Ladenschluss kosten frisches Brot und Semmeln ein Viertel weniger, eine halbe Stunde davor sogar nur noch die Hälfte. Als Mutter dreier Kinder muss ich aufs Geld schauen und freue mich über das Angebot. Naturgemäß bilden sich aber lange Schlangen, und viele machen Großeinkauf; wer hinten steht, muss hoffen, dass noch etwas übrig bleibt. Sollte ich ein schlechtes Gewissen haben, wenn ich zu viel kaufe und die nach mir Wartenden weniger Auswahl haben oder sogar leer ausgehen?« Renate P., München

Warum beschränken?, werden sich hier viele fragen. Schließlich haben Sie sich angestellt und müssen noch dazu eine Familie versorgen. Dennoch habe ich meine Bedenken: »Jetzt bin ich dran!«, gefällt mir als Argument nicht sehr gut. Ich würde lieber Gerechtigkeitsüberlegungen heranziehen. Die einfachste ist die Gleichbehandlung: Es werden die Brote durchgezählt und die Wartenden, und dann wird aufgeteilt. Das führt zu mancherlei Problemen wie etwa dem, ob die Anwesenden oder die Vertretenen zählen, ob also, wer für eine Familie einkauft, mehr Brot erhalten soll. Am Ende landet man bei Lebensmittelmarken.

Deshalb das bewährte Prinzip: »Wer zuerst kommt, mahlt zuerst.« Es stellt auch eine Gleichbehandlung dar, weil es ohne Ansehen der Person nach der Reihenfolge des Eintreffens geht. Doch beinhaltet es bei genauerer Betrachtung auch eine Leistungskomponente: Belohnt wird das rechtzeitige Erscheinen und Warten. Sowie man in der Schlange steht, geht es nur mehr danach, und die Gleichheit ist perdu. Vergessen sind auch alle anderen Aspekte wie etwa jener der Bedürftigkeit: Wer an der Reihe ist, darf auswählen. Man muss sich die Schwächen dieses Verteilungsmaßstabs vor Augen führen, wenn man die eigentliche Frage beantworten will: Wie weit darf man die Position, die man dank seiner erreicht hat, nutzen oder gar ausnutzen?

Meines Erachtens kommt man hier mit Aristoteles am weitesten: Ihm zufolge liegen die Tugenden und auch das Gerechte in der Mitte zwischen dem Zuviel und dem Zuwenig, und das führt – auch wenn es hier fast ein wenig banal klingen mag – zur Lösung. Natürlich hat die Idee, einen günstigen Vorrat einzukaufen, per se nichts Anrüchiges. Dennoch: Wenn zehn Kunden anstehen und noch zehn Brote da sind, hielte ich es für maßlos, als Erste in der Reihe alle zehn aufzukaufen und einzufrieren. Die Rücksicht setzt hier engere Grenzen, die sich nicht allgemein festlegen lassen, sondern eine Abwägung erfordern, orientiert an der Anzahl der Wartenden, der Menge des verbleibenden Brotes und an Ihrem Bedarf. Dazu brauchen Sie keine Umfrage zu starten oder den Taschenrechner zu zücken, aber um einen groben Blick auf die Umstände und Ihre Mitmenschen kommen Sie nicht herum, wenn Sie die goldene aristotelische Mitte für die jeweilige Situation finden möchten.

Literatur:

Ernst Tugendhat, Vorlesungen über Ethik, Suhrkamp Verlag, Frankfurt am Main 1993, dort: Achtzehnte Vorlesung: Gerechtigkeit, S. 364 ff.

Aristoteles, Nikomachische Ethik, Zweites Buch, insbesondere 1106b 37–1107a 8

»Ich habe lange nach einem bestimmten Gerät gesucht, das nur in Spezialgeschäften zu haben ist. Der Preis: um die 100 Euro. Dann fand ich es zufällig in einem Haushaltswarenladen, ausgezeichnet mit unglaublichen 45 Euro. Ich habe die Verkäuferin gefragt, ob der Preis wirklich stimme. Sie bejahte, schlug aber vor, den Chef zu holen, der sich in der Materie gut auskenne. Das lehnte ich ab – weil ich sicher war, dass es sich um einen Fehler handelte –, bezahlte und ging. Nun ist die Freude über das Schnäppchen verflogen, und ich zweifle. Was soll ich tun?«   Jack K., Berlin*

Schnäppchen. Wenn ich je einmal in die Verlegenheit kommen sollte, eine Liste moralisch suspekter Begriffe zu erstellen, Schnäppchen käme ganz weit nach oben. Zwar gibt es Fälle, in denen ihr Erjagen keine moralischen Bedenken hervorruft, dieser hier gehört jedoch leider nicht dazu.

Natürlich müssen viele auf jeden Cent achten, und natürlich kann man sich darüber freuen, wenn man etwas für 45 statt für 100 Euro bekommt. Von der Differenz kann man nett essen gehen oder – noch besser – ein paar gute Bücher kaufen. Hier aber geht, wenn der Preis tatsächlich falsch war, die eigene Ersparnis nicht nur zu Lasten eines anderen, sie beruht 1:1 auf dessen Schaden.

Das kann auch die Rückfrage bei der Verkäuferin nicht wirklich verhindern. Diese ehrt Sie, und viele werden argumentieren, dass Sie damit mehr als genug getan haben. Das hält aber einer genaueren Betrachtung spätestens ab dem Zeitpunkt nicht mehr stand, zu dem Sie bemerkten, dass die Verkäuferin sich nicht auskannte und somit auch nicht die richtige Ansprechpartnerin war. Ab da konnte Sie die Vergewisserung bei ihr höchstens noch formal entlasten. Sie waren auch nach der Nachfrage davon überzeugt, dass es sich bei dem günstigen Preis höchstwahrscheinlich um einen Irrtum handelt. Und auch wenn es eindeutig Sache des Verkäufers ist, sich um eine korrekte Auszeichnung seiner Waren und die Kompetenz seines Personals zu kümmern, ändert es nichts daran: Das bewusste Ausnutzen eines Irrtums ist nicht richtig.

Was tun? Das Einfachste scheint mir, im Geschäft anzurufen und den Sachverhalt zu klären. Vielleicht stimmte der Preis ja doch, weil es ein Abverkauf war oder der Händler eine besonders günstige Quelle hat. Dann können Sie sich doppelt erfreuen: am guten Gewissen und am Schnäppchen. Falls nicht, kann der Händler wenigstens seine Preisschilder korrigieren. Danach wird es allerdings haarig. Ich fände es in diesem Fall, sagen wir mal vorsichtig: schön, aber eigentlich auch richtig, wenn Sie anbieten, die Differenz nachzuzahlen oder das Gerät zurückzugeben – weil es Ihnen zum richtigen Preis zu teuer war. Vielleicht verzichtet der Händler ja auch darauf. Auf jeden Fall würde ich mich an Ihrer Stelle damit wohler fühlen.

»Ich ärgere mich, dass ich bei den sogenannten ›Rispento-
maten‹ eigentlich Abfall zum Tomatenpreis kaufen soll.
Daher suche ich im Supermarkt immer nach Tomaten,
die schon vom Strunk abgefallen sind. Manchmal, wenn
die Menge nicht reicht, löse ich ein oder zwei Tomaten
selbst vom Strunk; so wiege und bezahle ich nur Toma-
ten, wie es ja auch ausgelobt wird. Richtig?«

Jürgen R., München

Zu den interessanten Themen der modernen Moralphilosophie gehört die empirische Moralforschung, in der moralische Fragen mit Hilfe von empirischen, wissenschaftlichen Methoden bearbeitet werden. Da möchte ich in
dieser Kolumne natürlich nicht hintanstehen. Deshalb habe ich Rispentomaten gekauft und gewogen. Das Ergebnis:
Der Anteil der Strünke betrug zwischen 0,11 und 0,68 Prozent. Das scheint mir nicht wirklich viel.

Für interessanter halte ich allerdings die moralphiloso-
phische Bewertung. Und da würde ich gerne wieder einmal die Tugendethik heranziehen. Der zufolge soll man
sich verhalten wie ein tugendhafter Mensch. Das klingt
ein wenig nach einem Zirkelschluss, ist es aber nicht, wie
man hier sehen kann. Es geht nämlich um die Haltung. Es
mag zulässig sein – oder zumindest nicht falsch –, sich bei
Selbstbedienung die Tomaten und nicht die Strünke zu
nehmen. Obwohl viel dafür spricht, dass der Preis für
»Rispentomaten« die Rispen umfasst, also Strunk und To-

maten. Man könnte sich auch vorstellen, dass alle das täten, vermutlich könnte es sogar allgemeines Gesetz werden. Wenn auch mit der absehbaren Folge, dass die Preise dann um 0,11 bis 0,68 Prozent angehoben werden.

Aber – das ist die entscheidende Frage – kann man jemanden als tugendhaft, also gut ansehen, der so auf seinen Vorteil achtet, dass er die letzten Bruchteile eines Prozents für sich herausholen will? Nicht im Hinblick auf das, was er konkret tut, also die einzelne Handlung, sondern wie er als Mensch ist? Tugend ist laut Aristoteles die Eigenschaft der Mitte zwischen zwei Extremen. Und etwas Extremeres, als in diesem Ausmaß auf seinen Vorteil zu achten, kann ich mir kaum vorstellen. Sollte das wirklich eine erstrebenswerte Haltung sein? Möchte man in einer Welt leben, in der alle Menschen so sind? Ich nicht.

Literatur:

Aristoteles, Nikomachische Ethik, insbesondere II. Buch. Gute Übersetzungen gibt es von Olof Gigon bei dtv, München 1991 und Ursula Wolf im Rowohlt Taschenbuch Verlag, Reinbek bei Hamburg 2006

Das Kapitel »Tugendethik« in der auch sonst empfehlenswerten Einführung in die Ethik von Herlinde Pauer-Studer, facultas WUV/UTB, Wien, 2. Auflage 2010

Eine Sammlung von modernen Texten zu diesem Thema: Tugendethik, herausgegeben von Klaus Peter Rippe und Peter Schaber, Reclam Verlag, Stuttgart 1998

Das Kapitel »Tugendethik und moralische Motivation« einschließlich einer Einleitung in: Texte zur Ethik, herausgegeben von Detlef Horster, Reclam Verlag, Stuttgart 2012

»Auf den dringenden Aufruf des lokalen Flüchtlingshilfe-
vereins hin habe ich meine recht neue, sehr gute, wasser-
dichte Winterjacke gespendet und mir eine noch bessere
Jacke gekauft, die mir auch noch besser gefallen hat. Nut-
ze ich so die Spende aus, um mich guten Gewissens dem
Konsum hinzugeben, mal abgesehen von dem Verlust von
fast 200 Euro?« Hans F., Rosenheim

Ob Sie die Spende »ausnutzen«, können nur Sie beantworten. Schließlich geht es dabei um Motive des Handelns,
die man von außen schwer beurteilen kann. Mit Ausnah-
men: Falls Sie die neue Superjacke haben wollten, um es
auf der nächsten Pegida-Demonstration warm und tro-
cken zu haben, liegt auch für den Außenstehenden der
Verdacht nahe, dass die Sorge um Flüchtlinge nicht der
Grund Ihres Handelns, sondern eher vorgeschoben war.

Ansonsten aber gehe ich davon aus, dass zu helfen zumindest auch ein Grund für Ihre Spende war, und man
muss sich überlegen, was es bedeutet, wenn eine gute Tat
sowohl von eigennützigen als auch von fremdnützigen
Motiven getragen wird.

Stellt man allein auf das Ergebnis einer Tat ab, haben
Sie gut gehandelt, weil es allen bessergeht. Ihnen mit der
neuen Jacke und dem Empfänger mit der alten auch. Ihm
ist nun warm, ganz gleich, warum Sie ihn bedacht haben.

Stellt man hingegen auf die Motive ab, ist das nicht so
klar. Wenn Sie unbedingt eine neue Jacke wollten und die

alte nur nicht mehr in die Mülltonne passte, hat das Spenden keine moralische Qualität. Umgekehrt jedoch eine sehr große, würden Sie Ihre Jacke weggeben und dann selbst frieren.

Ihr Fall liegt dazwischen, und wir kommen wieder dahin zurück, dass nur Sie wissen können, wo genau – also welches Motiv überwiegt. Allerdings würde ich persönlich die Latte hier nicht zu hoch hängen. Ich finde nicht, dass man leiden muss, um gut zu sein. Vielleicht wird man nicht heilig gesprochen und bekommt keine Laternenprozessionen zu seinen Ehren, wenn man, statt seinen Mantel zu teilen, den alten hergibt und einen neuen, schöneren kauft. Aber für irdische Anforderungen scheint mir Ihr Handeln zu reichen. Erstens haben Sie faktisch geholfen und zweitens Ihren Geldbeutel geteilt.

Literaturtipps:

Im Grunde handelt es sich hier wieder einmal um Immanuel Kants Trennung zwischen pflichtgemäßem Handeln und Handeln aus Pflicht.

Kants berühmte Unterscheidung zwischen Handeln aus Pflicht und pflichtgemäßem Handeln findet sich in der Grundlegung zur Metaphysik der Sitten, Akademie-Ausgabe, Band IV, S. 397 ff.

Dies hat Friedrich Schiller in seiner bekannten spöttischen Xenie kritisiert:

Gewissensskrupel
Gern dien ich den Freunden, doch tu ich es leider mit Neigung,
Und so wurmt es mir oft, dass ich nicht tugendhaft bin.
Decisum
Da ist kein anderer Rat; du musst suchen, sie zu verachten,
Und mit Abscheu alsdann tun, wie die Pflicht dir gebeut.

Schillers Kritik wird wiederum in der Kantforschung kritisiert, siehe zum Beispiel: Otfried Höffe, »Gerne dien ich den Freunden, doch tue ich es leider mit Neigung ...«: Überwindet Schillers Gedanke der schönen Seele Kants Gegensatz von Pflicht und Neigung? Zeitschrift für philosophische Forschung, Bd. 60 (2006), S. 1–20

Ethische Theorien, die auf die Konsequenzen einer Handlung abstellen, nennt man konsequenzialistische Theorien. Einen Überblick bietet:

Sinnott-Armstrong, Walter, »Consequentialism«, The Stanford Encyclopedia of Philosophy (Spring 2014 Edition), Edward N. Zalta (ed.) (http://plato.stanford.edu/archives/spr2014/entries/consequentialism/)

Der Hauptvertreter ist die Nützlichkeitsethik, der Utilitarismus, der auf Jeremy Bentham zurückgeht. Bentham definierte folgendermaßen: »Unter dem Prinzip der Nützlichkeit ist jenes Prinzip zu verstehen, das schlechthin jede Handlung in dem Maß billigt oder missbilligt, wie ihr die Tendenz innezuwohnen scheint, das Glück der Gruppe, deren Interesse in Frage steht, zu vermehren oder zu vermindern.«

Jeremy Bentham, An Introduction to the Principles of Morals and Legislation, Oxford University Press 1996 (http://oll.libertyfund.org/titles/278)

Eine deutsche Übersetzung findet sich in dem von Otfried Höffe herausgegebenen Band »Einführung in die utilitaristische Ethik«, Francke Verlag / UTB, Stuttgart, 3. Auflage 2003.

Ebenfalls empfehlenswert ist das Kapitel »Der Utilitarismus« in dem Buch »Einführung in die Ethik« von Herlinde Pauer-Studer WUV / UTB 2003.

»Meine Freundin kauft aus Überzeugung ausschließlich Transfair-Kaffee. Als wir nach dem letzten Einkauf im Supermarkt schwer beladen waren und nicht zu dem Geschäft mit Transfair-Kaffee laufen wollten, überredete ich sie, dass wir diesmal normalen Kaffee kaufen. Muss sie jetzt ein schlechtes Gewissen haben, weil sie gegen ihre Prinzipien verstoßen hat?« Marco G., Tübingen

Vielleicht klingt das jetzt für manche überraschend, aber ich bin kein großer Freund davon, dass Menschen sich Prinzipien für ihr Leben aufstellen, um dann prinzipiell, im Sinne von immer und ausnahmslos, so zu handeln. Das Problem ist die Ausschließlichkeit, die sich daraus ergibt. Aussagen mit »immer« und »nie« sind der Mannigfaltigkeit des Lebens abhold.

Deshalb muss Ihre Freundin auch kein schlechtes Gewissen haben, weil sie gegen ihre Prinzipien verstoßen hat. Natürlich ist es gut, fair gehandelten Kaffee zu kaufen, weil dadurch das sonst nicht sehr gute Leben der Kaffeebauern verbessert und etwas für Nachhaltigkeit getan wird. Insofern könnte man vertreten, jeder sollte ein schlechtes Gewissen haben, wenn er oder sie konventionellen Kaffee kauft. Wie auch bei vielen anderen Produkten. Aber eben nicht, weil er oder sie gegen seine oder ihre Prinzipien verstößt, sondern wegen der Kaufentscheidung, die man unabhängig von etwaigen Prinzipien des Käufers bewertet.

Es ist besser, einmal mehr das Richtige zu tun, als einmal weniger. Aber wenn man denjenigen, die sich bemühen, richtig zu handeln, und das auch meist tun, deswegen ein schlechtes Gewissen macht, weil sie es einmal nicht tun, erwiese man der ganzen Sache einen schlechten Dienst. Man sollte das allgemeine richtige Handeln in den Vordergrund stellen und nicht die Ausnahme. Es wäre doch auch ein eigenartiges, eher ungerechtes Ergebnis, wenn derjenige, der sonst immer alles richtig macht, ein schlechteres Gewissen haben müsste, wenn er oder sie es einmal nicht tut, als derjenige, der nie richtig handelt.

Apropos: Warum fragen Sie eigentlich nach dem Gewissen Ihrer Freundin und nicht nach Ihrem eigenen, der Sie Ihre Freundin zu einem Verhalten überredet haben, von dem Sie annehmen, es könnte Anlass für ein schlechtes Gewissen bei ihr sein?

Literatur:

P. Aubenque, G. Wieland, H. Holzhey, P. Schaber, Prinzip, in: Joachim Ritter und Karlfried Gründer (Hrsg.), Historisches Wörterbuch der Philosophie, Band 7, Schwabe & Co, Basel 1989, Spalte 1336–1373

Friedrich Kambartel, Prinzip, in: Jürgen Mittelstraß (Hrsg.), Enzyklopädie Philosophie und Wissenschaftstheorie, Verlag J. B. Metzler, Stuttgart 1995/2004, Band 3, S. 341 f.

Odo Marquard, Abschied vom Prinzipiellen, Reclam Verlag, Stuttgart 1986

»Wenn ich im Supermarkt zahle und nur ein paar Cent rauskriege, frage ich mich jedes Mal, ob ich mir das Wechselgeld wirklich auszahlen lassen soll: Einerseits erscheint mir das kleinlich, andererseits habe ich irgendwie das Gefühl, die Kassiererin zu erniedrigen, wenn ich ihr zwei Cent Trinkgeld überlasse. Wie ist es richtig?«

Andrea H., Frankfurt

Bei mir gegenüber gibt es eine sehr nette Bäckerei. Von Zeit zu Zeit passiert es dort, dass ich kein Kleingeld habe und sich in der Kasse zu wenig befindet, um passend herauszugeben. Je nachdem, ob das, was ich zahlen muss, knapp über oder unter einem runden Betrag liegt, sagt entweder die Verkäuferin, das sei so in Ordnung, oder ich verzichte dankend auf die Herausgabe der nichtvorhandenen Münzen. Auf die Idee, ich würde dabei wegen meines naturgemäß stets freundlichen Kundenverhaltens zehn oder zwanzig Cent Trinkgeld erhalten, bin ich dabei ebenso wenig gekommen wie vermutlich ihrerseits die Dame. Die Vorgehensweise erleichtert ganz einfach beiden Seiten das Leben und gleicht sich unterm Strich auch sicherlich aus.

Gelegentlich stehe ich woanders in einer Schlange und muss miterleben, wie vor mir wegen geringer Beträge im Geldbeutel gekramt und der Betrieb endlos aufgehalten wird. Dann bin ich knapp davor, von hinten vorzurufen, dass ich gern die Differenz bezahle und ich mir wünsche, in Finnland zu leben, wo man traditionell keine 1- und

2-Cent-Münzen benutzt und alle Beträge entsprechend rundet; oder dass man sich überall das Kassen-Leben so erleichtert wie in meiner Bäckerei, beiderseitig. Andererseits sind Kassiererinnen zu penibler Genauigkeit verpflichtet, weshalb sie einem Kunden nur dann ein paar Cent »erlassen« können, wenn sie auf der Kasse ein paar Cent liegen haben, die sie zum exakten Ausgleich in die Lade geben können. Weil diese Münzen von Kunden wie Ihnen stammen, ist Ihr Vorgehen – falls es die Marktleitung erlaubt – für alle ein Gewinn.

In Wirklichkeit geben Sie das Kleingeld also gar nicht der Kassiererin – schon gar nicht als Trinkgeld –, sondern der Notgemeinschaft der Kassenschlangengeschädigten. Um dort die verdiente Ehrenmitgliedschaft zu erhalten, sollten Sie nur noch auf die richtige Kommunikation achten: »Der Rest ist für Sie« wäre bei wenigen Cent tatsächlich eine Beleidigung, aber ein »Stimmt so« oder noch besser ein einfaches »Danke« sollten in diesem Sinne richtig verstanden werden.

Wenn Sie dieses Thema interessiert, können Sie hier weiterlesen:

Das Trinkgeld, von Rudolf von Jhering, Verlag George Westermann Braunschweig 1882, online abrufbar unter http://de.wikisource.org/wiki/Das_Trinkgeld

Eine historische Betrachtung findet sich bei: Winfried Speitkamp, Der Rest ist für Sie! Kleine Geschichte des Trinkgeldes, Philipp Reclam Verlag, Stuttgart 2008

Ansonsten finden sich zum Teil Tabellen mit Angaben zu den verschiedensten Situationen in vielen Benimmratgebern.

Paragraphen & Co.

Über Schneeräumverträge ohne Schnee, Wirksamkeit von Seeleverkäufen, Beanstandung einer Fehlbuchung zu eigenen Gunsten, Zugeben von Geschwindigkeitsübertretungen, Autoabmeldeprämien trotz Auto, Wettschulden bei knapp verlorenen Wetten, verjährte Nebenkostenabrechnungen, Sympathie für Bankräuber sowie zu viel gestempelte Streifenkarten, kurz:

Über Recht und Gesetz

»Vergangenen November habe ich einen Schneeräumver-
trag bei einem Hausmeisterservice abgeschlossen. Zähne-
knirschend bezahle ich nun jeden Monat. Verstößt das
nicht – bei dem diesjährigen schneelosen Winter – gegen
die guten Sitten? Wäre es von dem Hausmeisterdienst
nicht angemessen, wenigstens – als Goodwill – Gehsteig-
und Hofreinigung auszuführen?« Hartmut L., Lingen

Ein einschneidendes Ereignis beim Niedergang des Hauses
Buddenbrook in Thomas Manns gleichnamigem Roman
ist der Kauf der »Pöppenrader Ernte auf dem Halm«. Sena-
tor Buddenbrook erwirbt, ganz gegen die konservative
Grundhaltung seines Hauses, von dem in Finanznot be-
findlichen Ralf von Maiboom dessen Ernte auf Gut Pöp-
penrade mit großem Nachlass, noch bevor sie eingebracht
wurde. Und damit ohne zu wissen, wie gut sie wird, und
mehr noch, ob sie nicht Unwettern zum Opfer fällt. Genau dies passiert jedoch, von Thomas Mann meisterhaft
inszeniert während eines großen Festes im Hause Buddenbrook: schwüle Hitze, ein wenig Regen und »fünf-, sechs-
oder siebenmal etwas Hartes«, das auf das Oberlicht prallt:
»ein paar Hagelkörner ohne Zweifel.«
Im Grunde haben Sie Ihre Schneeernte noch in den Wol-
ken verkauft. Sie haben offenbar mit dem Hausmeisterservice einen monatlichen Pauschalpreis vereinbart, ohne zu
wissen, ob es ein schneereicher Winter wird oder – wie
eingetreten – einer der schneeärmsten. Ein fairer Preis für

das Räumen deckt den Einsatz in einem durchschnittlichen Winter ab. In härteren Wintern bekommt der Hausmeisterservice zu wenig, in wärmeren zahlen Sie zu viel. Über die Jahre gleicht sich das aus, und das ist das Prinzip jeglicher Pauschale. Aber für ein Jahr ist es eine ähnliche Wette in die Zukunft wie der Kauf auf dem Halm bei den Buddenbrooks. Sie hätten das vermeiden können, indem Sie eine Bezahlung nach Einsatztagen oder nach Stunden vereinbaren, aber das haben Sie offenbar nicht. Und ganz ehrlich: Wären Sie bereit gewesen, in einem besonders schneereichen Winter von sich aus – als Goodwill – nachträglich einen deutlich höheren Preis zu zahlen? Falls ja, wäre auch ein umgekehrter Goodwill fair. Nur hätten Sie dann streng genommen die Pauschale nur unter Vorbehalt vereinbart.

Literatur:

Thomas Mann, Die Buddenbrooks. Verfall einer Familie, S. Fischer Verlag, Frankfurt am Main, in verschiedenen Ausgaben, ursprünglich in zwei Bänden, Berlin 1901

»Ich möchte mich mit einer keineswegs alltäglichen
Frage an Sie wenden. Kürzlich entdeckte ich in meinen
Unterlagen sechs Quittungen über die Seelen von frühe-
ren Zechkumpanen. Bis auf eine Ausnahme – eine Hotel-
erbin, deren Seele ich beim Knobeln gewonnen hatte –
handelte es sich um Tunichtgute, die ihre Seele bereitwil-
lig für ein Bier verkauft haben. Ich selbst bin zwar ohne
Bekenntnis, würde die Seelen aber doch sicherheitshalber
für das Jüngste Gericht in der Rückhand behalten. Erach-
ten Sie das Geschäft für gültig?«   *Klaus P., Berlin*

Damit kenne ich mich aus. Zum letzten Mal habe ich
meine Seele verkauft, als ich vor Jahren dem Chefredak-
teur des »Süddeutsche Zeitung«-Magazins zusagte, von
nun an auf unbestimmte Zeit Woche für Woche die Ge-
wissens- und damit auch Seelennöte seiner Leser auf mich
zu laden und – auf für derartige Vorhaben knapp bemesse-
nem Platz – zu lösen; von diversen weiteren hie und da
erfolgten Seelenteilverkäufen ganz zu schweigen.

Damit befinde ich mich in bester Gesellschaft: Auch
der Held unseres Nationaldramas *Faust* veräußerte be-
kanntlich seine Seele dem Teufel, und ein Blick auf die
entsprechenden Zeilen hilft weiter. Der juristisch wie na-
turwissenschaftlich bewanderte Geheimrat Goethe hatte
offenbar dieselben Zweifel wie Sie: Er ließ seine Protagonisten die Unsicherheiten eines derartigen Vertrages um-
schiffen. Faust – unter anderem schließlich auch Medizi-

ner und Jurist – schlug den Handel als Spiel vor: »Die Wette biet ich! – Topp! – Und Schlag auf Schlag!« Der kluge Mephistopheles formulierte statt eines Kaufs jedoch lieber wechselseitige Dienstpflichten: »Ich will mich hier zu deinem Dienst verbinden, / auf deinen Wink nicht rasten und nicht ruhn; / Wenn wir uns drüben wieder finden, / so sollst du mir das Gleiche tun.«

Das Verhalten dieser Vordenker lässt mich zögern. Tatsächlich sind Existenz und Wesen der Seele in der Philosophiegeschichte so umstritten, dass auch ich lieber pragmatisch vorgehen möchte: Falls es keine Seele gibt, erübrigt sich die Frage. Und diejenigen, die an die Seele glauben, rücken sie so wenig in die Nähe von Sachen oder Rechten, dass man sie schwerlich dem Kaufrecht unterwerfen kann – obwohl Gewährleistungsfragen nicht uninteressant wären. Summa summarum: Auf die Gültigkeit Ihrer Verträge würde ich meine Seele nicht verwetten.

Literatur:

Johann Wolfgang von Goethe, Faust. Eine Tragödie, Tübingen 1808. Originalausgabe als Faksimile und Text im Deutschen Textarchiv: http://www.deutschestextarchiv.de/book/show/goethe_faust01_1808

Ein einfacher Textzugriff ist über Projekt Gutenberg möglich: http://gutenberg.spiegel.de/buch/3664/1

*»Nach einer Fehlbuchung über 65 Euro zu meinen Un-
gunsten schrieb meine Bank auf meine Reklamation hin
den Betrag wieder gut – aber gleich zweimal. Nun stand
ich vor der Entscheidung, abermals zu reklamieren oder
den zu viel geleisteten Betrag einfach einzustreichen. Ich
habe reklamiert, nur warum? War es mein Über-Ich?
Oder die Überlegung, dass sich ehrliches Verhalten letztlich für mich und die Gemeinschaft auszahlt?«*

Carsten F., Mainz

»Wo ist das Problem?«, möchte man entgegnen. Natürlich
müssen Sie ein zweites Mal reklamieren. Allerdings fragen Sie auch nach dem Warum, und das ist das eigentlich
Interessante an Ihrem Fall. Nur würde ich dabei nicht auf
das Freud'sche Über-Ich rekurrieren oder darauf, dass es
sich letztlich für Sie und die Gemeinschaft auszahlt – das
hieße, auf den größten Nutzen für alle abzustellen und
damit das Prinzip des Utilitarismus. Sondern auf die Symmetrie der beiden Konstellationen: der Irrtum zu Ihren
Lasten und der zu Ihren Gunsten.

Da sich die beiden spiegelbildlich zueinander verhalten,
sind sie ein Paradebeispiel der von mir so geschätzten Philipps'schen Spiegelung. Sie geht zurück auf den Münchner
Rechtsphilosophen Lothar Philipps, der meint, es helfe bei
Bewertungen oft, sich einen spiegelverkehrten Fall vorzustellen und zu überlegen, ob es Unterschiede in der Bewertung gebe, und wenn ja, welche. Diesen spiegelverkehrten

Fall muss man bei Ihnen nicht erfinden, es gibt ihn schon: Die beiden Fehlbuchungen gleichen sich bis auf die Rollen von Begünstigtem und Belastetem.

Allerdings weist Lothar Philipps auch darauf hin, dass die Spiegelung keine Regel des richtigen Verhaltens ist, sondern nur eine Methode, die Bewertung zu reflektieren. Man betrachtet also die beiden spiegelbildlichen Fälle zusammen und überlegt hier, wie man es begründen könnte, einmal zu reklamieren und einmal nicht. Rein logisch sehe ich dafür nur zwei Möglichkeiten: Entweder mit der Maxime »Ich handle stets zu meinem Vorteil«, der ich allerdings im Schönheitswettbewerb für moralisch richtige Grundsätze nur Außenseiterchancen einräumen würde. Oder Sie müssen in den beiden Fällen entgegengesetzt denken und argumentieren. Gäbe es nur die Fehlbuchung zu Ihren Gunsten, könnten Sie sagen, Sie kontrollierten Ihre Auszüge nicht so genau, Buchungen würden schon Ihre Richtigkeit haben oder es sei Aufgabe der Bank, für die Richtigkeit zu sorgen. Durch Ihre Reklamation bei der vorherigen spiegelbildlichen Fehlbuchung haben Sie aber gezeigt, dass Sie damals anders dachten. Ich glaube, es ist dieser Widerspruch, der Sie letztendlich dazu gebracht hat, auch den Irrtum zu Ihren Gunsten zu beanstanden. Alles andere wäre mit einer intakten Persönlichkeit kaum zu vereinbaren; Sie bekämen gewissermaßen logische Gewissensbisse.

Literatur:

Lothar Philipps hat Spiegelungen, ohne ihnen eine spezielle Arbeit zu widmen, in verschiedenen Aufsätzen behandelt. Beispielsweise in:

Eine juristische Datenbank für Probleme und Argumente. In: Arthur Kaufmann, Ernst-Joachim Mestmäcker, Hans F. Zacher (Hrsg.), Rechtsstaat und Menschenwürde. Festschrift für Werner Maihofer zum 70. Geburtstag, Verlag Vittorio Klostermann, Frankfurt am Main 1988, S. 355–369

Strafrechtsprobleme in der Ästhetik des Kriminalromans. In: Heike Jung (Hrsg.), Das Recht und die schönen Künste, Heinz Müller-Dietz zum 65. Geburtstag, Nomos Verlagsgesellschaft Baden-Baden 1998, S. 189–203, dort mit weiteren Nachweisen zur Theorie der Symmetrie bei Fn. 3 und 4

Täter und Teilnahme, Versuch und Irrtum. Ein Modell für die rechtswissenschaftliche Analyse. In: Rechtstheorie, Bd. 5 (1974), S. 129–146

Ein Verzeichnis seiner Schriften findet sich als Anhang des von Bernd Schünemann, Marie-Theres Tinnefeld und Roland Wittmann herausgegebenen Bandes »Gerechtigkeitswissenschaft – Kolloquium aus Anlass des 70. Geburtstags von Lothar Philipps«, Berliner Wissenschafts-Verlag 2005

2012 erschien ein Sammelband mit Rechtslogischen Aufsätzen von Lothar Philipps: Endliche Rechtsbegriffe mit unendlichen Grenzen, Anthologia, Edition Weblaw, Bern 2012

Eine ausführlichere Darstellung der Philipps'schen Spiegelung findet sich im Kapitel »Was du nicht willst ... Die Goldene Regel und ihre Schwächen« in meinem Buch »Nachdenken über Moral. Gewissensfragen auf den Grund gegangen«, S. Fischer Verlag, Frankfurt am Main 2012, auf S. 144 ff.

Lothar Philipps hat darauf reagiert in einer Besprechung: »Regeln der Moral – Gedanken zu einem Buch von Rainer Erlinger«, Pravnik (Nachfolger der Slovenian Law Review), 132 (2015) 7–8, S. 559–564, in der er vorschlägt, die nach ihm benannte Spiegelung besser nach Robert Musil zu benennen, der in der Prosasammlung »Nachlass zu Lebzeiten« Überlegungen zu spiegelbildlich angeordneten Situationen in Romanen und im Leben angestellt hat.

»Vor kurzem wurde ich im Auto meiner Tochter mit überhöhter Geschwindigkeit geblitzt. Ich bekam eine Vorladung zur Polizei. Beim ADAC sagte man mir, ich müsse dort ›nichts zugeben‹. Der Polizist sagte ebenfalls sofort, ich müsse ›nichts zugeben‹. Dann zeigte er mir das Foto. Es war ein schlechtes Foto, es hätte auch eine meiner Töchter gewesen sein können. Aber da hat mein schlechtes Gewissen zugeschlagen, und ich habe gestanden. Bin ich blöd?« Sandra L., Frankfurt

»Nemo tenetur se ipsum accusare – Niemand ist verpflichtet, sich selbst anzuklagen«. Diesen Grundsatz, dem sogar Verfassungsrang zugeschrieben wird, würde man aufweichen oder sogar aushebeln, wollte man statt der nicht vorhandenen rechtlichen eine moralische Pflicht formulieren, eigene Untaten zuzugeben. Zumal in diesem Fall durch Ihr Schweigen auch niemand anderer, insbesondere keine Ihrer Töchter belastet würde; da auch sie nicht zu identifizieren sind, würde das Verfahren schlicht eingestellt. Sie hätten also nichts gestehen müssen.

Allerdings beantwortet das Ihre Frage höchstens zum Teil, denn Sie fragen ja nicht, ob Sie hätten gestehen müssen, sondern ob Sie blöd waren, weil Sie gestanden haben. Das ist etwas anderes, und diese Frage beantworte ich mit einem klaren: Nein, Sie waren nicht blöd.

In Fjodor Dostojewskijs Roman *Schuld und Sühne* ermordet der mittellose Student Raskolnikow eine alte Wucherin und ihre Schwester, getragen von dem Plan, dadurch sein Studium finanzieren und so zu einer besseren Welt beitragen zu können. In der Neuübersetzung von Swetlana Geier trägt der Roman nun den Titel *Verbrechen und Strafe*, was nicht nur dem russischen Originaltitel *Prestuplenie i nakazanie* näher kommt, sondern auch dem Inhalt. Denn Raskolnikow gelangt im Laufe des Romans zu der Erkenntnis, dass er, nachdem ihm dank etlicher Zufälle die Tat nicht nachgewiesen werden kann und er straffrei bleiben könnte, nur über ein Geständnis und das Auf-sich-Nehmen der Strafe zur Rettung gelangt.

Nun haben Sie nicht mit der Axt zwei Frauen erschlagen, insofern sind die Parallelen dünn, aber eines zeigt der Roman doch auch für Ihren Fall: Die meisten Verbrecher dürften wesentlich glücklicher sein, wenn sie davonkommen, nicht aber Raskolnikow. Wie man nach einem Doppelmord fühlt und denkt, kann ich mir nur sehr begrenzt vorstellen, aber ich kann nachvollziehen, dass man bei einem Bußgeldverfahren nicht wegen ein paar Euro Katz und Maus spielen will. Viele werden das anders sehen, weil sie Befriedigung daraus ziehen, clever ein Schlupfloch zu finden. Doch es ist auch vollkommen gleich, ob jemand Ihr Geständnis nachvollziehen kann. Es kommt einzig und allein darauf an, was Sie besser finden. Nur dass man etwas nicht tun muss, bedeutet nicht, dass man es nicht tun darf, ohne blöd zu sein. Im Gegenteil.

Literatur:

Fjodor Michailowitsch Dostojewskij, Verbrechen und Strafe, übersetzt von Swetlana Geier, S. Fischer Verlag, Frankfurt am Main 1996

»Wir haben in Brüssel unser Auto verkauft und abgemel-
det und in Deutschland, unserem Zweitwohnsitz, ein
neues zugelassen. Danach haben wir erfahren, dass es in
Brüssel eine Umweltprämie gibt, wenn man sein Auto
dort abmeldet: eine Jahreskarte für Bus und Trambahn.
Wir könnten diese bekommen, meine Freundin fände es
aber moralisch nicht korrekt, weil wir ja weiterhin ein
Auto haben. Was sagen Sie?«   Frank H., Brüssel

Regelungen, Gesetze, Verordnungen und dergleichen haben ein Problem, das ich mit »Randunschärfe« bezeichne.
Sie regeln eine Vielzahl von Fällen und sollen alle gleich-
behandeln, also müssen sie allgemein formuliert sein. Dadurch werden einige Situationen, die im Grenzbereich liegen, nur unzureichend geregelt, manche fälschlicherweise
eingeschlossen, andere fälschlicherweise ausgeschlossen.
Das liegt in der Natur einer allgemeinen Regelung. Die
Idee, man könne ein Gesetz so exakt formulieren, dass jeglicher Einzelfall in absoluter Gerechtigkeit – so es die
überhaupt gibt – erfasst und gestaltet wird, verkennt die
Möglichkeiten und die Realität.

Was folgt daraus? Zum einen, dass man Randunschärfen
akzeptieren muss, solange niemand unvertretbar belastet
wird. Dafür braucht es Härtefallregelungen. Dass einzelne
Fälle unzweckmäßig geregelt werden, spricht nicht gegen
eine Vorschrift. Falls es zu viele sind, muss man nachbes-
sern, ganz verhindern wird man es nie können. Wer etwa

anstrebt, jeglichen Missbrauch von Sozialleistungen zu unterbinden, wird unmenschlich, und wer versucht, Umweltprämien so zu gestalten, dass keinerlei Mitnahmeeffekte möglich sind, muss sie fast unerreichbar machen.

Umgekehrt bedeutet das nicht – und damit sind wir bei Ihnen –, dass jeder, der den Buchstaben nach von einer Regelung profitieren kann, dies auch guten Gewissens tun darf. Es entbindet den Nutznießer nicht davon, selbst zu prüfen, ob er nicht nur juristisch, sondern auch moralisch berechtigt ist.

Bei Ihnen liegt nicht einmal mehr nur ein Mitnahmeeffekt vor, wenn Sie in Zukunft weiterhin mit dem Auto durch Brüssel fahren – nur mit deutschem Kennzeichen –, sich dafür aber auch noch mit einem Jahresticket belohnen lassen wollen. Tatsächlich würde das dem Sinn der Aktion komplett zuwiderlaufen. Moralisch nicht korrekt, sagt Ihre Freundin?

Das trifft es ziemlich gut.

»Ein Kollege, der starker Raucher war, hörte eines Tages auf zu rauchen. Ich hatte mit ihm um 50 Euro gewettet, dass er keine sechs Monate durchhält – und verlor. Drei Wochen danach fing er jedoch wieder an. Nun sträubt sich bei mir alles gegen das Bezahlen: Er muss doch einsehen, dass er auf das Geld freiwillig verzichten müsste, da er wieder qualmt wie vorher!«   *Ruth N., Bonn*

»Wettschulden sind Ehrenschulden«, schießt es einem sofort durch den Kopf; also müssen sie beglichen werden, auch wenn keine rechtliche Verpflichtung besteht. Und in der Tat sehe ich bei einer Wette, so sie nicht scherzhaft geschlossen wurde, aus der Abmachung heraus eine grundsätzliche moralische Verpflichtung zu bezahlen. Hier allerdings kommt eine Besonderheit dazu: Der Gewinner der Wette hatte es in der Hand, wie sie ausgeht. Das lässt zögern, denn nach einem – ganz überzeugenden – Rechtsgrundsatz soll niemand davon profitieren, dass etwas eintritt, was er selbst treuwidrig herbeigeführt hat.

Aber was ist treuwidrig bei einer Wette? Hier kann der Fußball endlich einmal zu etwas nütze sein und als Beispiel dienen: Einem Torwart, der gegen seine Mannschaft wettet, würde ich seinen Gewinn nicht geben, wenn er grinsend am Pfosten lümmelt, während die Bälle ins Netz donnern. Dem Stürmer, der auf seine Mannschaft setzt und dann alles für den Sieg gibt, dagegen schon. Und die sechs Monate? Wenn ich wette, dass ich eine Minute die

Luft anhalten kann, geht es ja gerade darum, dass ich diese Zeitspanne lang nicht atme. Wer nach 61 Sekunden japsend Atem holt, hat die Wette ohne Wenn und Aber gewonnen, und man kann ihm nicht vorwerfen, dass er sofort danach weiteratmet.

Bei Ihnen war die Grundidee allerdings, ob der Kollege es auf Dauer schafft, nicht zu rauchen – anders als beim Luftanhalten, wo das töricht wäre. Die sechs Monate sind mehr eine pragmatische Vereinbarung, weil man sonst warten müsste, bis der Neunichtraucher stirbt. Insofern hat es schon ein bisschen Hautgout, wenn er direkt nach Ablauf wieder pafft. Aber da bin ich dann auch pragmatisch: Topp, die Wette gilt. So wurde es vereinbart, Sie hatten es in der Hand, Sie hätten auch auf ein Jahr wetten können. Also sollten Sie bezahlen.

Quellen:

Bürgerliches Gesetzbuch (BGB)

§ 762 Spiel, Wette
(1) Durch Spiel oder durch Wette wird eine Verbindlichkeit nicht begründet. Das auf Grund des Spieles oder der Wette Geleistete kann nicht deshalb zurückgefordert werden, weil eine Verbindlichkeit nicht bestanden hat.
(2) ...

§ 162 Verhinderung oder Herbeiführung des Bedingungseintritts
(1) Wird der Eintritt der Bedingung von der Partei, zu deren Nachteil er gereichen würde, wider Treu und Glauben verhindert, so gilt die Bedingung als eingetreten.
(2) Wird der Eintritt der Bedingung von der Partei, zu deren Vorteil er gereicht, wider Treu und Glauben herbeigeführt, so gilt der Eintritt als nicht erfolgt.

»Nach dem Auszug hat uns der Vermieter nun eine Nebenkostenabrechnung über die Jahre 2004, 2005 und 2006 mit Nachzahlungen in Höhe von insgesamt 600 Euro geschickt. Der Inhalt ist nicht zu beanstanden, allerdings muss nach Mietrecht die Jahresabrechnung spätestens ein Jahr danach zugestellt werden, sonst kann der Vermieter seine Ansprüche nicht mehr geltend machen. 300 Euro aus 2004 und 2005 sind also verfallen, ich habe sie nicht bezahlt. Der Vermieter war darüber sehr enttäuscht, dabei lag es doch an ihm, rechtzeitig abzurechnen. Was meinen Sie?«*   Siegfried K., München*

Es lässt sich Ihnen kaum ein Vorwurf machen. Wie Sie ganz richtig schreiben, ist der Vermieter viel zu spät dran mit seiner Abrechnung, um mietrechtlich noch etwas fordern zu können. Noch dazu wollte der Gesetzgeber mit der Einjahresfrist genau diesen Fall vermeiden: dass nach Jahren plötzlich eine hohe Nachforderung kommt. Der Vermieter soll dazu angehalten werden, die Abrechnungen zeitnah zu erstellen. Sie nutzen also nicht eine Regelungslücke aus, sondern verhalten sich so, wie der Gesetzgeber es vor Augen hatte. Das kann man schwerlich unethisch nennen.

Deshalb handeln Sie aber nicht unbedingt ethisch. Das mag jetzt im ersten Moment widersprüchlich klingen, aber in der Einleitung zu seiner *Metaphysik der Sitten* setzt sich Immanuel Kant mit der Frage auseinander, was

Recht und Moral unterscheidet. Er meint, es sei die Frage des Beweggrundes, der Triebfeder einer Handlung: Etwas nur zu tun, weil man gesetzlich dazu gezwungen wird, stelle eine äußere Pflicht dar, die zu befolgen noch nichts mit Moral zu tun habe. Erst wenn es die nicht gebe, komme die Ethik zum Tragen: »So gebietet die Ethik, daß ich eine in einem Vertrage gethane Anheischigmachung, wenn mich der andere Teil gleich nicht dazu zwingen könnte, doch erfüllen müsse ...«

In Kants Terminologie haben Sie im Mietvertrag das Versprechen gegeben, die angefallenen Nebenkosten zu bezahlen; mit folgender Konsequenz: »Es ist keine Tugendpflicht, sein Versprechen zu halten, sondern eine Rechtspflicht, zu deren Leistung man gezwungen werden kann. Aber es ist doch eine tugendhafte Handlung (Beweis der Tugend), es auch da zu tun, wo kein Zwang besorgt werden darf.«

Wollen Sie also tugendhaft handeln oder lediglich nicht unmoralisch?

Literatur:

Immanuel Kant, Die Metaphysik der Sitten, Erster Teil. Metaphysische Anfangsgründe der Rechtslehre. Einleitung in die Metaphysik der Sitten. III. Von der Einteilung einer Metaphysik der Sitten, Akademie-Ausgabe, Band VI, S. 219 f.
Online abrufbar unter: http://www.korpora.org/Kant/aa06/219.html

»Das Bild ging um die Welt: Mit unglaublicher Detailver-
liebtheit haben Bankräuber sich vor ein paar Wochen in
Berlin einen Tunnel zum Tresorraum gegraben. Dabei
machten die Täter sich zweifelsohne einer schweren
Straftat schuldig, doch die Art und Weise ist schon sehr
beeindruckend. Meine Frage: Darf man als rechtschaffe-
ner Bürger Sympathie für solche Gangster hegen?«

Frank L., Karlsruhe

Ich frage mich, ob Ihre Sympathie genauso groß wäre,
wenn Sie selbst ein Schließfach in dieser Bank gehabt und
die Diebe Teile Ihres Familienschmucks durch den Tunnel abtransportiert hätten. Ansonsten aber befinden Sie
sich in illustrer Gesellschaft: in der von Friedrich Schiller
und Immanuel Kant. Auch wenn die beiden in diesem Zusammenhang von »Bewunderung« sprachen, was es vermutlich besser trifft. Oder haben Sie das große Verlangen,
die findigen Diebe vor lauter Sympathie zu Ihnen nach
Hause einzuladen?

Kant meinte: »Selbst ein Mensch von bösem Charakter …, wenn er gleich durch die Gewalttätigkeit seiner
festen Maximen Abscheu erregt, ist doch zugleich ein Gegenstand der Bewunderung«, und führte das auf die See-
lenstärke zurück, die sich darin zeige. Allerdings müsse
die zusammen mit Seelengüte auftreten, um das Ideal der
Seelengröße zu formen.

Schiller brachte es in seiner Schrift *Über das Patheti-*

sche auf den Punkt: »Offenbar kündigen Laster, welche von Willensstärke zeugen, eine größere Anlage zur wahrhaften moralischen Freiheit an, als Tugenden, die eine Stütze von der Neigung entlehnen.« Es geht also um die Freiheit, die ja auch in Kants Ethik ganz zentral ist als Voraussetzung für moralisches Handeln. Deshalb, so Schiller, würden wir auch »den halbguten Charakter mit Widerwillen von uns stoßen und dem ganz schlimmen oft mit schauernder Bewunderung folgen«, »weil es dem konsequenten Bösewicht nur einen einzigen Sieg über sich selbst, eine einzige Umkehrung der Maximen kostet, um die ganze Konsequenz und Willensfertigkeit, die er an das Böse verschwendete, dem Guten zuzuwenden.«

Der Marburger Philosoph Reinhard Brandt weist allerdings in seinem Kommentar zu dieser Stelle bei Kant darauf hin, dass diese Sichtweise nur durch die Isolierung des Willens vom Rest der Person möglich sei. In der antiken Ethik hingegen sei der konsequente Bösewicht nicht bewunderns-, sondern verabscheuenswert gewesen, weshalb auch die Bewunderung für ihn nur auf mangelnder Erkenntnis des Guten beruhen könne. Dem würde ich mich tendentiell auch anschließen, weil ich die Person gern als Einheit betrachte. Sympathie oder Bewunderung für einen Bankräuber scheint mir daher problematisch und allenfalls für die dafür vollbrachte technische Leistung verständlich.

Quellen:

Immanuel Kant, Anthropologie in pragmatischer Hinsicht, Akademie-Ausgabe, Band VII, S. 293
Online abrufbar unter:
http://www.korpora.org/Kant/aa07/293.html

Reinhard Brandt, Kritischer Kommentar zu Kants »Anthropologie in pragmatischer Hinsicht«, Meiner Verlag, Hamburg 1999 (Kant-Forschungen Band 10), Anmerkung zu S. 293, Z. 16–19

Friedrich Schiller, Über das Pathetische, vorletzter Absatz, in verschiedenen Ausgaben, unter anderem online bei Projekt Gutenberg:
http://gutenberg.spiegel.de/buch/3311/1

Über die Freiheit als zentralen Punkt von Kants Ethik sehr lesenswert: Theodor W. Adorno, Probleme der Moralphilosophie, Suhrkamp Verlag, Frankfurt am Main 2010

»Wenn man auf den Streifenfahrkarten für den öffentli-
chen Nahverkehr bei Fahrtantritt versehentlich nicht den
nächsten, sondern gleich den übernächsten freien Streifen
abstempelt, hat man gewissermaßen eine Fahrt zu viel be-
zahlt. Ist es dann moralisch gerechtfertigt, auf der nächs-
ten Fahrt keinen Streifen abzustempeln?«

Angela S., Dachau

Ich sehe jetzt schon manche diese Seite aus dem Magazin
reißen und zusammengefaltet bei sich tragen, um sie im
Falle des Falles einem Kontrolleur vorzulegen. Denn ich
komme nicht umhin, Ihnen zuzustimmen: Im Grunde haben Sie natürlich recht. Der Verkehrsbetrieb hat, wenn Sie
einmal fahren, Anspruch auf die Bezahlung für eine Beför-
derung, und wenn Sie aus Versehen eine Fahrt zu viel abgestempelt haben, haben Sie einmal Fahren gut. So gesehen wäre es moralisch gerechtfertigt, auf der nächsten
Fahrt keinen Streifen abzustempeln.

Allerdings müssten Sie die Seite an dieser Stelle umfal-
ten oder den nun folgenden Teil abtrennen, bevor Sie sie
dem Kontrolleur zeigen, denn damit hat es nicht sein Bewenden. Neben dem Grundsatz »Einmal zahlen pro einmal
fahren«, hinter dem das berechtigte Interesse des Verkehrs-
betriebs an einer Bezahlung von erbrachten Leistungen
steht, gibt es auch ein Interesse an einem nachvollziehba-
ren und praktikablen System, diese Ansprüche des Ver-
kehrsbetriebes umzusetzen, zu kontrollieren und am Ende
auch durchzusetzen.

Dieses Interesse ist ein dienendes, das heißt, es hat seine Daseinsberechtigung nur, um das Interesse an der Bezahlung zu ermöglichen, man sollte es deshalb aber nicht geringschätzen. Prozessuale Vorschriften zum Beispiel verfolgen keinen Selbstzweck, sind aber wichtig, ohne sie wäre kein faires Verfahren garantiert. Und ohne nachvollziehbare Kartenentwertung kann es keine sinnvolle Kontrolle der Fahrkarten geben.

Für Sie bedeutet das, dass Ihre moralische Rechtfertigung eingeschränkt wird durch die moralische Rechtfertigung der Verkehrsbetriebe, jemanden, der nicht richtig abgestempelt hat, als Schwarzfahrer zu bestrafen. Sie wären also moralisch nur teilweise gerechtfertigt und müssten ein Bußgeld akzeptieren – vielleicht nicht völlig klaglos, aber doch höchstens mit leisem Klagen.

Die vierbeinigen Freunde

*Über Hunde als Überraschungsgeschenk, Hah-
nenkämpfe zwischen Vater und Söhnen, Brat-
wurstverkauf zugunsten des Tierheims, Hundehalter, die beim Gassigehen telefonieren,
aussterbende Arten, die Platz machen für neue,
inkonsequente Veganer, inkonsequente Vegetarier sowie unfreiwillig konsequent vegane Hunde,
kurz:*

Über Tiere

»Ich möchte meinem Opa einen Hund zu Weihnachten schenken. Er will aber gar keinen haben, obwohl es ihm sehr guttun würde, jeden Tag mit ihm spazieren zu gehen. Darf ich ihm vorflunkern, der Hund sei uns zugelaufen, damit er ihn erst einmal aufnimmt? So könnten sich die beiden anfreunden, und dann würde er ihn bestimmt haben wollen.« Paul M., 7 Jahre, Aachen

Kennst Du Dich etwas in den griechischen Sagen aus? Da gibt es das Rätsel der Sphinx: »Was geht am Morgen auf vier Füßen, am Mittag auf zwei Füßen und am Abend auf dreien?« Die Antwort ist: »Der Mensch.« Am Morgen seines Lebens, als kleines Kind, kann er nur krabbeln, also auf vier Füßen gehen. Dann, in der Mitte seines Lebens, kann er auf zwei Beinen gehen, so wie Du und Deine Eltern. Und wenn ein Mensch älter wird, so wie Dein Groß-vater, braucht er vielleicht einen Stock, also einen dritten Fuß.

Warum erzähle ich Dir diese Geschichte? Weil in den griechischen Sagen immer eine tiefere Wahrheit versteckt ist. Hier, dass ein alter Mensch bei manchen Sachen Hilfe braucht – auch Du willst Deinem Großvater mit dem Hund ja helfen –, und das ist ein bisschen wieder so wie bei einem Kind. Deshalb kannst Du Dir überlegen, wie Du es fändest, wenn Deine Eltern Dich anflunkern, weil Sie meinen, etwas tut Dir als Kind gut, obwohl Du es nicht willst. Wenn Du zum Beispiel Spinat eklig findest, und

Deine Mutter sagt, das Grüne in den Teigtaschen sei gar kein Spinat, damit Du ihn isst, weil sie meint, dann wird er Dir schon schmecken. Wahrscheinlich hättest Du das Gefühl, dass sie Dich nicht ernst nimmt. Und das ist immer das Problem beim Anlügen, auch wenn man es nur »Flunkern« nennt und gut meint.

Außerdem ist ein Hund kein toter Gegenstand, sondern ein Lebewesen. Was ist denn, wenn Dein Großvater den Hund doch nicht will? Soll der dann nach ein paar Wochen ins Tierheim? Das wäre nicht gut. Deshalb sollte man kein Tier zu Weihnachten schenken; schon gar nicht, wenn man nicht sicher weiß, ob es der, der es bekommt, wirklich will. Besser wäre, wenn Du Deinem Opa einen Gutschein dafür schenkst, dass ihr zusammen mit einem Hund aus dem Tierheim Gassi geht. Das ist ehrlich, ihr macht etwas zusammen, und dann könnt ihr sehen, ob Dein Opa nicht vielleicht doch einen Hund haben will.

Quellen:

Die Geschichte mit dem Rätsel der Sphinx findet man in der Sage von Oedipus. Klassischerweise zu lesen in: Gustav Schwab, Sagen des klassischen Altertums. In vielen unterschiedlichen Ausgaben erschienen.

Online abrufbar unter:
http://www.textlog.de/41053.html
oder
http://gutenberg.spiegel.de/buch/4962/67

»Seit Jahren halten wir Hühner und einen Hahn als Haus-
tiere. Nun hat ein Huhn neun Küken gebrütet, darunter
auch vier Hähne. Und die machen dem alten Gockel zu-
nehmend Konkurrenz. Lassen wir der Natur freien Lauf,
wird den alten Hahn eine quälende Niederlage und ein
schneller Tod ereilen. Die Alternative wäre, die vier Häh-
ne – die sich als Brüder gut verstehen – zum Schlachten
zu geben. Was ist moralisch vertretbarer?« Heiner B., Kiel

Sie bringen mein Weltbild ins Wanken. Bislang hatte ich
die Position des Hahns im Korb als eine doch eher erfreuli-
che aufgefasst. Nun lese ich, dass man sie leider mit einem frühen und quälenden Tod bezahlt.

Die Überzeugung, es könnte angenehm sein, Hahn im
Korb zu spielen, wird sicher auch von dem bekannten
Schlager »Ich wollt', ich wär ein Huhn« aus dem UFA-
Film *Glückskinder* genährt. Denn dort wird am Ende erklärt, dass es der Hahn noch besser habe als das bis auf
das tägliche Eierlegen ohnehin schon beneidenswert
pflichtenarme Huhn: »Ich wollt, ich wär ein Hahn, / dann
würde nichts getan. / Ich legte überhaupt kein Ei und wär
die ganze Woche frei«.

Vom Ärger mit der Brut ist dort ebenso wenig die Rede
wie von der Bedrohung, die von ihr ausgeht – speziell für
den vermeintlich so privilegierten Hahn. Aber Ihre Situation ist natürlich auch geeignet, ödipale Ängste im
Freud'schen Sinne nicht nur bei den Söhnen zu nähren,

sondern auch umgekehrte beim Vater: Jeder muss fürchten, vom oder zugunsten des anderen getötet zu werden. Und Sie als Hühnerhalter treten dem Federvieh gegenüber als das allmächtige Schicksal auf, dem weder Ödipus noch sein Vater Laios entkommen konnten, sosehr sie sich auch bemühten: Laios wollte nach einem entsprechenden Orakelspruch vorsichtshalber Ödipus aus dem Weg räumen, dennoch brachte der ihn später zwar unwissend, aber wie vorherbestimmt um.

Nun wollen Sie wissen, wem die Stunde schlagen soll. Darauf kann man allerdings nur antworten, dass auch Sie sich wie in einer griechischen Tragödie in einem klassischen Dilemma befinden, für das es keine echte Lösung gibt. Ein Haustier – in diesem Fall jeder der fünf Hähne – ist nicht in der Natur, sondern in der Obhut seines Halters, der damit Verantwortung für das Tier übernommen hat; und der Natur die Entscheidung zu überlassen ist auch eine Entscheidung. Sie können in beide Richtungen argumentieren: zugunsten Ihrer langjährigen Beziehung zum alten Hahn, auch im Hinblick auf seine Schwäche, aber genauso gut utilitaristisch abzählend zugunsten der jungen Hähne, auch im Hinblick auf den Lauf der Natur. Ich würde dazu tendieren, der Natur ihren Lauf zu lassen, aber das ist meine persönliche Einstellung – und ich bin kein Hühnerhalter.

Quellen:

Glückskinder, Deutscher Spielfilm, Uraufführung am 19. August 1936 in den USA, am 18. September 1936 in Deutschland. Regie: Paul Martin. Mit: Lilian Harvey, Willy Fritsch, Paul Kemp. Die Dialoge stammen von Curt Goetz. Aus dem Film stammt auch das Lied »Ich wollt ich wär ein Huhn«, Musik von Peter Keuder, Text von Hans Fritz Beckmann, das später vor allem in der Fassung der Comedian Harmonists bekannt-wurde.

»Um Spendengelder für unser Tierheim zu sammeln, überlegen wir, Biobratwürste zu grillen und zu verkaufen. Bei Festen aller Art erfreuen sich Bratwürste ja immer großer Beliebtheit, und der Erlös soll dazu beitragen, die hohen Kosten des Tierheims zu decken. Ist das ethisch in Ordnung?«   *Lars O., Gelsenkirchen*

»All animals are equal but some animals are more equal than others – Alle Tiere sind gleich, aber manche sind gleicher«, an diesen Satz musste ich bei Ihrer Frage denken. Er stammt aus George Orwells Roman *Animal Farm*, »Farm der Tiere«. Bei Orwell sind es die Schweine, die sich mit diesem Satz Herrschaft und Privilegien sichern. Hier ist es umgekehrt: Die Schweine, die in den Würsten stecken, wären vermutlich gern so gleich wie die Haustiere, deren Heim sie durch ihren absoluten Körpereinsatz finanzieren sollen.

Dabei gibt es eigentlich keinen Grund, warum man Schweine schlechter behandelt als andere Tiere, insbesondere Haustiere. Schweine sind sehr intelligente Tiere – intelligenter als viele Haustiere –, und ihr Körper ist dem des Menschen in vielem ähnlich. Das wissen nicht nur Wissenschaftler, das wusste auch schon Thomas Mann: »Die bewimperten Blauäuglein und die Haut des Schweines haben vom Menschlichen mehr als irgendein Schimpanse – wie ja denn auch der nackte Körper des Menschen sehr oft an das Schwein erinnert.«

Doch woher dann diese Ungleichbehandlung? Wieso wird für manche Tiere, meist typische Haustiere, ein Tierheim gebaut, während andere – nicht nur Schweine – zu Wurst verarbeitet werden? Vermutlich liegt es an einem Gedanken, den Immanuel Kant in seiner *Vorlesung über Ethik* äußerte, wenn etwa »ein Hund seinem Herrn sehr lange treu gedient hat, so ist das ein Analogon des Verdienstes, deswegen muss ich es belohnen und den Hund, wenn er nicht mehr dienen kann, bis an sein Ende erhalten. Denn dadurch befördere ich meine Pflicht gegen die Menschheit, wo ich solches zu tun schuldig bin.« Für Kant gab es Pflichten gegenüber Tieren nicht primär, sondern lediglich als Ausfluss oder Übung der Pflichten gegenüber Menschen. Das halte ich für falsch, meines Erachtens hat man auch gegenüber Tieren direkte Pflichten, in Kants Ethik aber ist es logisch.

Eine Ungleichbehandlung von Haustieren und Schlachttieren, dass man die einen verwurstet, um von dem Erlös die anderen zu päppeln, deutet darauf hin, dass man im Sinne Kants an den Haustieren vor allem ihre Beziehung zum Menschen schätzt und weniger das Tier als solches. Wer aber Tiere allgemein liebt, kann nur schwer für ein Tierheim Bratwürste verkaufen.

Nachweise:

Thomas Mann, Bekenntnisse des Hochstaplers Felix Krull, Fischer Taschenbuch Verlag, Frankfurt am Main 1965

Immanuel Kant, Eine Vorlesung über Ethik, Herausgegeben von Gerd Gerhardt, Fischer Taschenbuch Verlag, Frankfurt am Main 1990. IX. [Von den Pflichten gegen Nichtmenschliches] 1. Von den Pflichten gegen Tiere und Geister, S. 256 ff.

»Immer öfter sehe ich Hundehalter, die beim Gassigehen telefonieren. Manch ein Hund an der Leine wird dabei stumpf hinterhergezogen. Läuft der Hund frei, scheint es, als ob ihm die mangelnde Aufmerksamkeit missfällt. Sollte man als Hundebesitzer dem Tier beim Spaziergang die volle Aufmerksamkeit schenken, oder ist es vertretbar, dabei zu telefonieren?«　　　　　*Volker L., Trier*

Zu den schönsten Beschreibungen von Hunden in Beziehung zu ihren Haltern gehören die von Bauschan in Thomas Manns Erzählung *Herr und Hund* und von Snoopy in Charles M. Schulz' Cartoons *Die Peanuts*. Auf Ihre Frage bezogen erscheinen Bauschans Ansprüche zwiespältig: Wenn sich Thomas Mann niederlässt, dann ist Bauschan »für Freundlichkeiten von Herzen empfänglich«, er besteht auf direkter Zuwendung, darauf, gekrault zu werden oder auf Manns Füßen zu liegen. Während der Bewegung – von Hund und Herr – hingegen habe Bauschan, so Mann, daran weniger Sinn und Interesse.

Bei Snoopy ist es eindeutiger. Die Episode *He's Your Dog, Charlie Brown* etwa handelt davon, dass Snoopy einen Kurs in Benehmen und Gehorsam belegen muss, weil er zu eigenständig ist. Dementsprechend wehrt er sich mit Händen und Füßen, als er an die Leine soll, statt, wie er es vorzieht, vollkommen eigenständig zu agieren. Am liebsten als Pilot mit Haube, Brille und wehendem Schal auf dem Dach seiner Hütte, die ihm als Kampfflugzeug dient.

Beide literarischen Hundefiguren hätten also wohl wenig dagegen, wenn ihre Herrchen während des Spazierens telefonieren. Und obwohl ich keinerlei Zweifel an der Belegkraft der Literatur für tiefere Wahrheiten hege, habe ich mich vorsichtshalber bei der Tierärztlichen Arbeitsgemeinschaft Hundehaltung TAG-H e. V. erkundigt. Von dort hörte ich, dass der gemeinsame Spaziergang als solcher schon Zuwendung darstelle, und solange dabei die Kontrolle des Hundes nicht vernachlässigt werde, spreche nichts gegen ein Telefonat. Im Gegenteil, eine dauernde Beschäftigung mit dem Hund würde ihm sein natürliches Interesse für die Umwelt und andere Hunde nehmen und ihn abhängig machen, was dann eher negative Folgen habe: eine übermäßige Fixierung des Hundes auf den Menschen.

Quellen:

Thomas Mann, Herr und Hund, in: Herr und Hund / Gesang vom Kindchen, S. Fischer Verlag, Berlin 1919, heute erhältlich als Taschenbuch, S. Fischer Verlag, Frankfurt am Main 1955
Als Hörbuch gelesen von Will Quadflieg, als CD bei Deutsche Grammophon Literatur

Charles M. Schulz, He's Your Dog, Charlie Brown (Deutsch: Snoopy hat Sorgen), 28 Minuten, Erstausstrahlung am 14. Februar 1968 auf CBS, erhältlich als DVD von Warner Home Video oder zum Herunterladen bei iTunes

Tierärztliche Arbeitsgemeinschaft Hundehaltung TAG-H e. V.

Die TAG-H e. V. hat auch den Dog Owners Qualification Test DOQ 2.0 als Sachkundenachweis für Hundehaltung entwickelt.

Näheres dazu unter www.TAG-H.de

»Ökologisch oder nachhaltig zu handeln kann anstrengend sein. Deshalb frage ich mich, warum eine ethische Verpflichtung zum Erhalt von Ökosystemen oder einzelner Arten besteht. Im Laufe der Erdgeschichte starben immer wieder Arten aus, dafür entstanden neue Lebensformen, inklusive der Menschheit. Warum also gegenwärtiges Leben besonders schützen?« Petra M., München

Kennen Sie folgenden Witz? Treffen sich zwei Planeten. Sagt der eine Planet zum anderen: »Wie geht's?« Antwortet der andere: »Schlecht. Ich hab Homo sapiens.«

Genau das ist der Punkt: Zwar gehen manche Arten und Ökosysteme im natürlichen Verlauf zugrunde, derzeit ist es jedoch der Mensch, der sie mehr oder weniger aktiv auslöscht. In einem ähnlich verheerenden Ausmaß wie eine globale Umweltkatastrophe. Aber weil der Mensch ein moralisches Wesen ist und sich entscheiden kann, was er tut und was nicht, ist er für die Folgen seines Tuns auch moralisch verantwortlich – anders als Naturphänomene, etwa ein Komet. Von ihm zu verlangen, nicht auf der Erde einzuschlagen, weil das zu einem großen Artensterben führen könnte, wäre nicht nur praktisch, sondern auch moralphilosophisch schwierig.

Zudem beutet der Mensch die Ökosysteme um seines eigenen Vorteils willen aus. Sich dabei darauf zu berufen, dass Lebensformen ohnehin immer wieder aussterben, käme jemandem gleich, der seine Erbtante umbringt mit dem Argument, der Tod gehöre zum Leben und sie wäre ohnehin gestorben. Das Argument ist zwar zutreffend, rechtfertigt aber nicht, jemand anderen umzubringen, vor allem deshalb nicht, weil man ihn oder sie vorzeitig tötet.

Das leitet über zum nächsten Grund, dem intergenerationellen. Tierarten und Ökosysteme, die wir jetzt vernichten, enthalten wir künftigen Generationen vor. Es scheint mir schwierig, das unter Gerechtigkeitsaspekten zu begründen.

Und schließlich noch ein Argument, das nicht unbedingt ethisch ist, sondern eines der Klugheit, falls die Menschheit selbst überleben will. Der Witz vom Anfang ist nämlich noch nicht zu Ende erzählt. Auf die Klage des befragten Planeten, dass er Homo sapiens habe, antwortet der erste Planet tröstend: »Das geht vorbei.«

Literatur:

Den Witz von den zwei Planeten verdanke ich Hermes Phettberg, der ihn am 18. November 1995 in seiner »Phettbergs Nette Leit Show«, aufgezeichnet für den ORF, im Margarethe Schütte-Lihotzky-Saal des Globus Verlagshauses in Wien erzählte. Die Fortsetzung »Das geht vorbei« ergänzte sein damaliger Gesprächspartner Paul Chaim Eisenberg, Oberrabbiner der israelitischen Kultusgemeinde Wien. Nachzulesen in: Hermes Phettberg, Frucade oder Eierlikör – präsentiert von Kurt Palm, Knaur Verlag, München 1996, S. 268

Übersicht über die Umweltethik bieten:

Angelika Krebs, Ökologische Ethik I. Grundlagen und Grundbegriffe, in: Julian Nida-Rümelin (Hrsg.), Angewandte Ethik, Alfred Kröner Verlag, Stuttgart 1996, S. 347–385

Anton Leist, Ökologische Ethik II. Gerechtigkeit, Ökonomie, Politik, in: Julian Nida-Rümelin (Hrsg.), Angewandte Ethik, Alfred Kröner Verlag, Stuttgart 1996, S. 386–456

Konrad Ott, Umweltethik zur Einführung, Junius Verlag, Hamburg 2010

Dieter Birnbacher (Hrsg.), Ökologie und Ethik, Reclam Verlag, Stuttgart 2001

Angelika Krebs (Hrsg.), Naturethik. Grundtexte der gegenwärtigen tier- und ökoethischen Diskussion, Suhrkamp Verlag, Frankfurt am Main 1997

Andreas Brenner, Ökologie-Ethik, in: Annemarie Pieper und Urs Thurnherr (Hrsg.), Angewandte Ethik, C.H. Beck Verlag, München 1998, S. 37–55

Dieter Birnbacher, Mensch und Natur – Grundzüge der ökologischen Ethik, in: Kurt Bayertz (Hrsg.), Praktische Philosophie, Rowohlt Taschenbuch Verlag, Reinbek bei Hamburg 1991, S. 278–321

Zur Tierethik siehe die Nachweise der nachfolgenden Frage

»Ich bin 39 Jahre alt und seit meinem achten Lebensjahr Vegetarier. Schon damals wollte ich aus ethischen Gründen kein Fleisch und keinen Fisch essen, kein Tier sollte für mich getötet werden. Nun ist mir aber bewusst geworden, dass ich selber Tiere töte: Fliegen, die mich ärgern, Mücken und Spinnen, die in mein Schlafzimmer eindringen, oder Mäuse, die sich auf meinen Dachboden verirren. Warum gilt das ›Du darfst nicht töten‹ bei mir nicht automatisch auch für Insekten und Schädlinge?«

Walter W., Wiesbaden

Es ist kein Automatismus, sondern Ihre Entscheidung, den Grundsatz »Du darfst nicht töten« nicht auch bei Insekten und Schädlingen gelten zu lassen. Man kann es nämlich auch anders handhaben. Strenge Anhänger der indischen Religion der Jainas, die sich besonders Ahimsa, der Gewaltlosigkeit gegenüber Lebewesen, verschrieben hat, lehnen beispielsweise sogar den Ackerbau ab, weil man beim Pflügen unweigerlich kleine Lebewesen im Boden tötet. Auch tragen sie einen Mundschutz, um nicht versehentlich kleine Fliegen einzuatmen.

Albert Schweitzer entwickelte eine »Ethik der Ehrfurcht vor dem Leben in all seinen Erscheinungsformen«. Allerdings hatte auch schon Schweitzer das Problem gesehen, dass er als Arzt manchmal Bakterien töten muss, um das Leben eines Menschen zu retten. Tatsächlich wäre es schwer vorstellbar, den Tod eines Menschen in Kauf zu nehmen, um das Leben von Krankheitserregern zu retten.

Auf der anderen Seite kann man Tierschutz und Tierliebe aber auch auf leidensfähige Tiere beschränken und Insekten oder Spinnen davon ausnehmen. Vielleicht neigen Sie ja zu dieser Auffassung, was allerdings nicht erklären würde, warum Sie bereit sind, Mäuse zu töten, die ja immerhin zu den Säugetieren gehören. Oder Sie gründen Ihre Tierliebe im Sinne der Moralbegründung des Philosophen Arthur Schopenhauer auf Mitleid und verspüren dieses eben nicht, wenn ein Tier es wagt, bei Ihnen einzudringen. Falls Ihre ganze Moral nach diesem Prinzip funktioniert, sollten Sie jedoch unbedingt einen Warnhinweis für Besucher an Ihrer Türe anbringen.

Schließlich bliebe als Begründung eine Art »Notwehr«, etwa zur Verteidigung der Nachtruhe bei den Insekten oder gegen Schäden bei den Mäusen. Das könnte überzeugen, nur müssten Sie, wenn Sie es mit Ihrer Tierliebe ernst meinen, das Töten auf die Fälle beschränken, in denen es keine Alternative dazu gibt. Und das ist etwa bei Mäusen und Spinnen nicht der Fall: Man kann sie lebend fangen und aussetzen.

Deshalb scheint mir Ihre Unterscheidung bei der Tierliebe inkonsequent. Andererseits sehe ich aber auch keine Verpflichtung, in seinen Zuneigungen konsequent zu sein. Und die Schar der Hühnchen, Schweine, Kälber und anderer Tiere, die Sie in Ihrem Leben nicht gegessen haben, wird auch nicht darauf bestehen.

Literatur:

Urs Thurnherr, Tierethik, in: Annemarie Pieper und Urs Thurnherr (Hrsg.), Angewandte Ethik, C. H. Beck Verlag, München 1998, S. 56–77

Ursula Wolf, Das Tier in der Moral, Klostermann Verlag, Frankfurt am Main, 2. Auflage 2004

Julian Nida-Rümelin, Tierethik I. Zu den philosophischen und ethischen Grundlagen des Tierschutzes, in: Julian Nida-Rümelin (Hrsg.), Angewandte Ethik, Alfred Kröner Verlag, Stuttgart 1996, S. 458–483

Julian Nida-Rümelin und Dietmar von der Pfordten, Tierethik II. Zu den ethischen Grundlagen des Deutschen Tierschutzgesetzes, in: Julian Nida-Rümelin (Hrsg.), Angewandte Ethik, Alfred Kröner Verlag, Stuttgart 1996, S. 484–509

Zur Umweltethik siehe die Nachweise der vorangegangenen Frage

»Ich bin Veganer und bemühe mich, nichts ›Tierisches‹ zu konsumieren. Ist es mir moralisch gestattet, Gürtel und Schuhe aus Leder zu kaufen? Mir ist sehr wohl bewusst, dass Tiere überwiegend wegen des Fleisches geschlachtet werden und vergleichsweise selten wegen des Leders. Soll ich trotzdem radikal bleiben?«   *Conny F., Ulm*

In seiner *Eristischen Dialektik,* oft auch *Die Kunst, Recht zu behalten* betitelt, stellt Arthur Schopenhauer 38 »Kunstgriffe« vor, »so zu disputieren, dass man Recht behält, also per fas et nefas (mit Recht und Unrecht)«; mit erlaubten und unerlaubten Mitteln, unabhängig davon, ob man inhaltlich Recht hat oder nicht. Gleich als ersten dieser Kunstgriffe nennt Schopenhauer: »Die Erweiterung. Die Behauptung des Gegners über ihre natürliche Grenze hinausführen, sie möglichst allgemein deuten, in möglichst weitem Sinne nehmen und sie übertreiben.«

Dies kann man verbinden mit dem Kunstgriff 16: »Argumenta ad hominem oder ex concessis. Bei einer Behauptung des Gegners müssen wir suchen, ob sie nicht etwa irgendwie, nötigenfalls auch nur scheinbar, im Widerspruch steht mit irgend etwas, das er früher gesagt oder zugegeben hat, oder mit den Satzungen einer Schule oder Sekte, die er gelobt und gebilligt hat, oder mit dem Tun der Anhänger dieser Sekte … oder mit seinem eignen Tun und Lassen.«

Und nun wäre man bei Ihrer Argumentation sich selbst

gegenüber: Sie bezeichnen sich als Veganer, und weil diese Leder – da aus Tieren hergestellt – ablehnen, sehen Sie sich gezwungen, auch auf Leder zu verzichten. Unterm Strich wenden Sie also einen rhetorischen Kunstgriff gegen sich selbst an.

Wo steht denn geschrieben, dass Sie, wenn Sie sich bemühen, nichts »Tierisches« zu konsumieren, gezwungen sind, das bis zur Perfektion zu treiben? Es wäre in der Tat konsequent, so zu handeln, wie Sie beschreiben, aber das ist nicht verpflichtend. Immer wenn man sich bemüht, irgendetwas, das man für sinnvoll hält, zu tun, etwa auf Fleisch zu verzichten oder Energie zu sparen, hört man laufend das Argument: »Dann müsstest du doch auch dies und das tun.« Nein! Wenn man an einer Stelle aus guten Gründen etwas tut oder auf etwas verzichtet, muss man es an anderer Stelle nicht zwangsläufig auch machen.

Das ist nur das Argument, besser gesagt, der unerlaubte argumentative Kunstgriff derjenigen, die gar nichts tun wollen. Natürlich ist es gut, konsequent richtig zu handeln, aber es ist besser, ein bisschen was richtig zu machen als gar nichts. Und radikal zu werden ist selten gut. Mir persönlich sind Menschen, die inkonsequent richtig handeln, meist sogar lieber als die, die es mit nahezu religiösem Eifer tun und womöglich sogar missionieren.

Literatur:

Arthur Schopenhauer, Eristische Dialektik oder Die Kunst, Recht zu behalten, verschiedene Ausgaben
Online abrufbar unter: http://gutenberg.spiegel.de/buch/4994/1

»Ein befreundetes Ehepaar ernährt sich aus Überzeugung ausschließlich vegan. In bester Absicht bekommt auch der Hund pflanzliche Kost, hauptsächlich Bananen. Die Freunde begründen ihren Verzicht auf tierische Lebensmittel mit der oftmals nicht artgerechten Haltung von Nutztieren. Nun ist die vegane Ernährung eines Hundes vielleicht gut gemeint, aber ebenfalls nicht artgerecht. Müssten Veganer hier nicht zugunsten fleischfressender Haustiere eine Ausnahme machen?«   Carla M., Fulda

Die vegetarische, speziell vegane Ernährung auch von Haustieren stellt ein heiß umstrittenes Thema dar. Ein Thema, über das ich mich, liebe Leser, falls Sie bereits zum Stift greifen, intensiv und umfassend informiert habe. Von Experten erfährt man, dass Hunde als Allesfresser ganz ohne tierische Produkte ernährt werden können, während dies bei den natürlicherweise fleischfressenden Katzen nicht ohne weiteres der Fall ist.

Diese benötigen, um nicht zu erkranken, verschiedene Zusätze zu einem rein pflanzlichen Futter. In beiden Fällen muss jedoch besonders auf die Zusammensetzung des Futters geachtet werden, um Mangelerscheinungen vorzubeugen – was bei einer Bananendiät fraglich erscheint. Ich schätze die Einstellung vegan lebender Menschen, die keine Tiere ausbeuten wollen, und kann verstehen, dass sie das ebenso wenig zugunsten ihrer vierbeinigen Lieblinge tun möchten. Ich will hier auch einmal die Frage ausklammern, ob das Halten von Haustieren, nach diesen Prinzipien beurteilt, nicht selbst eine »Versklavung« bedeutet.

Trotzdem, auch wenn die Nahrung ausgewogen zubereitet wird, der Hinweis stimmt, dass die Ernährung eines Haustieres immer eine »künstliche« darstellt und man den Tod von Nutztieren keinesfalls akzeptieren will, es bleibt bei mir ein Unbehagen dabei, einem Hund ausschließlich Grünzeug vorzusetzen. Das hängt zusammen mit dem Respekt vor dem Tier als eigenständigem Wesen.

Es sträubt sich etwas in mir dagegen, die Lebensweise eines Geschöpfes stärker nach den eigenen Überzeugungen zu bestimmen, als es eine Haltung im Haus ohnehin erfordert. Wer die Sorge für ein Tier übernimmt, sollte in Grenzen auch dessen Blickwinkel beachten; und der Hund schielt nun mal aufs Fleisch. Die Gegenmeinung hat gewichtige Argumente für sich, am Ende überzeugt mich jedoch dieser Aspekt, so dass ich dem Hund zumindest von Zeit zu Zeit auch mal Fleisch gönnen würde.

Der Mensch lebt nicht
vom Brot allein

*Über Wegwerfen von geschenkten Fotos, Stan-
ding Ovations, Theaterkartenschnäppchen als
Zugtickets, Architekturkritik im Internet, Fotografieren von fremden Kindern, Reagieren auf
fremdenfeindliche Postings, Betrachten von Videos mit Gräueltaten, Missbrauch der Paulchen-
Panther-Melodie sowie Streit um die Behandlung
von geschenkten Kunstwerken, kurz:*

Über Kultur und Medien

»Ich bekomme immer wieder Fotos geschickt, als Dank für ein Geschenk zur Hochzeit, Taufe, Kommunion. Oder auch süße Babybilder von glücklichen Eltern. Diese Fotos wandern nach dem Anschauen direkt in den Papierkorb, weil ich keine Lust habe, einen Berg Fotos zu verwalten. Dennoch habe ich jedes Mal Skrupel: Wenn die Absender wüssten, was ich mit ihren Fotos mache!«

Ulla B., Hagen

»Dies Bildnis ist bezaubernd schön, / Wie noch kein Auge je gesehn! / Ich fühl es, wie dies Götterbild / Mein Herz mit neuer Regung füllt.« Bei dieser Regung handelt es sich um Liebe, und der verfällt Tamino in der Oper *Die Zauberflöte*, nachdem er das Bild Paminas, der Tochter der Königin der Nacht, erblickt. Vermutlich haben Eltern genau das im Sinn, wenn sie Fremden Bilder ihrer Kinder schicken: Die Bedachten mögen in genau derselben Liebe entbrennen wie die Eltern selbst. Denn der restliche Informationsgehalt dieser Bilder ist – speziell bei den beliebten Neugeborenenfotos – eher gering. Die ehrlichste Antwort auf die häufig gestellte Frage, wem das Neugeborene denn ähnlich sehe, ist meines Erachtens weder Vater noch Mutter, sondern: anderen Neugeborenen.

Das wäre eine Erklärung für Ihre Skrupel und könnte ein Grund sein, die Bilder aufzuheben. Wenn Liebe oder wenigstens Zuneigung zu den Abgebildeten besteht, möchte man die nicht wegwerfen – im doppelten Sinne.

Ich glaube jedoch, dass es anthropologisch wesentlich tiefer reicht. Eine Darstellung repräsentiert den Dargestellten – speziell bei Menschen –, ein Porträt lässt den Porträtierten präsent sein. Nicht umsonst wird in der Schöpfungsgeschichte der biblische Mensch von Gott aus Erde nach dessen, Gottes, Ebenbild geformt. Und aus dieser Gottebenbildlichkeit leitet die Theologie denn auch eine besondere Stellung des Menschen ab bis hin zu den Menschenrechten. Umgekehrt kennen manche Religionen ein Bildnisverbot, das teils die Gottheiten, teils alle Menschen umfasst.

Entsprechendes findet sich auf dem Gebiet des Aberglaubens: Nicht nur die Voodoo-Religion mit ihren Puppen, fast jede Kultur kennt den Bildzauber, die Invultuatio, bei dem das, was einem Bildnis angetan wird, auf den Abgebildeten wirken soll, positiv wie negativ. Grundlage ist der Glaube an die Verbindung zwischen Bild und Dargestellten. Eine Verbindung, die wegen der Lebensähnlichkeit bei der Fotografie als besonders eng empfunden wird. Das Foto im Mülleimer schickt also gefühlt den Menschen hinterher.

Jedoch nur, wenn Sie an Magie glauben. Falls nicht, können Sie die Bilder ohne Skrupel wegwerfen. Sie sind schließlich nicht das Hauptstaatsarchiv. Und selbst das wählt sehr genau aus, was es aufbewahrt.

Quellen:

Wolfgang Amadeus Mozart (Musik), Emanuel Schikaneder (Text), Die Zauberflöte, KV 620, uraufgeführt in Wien am 30. 9. 1791. Es gibt eine Vielzahl von Inszenierungen, vom Bühnenbild her wohl am bekanntesten das von Karl Friedrich Schinkel 1816 in Berlin. Eine klassische Aufnahme ist die von Karl Böhm dirigierte mit den Berliner Philharmonikern und Fritz Wunderlich als Tamino aus dem Jahr 1965, die bei der Deutschen Grammophon erhältlich ist.

Susan Sonntag, Über Fotografie, Fischer Taschenbuch Verlag, Frankfurt am Main 1980

Rudolf Preimesberger, Hannah Baader, Nicola Suthor (Hrsg.), Portrait. Geschichte der klassischen Bildgattungen in Quellentexten und Kommentaren, Band 2, Eine Buchreihe herausgegeben vom Kunsthistorischen Institut der Freien Universität Berlin, Reimer Verlag, Berlin 1999. Darin insbesondere: Rudolf Preimesberger, Einleitung, S. 13 ff.; Rudolf Preimesberger, Der Jahwist: Die erste Effigies (9. oder 8. Jhdt v. Chr.), S. 65 ff.; Nicola Suthor, Roland Barthes: Wie das Licht eines Sterns / Die Wiederkehr der Toten (1980), S. 452 ff.

Walter Groß, Josef Ernst, Leo Scheffczyk, Karl-Wilhelm Ernst, Michael Figura, Gottebenbildlichkeit. In: Lexikon für Theologie und Kirche, 3. Auflage, Bd. 4, Freiburg 1995, Sp. 871–878

Jacob Jervell, Henri Crouzel, Johann Maier, Albrecht Peters, Bild Gottes I-IV. In: Theologische Realenzyklopädie (TRE), Band 6, de Gruyter, Berlin/New York 1980, S. 491–515

Wolfgang Brückner, Überlegungen zur Magietheorie. Vom Zauber mit Bildern. In: Leander Petzoldt (Hrsg.), Magie und Religion. Beiträge zu einer Theorie der Magie, Wissenschaftliche Buchgesellschaft, Darmstadt 1978, S. 404–419

Leander Petzoldt, Magie, Weltbild, Praktiken, Rituale, Verlag C. H. Beck, München 2011, S. 24

Handwörterbuch des deutschen Aberglaubens (10 Bände). Hrsg. v. Hanns Bächtold-Stäubli unter Mitwirkung von Eduard Hoffmann-Krayer. Mit einem Vorwort von Christoph Daxelmüller, Berlin / New York, Walter de Gruyter, 1987. Unveränderter photomechanischer Nachdruck der Originalausgabe (Handwörterbuch zur deutschen Volkskunde, herausgegeben vom Verband deutscher Vereine zur deutschen Volkskunde, Abteilung I, Aberglaube) erschienen 1927 bis 1942 bei Walter de Gruyter & Co, vormals G. J. Göschen'sche Verlagshandlung – J. Guttentag, Verlagsbuchhandlung – Georg Reimer – Karl J. Trüber – Veit & Comp., Berlin und Leipzig. Darin: Walter Anderson, Photographie, Band 7, Spalte 19–20, F. Pfister, Bild, Bildzauber, Band 1, Spalte 1282–1298

»Nach einer begeisternden Aufführung der Münchner Philharmoniker sprang eine Dame vor meiner Nachbarin auf, um Beifall zu klatschen. Meine Nachbarin bat die Dame, sich zu setzen und die Sicht freizugeben. Die Dame weigerte sich entrüstet und setzte ihre Standing Ovations fort. Wer war im Recht?«   Frauke N., Landsberg

Betrachtet man das Geschehen unvoreingenommen, muss man feststellen, dass das stille Sitzen während einer Aufführung höchst unnatürlich ist: Theater, Oper und Konzert bemühen sich, die Besucher möglichst zu ergreifen, Emotionen zu erzeugen. »Aber alle äußeren Reaktionen darauf unterbleiben. Die Menschen sitzen regungslos da, als brächten sie es fertig, nichts zu hören. Es ist klar, dass eine lange, künstliche Erziehung zur Stockung hier notwendig war, an deren Ergebnisse wir uns bereits gewöhnt haben.« Schreibt Elias Canetti in *Masse und Macht.* Und tatsächlich ist diese Ruhe im 18. und 19. Jahrhundert über Hausordnungen, Theatergesetze und spezielle Wachpersonen, Theaterpolizei durchgesetzt worden. Selbst der Applaus war lange Zeit umstritten.

Im Wiener Burgtheater etwa galt bis 1983 das sogenannte Vorhangverbot von Kaiser Joseph II. aus dem Jahr 1778: Die Schauspieler des Ensembles durften sich nach dem Stück nicht zur Entgegennahme des Beifalls vor dem Vorhang zeigen und verbeugen, »weil dadurch der Eindruck der darzustellenden Handlung gestört würde«. Es baut sich also während der Vorführung eine emotionale Spannung auf, die sich am Ende über den Applaus entlädt. Mit der Beschränkung, dass sich von allen Möglichkeiten, die es dafür gäbe, das rhythmische Aufeinanderschlagen der Hände als Standard durchgesetzt hat; und als mehr oder weniger einzige Steigerung, es im Stehen zu tun.

Standing Ovations sind also nicht nur ein Zeichen der Hochachtung, sondern ein ganz natürlicher Ausdruck der Emotion. Insofern verwundert es nicht, dass sie von Künstlern und Theatern gerne gesehen werden, zumal sie in anderen Ländern weitaus üblicher sind. Deshalb halte ich diese Beifallskundgebung auch hierzulande für angemessen und legitim, selbst wenn sie den dahinter Sitzenden die Sicht versperrt. Naturgemäß.

Literatur:

Alexander Lechner, »Applaus«. Publikumskundgebungen vom Affekt zur Konvention. Fragmentarische theaterhistorische Untersuchung des Beifalls, Diplomarbeit zum Magister der Philosophie (Mag. Phil.), Universität Wien 2009

Roland Dressler, Von der Schaubühne zur Sittenschule. Das Theaterpublikum vor der vierten Wand, Henschel Verlag, Berlin 1993

Elias Canetti, Masse und Macht. Fischer Taschenbuch Verlag, Frankfurt am Main 1980

»Ein Bekannter kauft sich regelmäßig sehr günstige Thea-
terkarten, aber nicht, um tatsächlich ins Theater zu ge-
hen, sondern um damit umsonst Zug zu fahren. Er brüstet
sich, dass er ›etwas für die Kultur tut‹ und günstig zum
Shoppen kommt. Ich finde, er soll ein Zugticket kaufen
und die günstigen Tickets Theaterfreunden mit wenig
Geld lassen. Was meinen Sie?« Maria T., München

Leider tut Ihr Bekannter nicht nur nichts »für die Kultur«,
im Gegenteil: Er schadet ihr und der Allgemeinheit. Nicht
nur, weil es natürlich nicht schön ist, wenn im Auditori-
um Plätze leer bleiben. Sondern auch ganz profan finan-
ziell. Die Zahlen schwanken von Jahr zu Jahr und von
Theater zu Theater, aber grob gesagt, bezuschusst der
Steuerzahler jede Theaterkarte eines staatlichen Theaters
im Schnitt mit etwa hundert Euro. Dieses Geld soll der
Kultur zugutekommen und auch denjenigen Kulturgenuss
ermöglichen, die sich die unbezuschussten Preise nicht
leisten könnten. Für die gibt es Tickets, die einschließlich
der Fahrt weniger kosten als die Bahnkarte zum Theater.
Aber nicht für Menschen, die nur billig zum Shoppen fahren wollen.

Selbst wenn man das nicht weiß, muss doch jedem klar
sein, dass Bahntickets etwas kosten und Theaterkarten etwas kosten. Und dass, wenn eine Theaterkarte einschließlich der Bahnkarte weniger kostet als die Bahnkarte, das
einen Grund haben muss. Jeder Euro, den Ihr Bekannter

durch seinen Trick gegenüber einem normalen Bahnange-
bot – ganz zu schweigen vom Theaterticket – spart, muss
irgendwo herkommen und fehlt entweder der Bahn oder
dem Theater in der Kasse. Wofür dann eben der Rest der
Theaterbesucher und Bahnkunden oder am Ende der Steuerzahler aufkommen muss.

Das leitet über zu dem, was mich persönlich am meisten daran stört: die Haltung, die dahintersteht. Die Bereit-
schaft, nur weil es legal ist, offensichtlich anders gedachte
Angebote für den eigenen Vorteil zu nutzen und sich dabei
auch noch gut zu fühlen; freudig zuzugreifen, auch wenn
man erkennt, dass es nicht für einen gedacht ist. Das Un-
schöne an dieser Mentalität ist die Selbstbezogenheit Ihres
Bekannten, der sich vor allem am eigenen Gewinn zu orientieren scheint. Und dabei noch stolz auf die eigene Cle-
verness ist.

Literatur:

Deutscher Bühnenverein. Bundesverband der Theater und Orchester,
Theaterstatistik 2012/2013, Summentabelle, Zu 8: Verhältniszahlen für
Besucher, Einspielergebnisse, Zuschüsse.
Online abrufbar unter:
http://www.buehnenverein.de/de/downloads.html

»Mir gefällt die Architektur eines kürzlich gebauten Hauses in meiner Heimatstadt überhaupt nicht. Um meine Meinung zu prüfen, aber auch als warnendes Beispiel schlechter Baukultur möchte ich ein Foto dieses Hauses in einer Internet-Community veröffentlichen. Andererseits diskriminiere ich damit vielleicht die Bewohner. Soll ich von der Veröffentlichung absehen?«

Michael Z., München

Jegliche Kritik birgt ein Grundproblem: Wenn sie negativ ist, vermag sie die Kritisierten zu kränken. Diese potentielle Verletzung kann jedoch – wenn sie nicht, wie manchmal leider der Fall, das Hauptziel ist – neben der Meinungsfreiheit durch drei Gründe gerechtfertigt sein: die Verantwortung der Kritisierten für ihr Werk; die Sachlichkeit und Begründetheit der Kritik; und der Wunsch, Dinge zum Besseren zu wenden.

Architekt und Bauherr müssen also negative Kritik ertragen, speziell wenn sie, wie bei Ihnen, von dem Wunsch getragen wird, die Baukultur zu verbessern. Vorausgesetzt, die Kritik bleibt sachlich und ist begründet. Einfach ein Foto unter der Überschrift »Ein Haus zum Kotzen« ins Internet zu stellen, fände ich in dieser Hinsicht bedenklich. Wohl wissend, wie mühsam es im Vergleich dazu ist, genauer auszuführen, was man nun für schlecht daran hält und warum. Aber auch und gerade Kritik beinhaltet Verantwortung.

Nun hat, darauf fußen Ihre Bedenken, ein Haus neben seinen Schöpfern auch Bewohner. Soweit die sich frei entschieden haben, in dem Haus zu wohnen, müssen sie dazu stehen und die Kritik aushalten. Aber auch falls der Wohnungsmarkt sie dazu gezwungen hat, darf die Rücksicht auf sie nicht die Meinungsfreiheit aushebeln. Zumal hier ein anderer, besonderer Aspekt der Architektur mit hineinspielt: ihre Öffentlichkeit.

Der bekannte österreichische Architekt Adolf Loos schrieb dazu 1909: »Das haus hat allen zu gefallen. Zum unterschiede vom kunstwerk, das niemandem zu gefallen hat. Das kunstwerk ist eine privatangelegenheit des künstlers. Das haus ist es nicht. (...) Das kunstwerk ist niemandem verantwortlich, das haus einem jeden.«

Architektur ist öffentlich, sie beeinflusst ihre Umgebung, deshalb muss es erlaubt sein, sie öffentlich zu kritisieren. Sachlich und begründet.

Literatur:

Adolf Loos, Architektur (1909), abgedruckt in: Adolf Loos, Trotzdem. 1900–1930, Unveränderter Nachdruck der Erstausgabe 1931, herausgegeben von Adolf Opel, Georg Prachner Verlag, Wien 1982/1988, S. 90 ff. (101)

Ole W. Fischer, Kritik der Architekturkritik – Architektur zwischen Gesellschaft und Form, in: Archplus 200: Kritik, Oktober 2010, S. 120–125 Darin zur Zukunftsgewandtheit speziell von Architekturkritik: »... diese Kritik ist projektiv, weil sie Aktivitäten anregt, Alternativen vorschlägt und Handeln vorausbestimmt. Dieser Wunsch nach Veränderung, dieser Zug zur Praxis macht aus ihr eine produktive Kritik.« (S. 123)

Michel Foucault, Was ist Kritik?, Merve Verlag, Berlin 1992

Rahel Jaeggi, Tilo Wesche (Hrsg.), Was ist Kritik? Suhrkamp Verlag, Frankfurt am Main 2009

»Mein Freund fotografiert für ein Kulturmagazin bei Konzerten, meist die Bands auf der Bühne. Letztes Mal war ein süßes, etwa zweijähriges Kind im Publikum, das einen Gehörschutz trug. Er fand es so nett, dass er es auch fotografieren wollte – ohne es zu veröffentlichen. Ist es vertretbar, Kleinkinder einfach so, ohne Einverständnis der Eltern, zu fotografieren?« Heike S., Hamburg

Auf die Schnelle könnte man antworten: Die Eltern haben das Sorgerecht und sind somit die Einzigen, denen es zusteht zu bestimmen, wer wozu ihre Kinder fotografieren darf. Deshalb geht ohne ihr Einverständnis nichts. Punkt. Das ist zutreffend, bleibt aber an der Oberfläche, ohne zu fragen, warum das so ist, ob die Regelung zu Recht so besteht und wie weit sie reicht.

Eltern dürfen nicht deshalb über die Rechte ihrer Kinder bestimmen, weil sie das Sorgerecht haben, sondern sie haben umgekehrt das Sorgerecht, damit sie die originären Rechte der Kinder für sie wahrnehmen und durchsetzen können. Richtigerweise heißt es im deutschen Recht heute »elterliche Sorge« und nicht mehr »elterliche Gewalt«. Im Vordergrund steht die Verantwortung für die Kinder; damit handelt es sich eher um eine Sorgepflicht, ausgestattet mit den dafür notwendigen Rechten.

Damit wird der Fall hier klarer. Es geht um das Recht am eigenen Bild. Ein Erwachsener, der bemerkt, dass er oder sie fotografiert werden soll, kann sich wegdrehen oder, falls es dafür zu spät ist, den Fotografen auffordern, das Bild zu löschen. Ein Kind kann das – zumindest in diesem Alter – nicht. Und auch wenn es älter ist, hat es vielleicht noch nicht die Reife, das Prinzip des Rechts am eigenen Bild zu verstehen oder abzusehen, welche Konsequenzen es hat, fotografiert zu werden, etwa dass der Fotograf die faktische Hoheit über die Verwendung des Bildes erlangt. Um seine Rechte effektiv wahrnehmen zu können, benötigt ein Kind somit eine Vertretung. Deshalb halte ich es für falsch, ein fremdes Kind ohne Einverständnis der Eltern zu fotografieren.

Was nicht bedeutet, dass es mit diesem Einverständnis automatisch richtig wäre. Unzählige von den Eltern im Internet gepostete Bilder und Videos ihrer Kinder belegen das Gegenteil.

Literatur:

Grundgesetz:
Art 6 (1) Ehe und Familie stehen unter dem besonderen Schutze der staatlichen Ordnung.
(2) Pflege und Erziehung der Kinder sind das natürliche Recht der Eltern und die zuvörderst ihnen obliegende Pflicht. Über ihre Betätigung wacht die staatliche Gemeinschaft.
...

Bundesverfassungsgericht
Beschluss v. 29.11.1993, Az.: 1 BvR 1045/93 NJW 1994, 1208–1210

Das Recht am eigenen Bild, bzw. in diesem Fall das Recht schon die Anfertigung eines Bildes von sich zu untersagen, ist nicht spezialgesetzlich geregelt, sondern ein Ausfluss des allgemeinen Persönlichkeitsrechts, wie der Bundesgerichtshof im grundlegenden Urteil vom 25.4.1995 ausdrücklich anerkannt hat:

Bundesgerichtshof, Urteil vom 25. 4. 1995, AZ VI ZR 272/94

Aus der Urteilsbegründung:

»III.

...

1. Das BerGer. geht zutreffend davon aus, daß niemand allgemein Schutz davor verlangen kann, außerhalb seines befriedeten Besitztums, insb. auf öffentlichen Wegen, durch andere beobachtet zu werden. Andererseits muß der einzelne auch in diesem Bereich keineswegs generell dulden, daß jedermann von ihm Bildnisse, insb. Filmaufnahmen mittels einer Videokamera, fertigt. Die spezialgesetzliche, der Gewährleistung des Rechts am eigenen Bild dienende Regelung des § 22 KUG (vgl. hierzu Senat, NJW 1992, 2084 = LM H. 10/1992 § 812 BGB Nr. 226 = VersR 1993, 66 f.; NJW 1994, 124 = LM H. 3/1994 Art. 1 GrundG Nr. 44 = VersR 1994, 57 (58)) gewährt allerdings keinen Schutz gegen die Herstellung von Abbildungen, sondern nur gegen ihre unzulässige Verbreitung oder öffentliche Zurschaustellung. Zu Recht geht das BerGer. jedoch davon aus, daß – da das Recht am eigenen Bild eine besondere Erscheinungsform des allgemeinen Persönlichkeitsrechts darstellt (vgl. BVerfGE 35, 202 (224) = NJW 1973, 1226; Senat, NJW 1992, 2084 = LM H. 10/1992 § 812 BGB Nr. 226 = VersR 1993, 66; NJW 1994, 124 = LM H. 3/1994 Art. 1 GrundG Nr. 44 = VersR 1994, 57) – die Herstellung eines Bildnisses ohne Einwilligung des Abgebildeten einen unzulässigen Eingriff in dessen nach § 823 I BGB geschütztes allgemeines Persönlichkeitsrecht bedeuten kann (vgl. BGHZ 24, 200 (208) = NJW 1957, 1315 = LM § 823 (Ai) BGB Nr. 12; Senat, NJW 1966, 2353 (2354) = LM § 23 KunstUrhG Nr. 9; s. in diesem Zusammenhang auch BGH, NJW 1975, 2075 (2976); vgl. auch Wenzel, Das Recht der Wort- und Bildberichterstattung, 4. Aufl. (1994), 7.15; Helle, Besondere Persönlichkeitsrechte im PrivatR, 1991, S. 71 ff.). Dabei wird das allgemeine Persönlichkeitsrecht des Betroffenen nicht nur im Fall einer »Bildniserschleichung« verletzt, indem etwa Abbildungen einer Person in deren privatem Bereich gefertigt werden in der Absicht, sie der Öffentlichkeit zugänglich zu machen (hierzu BGHZ 24, 200 (209) = NJW 1957, 1315 = LM § 823 (Ai) BGB Nr. 12). Vielmehr kann auch die Herstellung von Bildnissen einer Person, insb. die Filmaufzeichnung mittels Videogerät, in der Öffentlichkeit zugänglichen Bereichen und ohne Verbreitungsabsicht einen unzulässigen Eingriff in das Persönlichkeitsrecht des Betroffenen darstellen. Ob und in welchem Umfang bereits die Fertigung derartiger Bilder rechtswidrig und unzulässig ist oder aber vom Betroffenen hinzunehmen ist, kann nur unter Würdigung aller Umstände des Einzelfalls und durch Vornahme einer unter Berücksichtigung aller

rechtlich, insb. auch verfassungsrechtlich geschützten Positionen der Beteiligten durchgeführten Güter- und Interessenabwägung ermittelt werden.«

Micha Brumlik, Advokatorische Ethik – Zur Legitimation pädagogischer Eingriffe, 2. Auflage, Philo-Verlag, Berlin 2004

Christoph Schickhardt, Kinderethik. Der moralische Status und die Rechte der Kinder, mentis Verlag, Münster 2012

Zum Posten von Videos von Kindern durch ihre Eltern siehe die Frage auf S. 34

In Großbritannien gibt es eine von Hannah Weller, der Ehefrau des Musikers Paul Weller, initiierte Kampagne (online abrufbar unter: http://www.theguardian.com/media/2015/jan/03/paul-weller-hannah-weller-battle-for-privacy-children) mit dem Ziel eines Gesetzes, die Veröffentlichung von unverpixelten Bildern von Kindern ohne die Zustimmung ihrer Eltern zu verbieten.
Online abrufbar hier: http://www.theguardian.com/commentisfree/2015/jan/05/parents-protect-child-from-prying-eyes-hannah-weller-child-privacy-law

Vorausgegangen war ein Rechtsstreit des Musikers Paul Weller und seiner Frau Hannah gegen die Zeitung Daily Mail, die gegen den Willen der Eltern aufgenommene Fotos der Kinder des Paares gekauft und auf ihrer Webseite veröffentlicht hatte.
Online abrufbar hier: http://www.theguardian.com/commentisfree/2014/jun/20/mail-children-protection-media-intrusion-my-campaign

»Immer wieder lese ich auf Facebook offen fremdenfeind-
liche Posts ehemaliger Schulkameraden und bin entsetzt.
Wie soll ich damit umgehen? Solche Beiträge ignorieren
oder den Freund aus der Freundesliste streichen? (Darf
nicht jeder seine Meinung haben?) Oder freundlich-sach-
lich kommentieren, um rückzumelden, dass – und war-
um – diese Aussage völlig daneben ist?«   *Petra F., Köln*

Anfang der 1970er Jahre entwickelte Elisabeth Noelle-
Neumann die Theorie der Schweigespirale. Ihr zufolge
neigen Menschen dazu, ihre Meinung in einer moralisch
relevanten Sache nicht zu äußern, wenn sie glauben, sich
damit gegen die Mehrheit zu stellen. Die Theorie wurde
kritisiert, hat aber im Zusammenhang mit dem Internet
auch international neue Beachtung gefunden, und eine
Studie zeigt, dass dieses Phänomen in sozialen Netzwer-
ken stärker auftritt als im realen Leben.

Daneben gibt es die Theorie der Filterblase, derzufolge
die Algorithmen der Onlinefirmen, speziell von Google
und Facebook, dazu führen, dass Meldungen, die der eigenen Meinung entsprechen, bevorzugt angezeigt werden
und man deshalb wie in einem Echoraum immer mehr die
eigenen Ansichten hört. Die Theorie ist ebenfalls umstritten, aber manche meinen, dieser Mechanismus könnte eine Gefahr für die Gesellschaft und die Demokratie darstellen, weil dadurch der Austausch von Meinungen und eine
offene Diskussion unterbleiben.

Bezogen auf Ihren Fall zeigen die beiden Theorien etwas auf: Wenn man Postings, die man für falsch hält, nicht widerspricht, besteht die Gefahr, dass sich die am lautesten vorgetragenen Meinungen durchsetzen, sie nicht durch Diskussion auf Richtigkeit geprüft werden und in der Gesellschaft voneinander abgegrenzte feindselige Lager entstehen.

Deshalb halte ich es, so mühsam und frustran es auch oft erscheinen mag, für wichtig, falsche Meinungen nicht einfach stehen zu lassen. Ich kann Ihren Impuls, sie zu ignorieren und ihre Urheber aus der Freundesliste zu streichen, gut verstehen, für das Miteinander ist es jedoch besser, diesem Impuls nicht nachzugeben, sondern zu widersprechen. So wie Sie es auch vorschlagen: freundlich-sachlich und vor allem mit guten Argumenten.

Literatur:

Hampton, K. N., Rainie, L., Lu, W., Dwyer, M., Shin, I., & Purcell, K. (2014), »Social Media and the ›Spiral of Silence.‹« Pew Research Center, Washington, DC, http://www.pewinternet.org/2014/08/26/social-media-and-the-spiral-of-silence/

Amy Mitchell, Jeffrey Gottfried, Jocelyn Kiley und Katerina Eva Matsa, Political Polarization & Media Habits, http://www.journalism.org/2014/10/21/political-polarization-media-habits/

Brendan Nyhan, Americans Don't Live in Information Cocoons, The Upshot, 24. Oktober 2014, http://www.nytimes.com/2014/10/25/upshot/americans-dont-live-in-information-cocoons.html?rref=upshot

Jeon-Hyung Kang, Kristina Lerman, User Effort and Network Structure Mediate Access to Information in Networks, arXiv preprint arXiv:1504.01760, 2015 – arxiv.org, http://arxiv.org/pdf/1504.01760v1.pdf

Eytan Bakshy, Solomon Messing, Lada A. Adamic, Exposure to ideologically diverse news and opinion on Facebook, Science, 5 June 2015:

Vol. 348 no. 6239, S. 1130–1132, Published Online May 7 2015. Abstract online abrufbar unter: http://www.sciencemag.org/content/348/6239/ 1130.abstract

Managing Political Differences in Social Media, Catherine Grevet, Loren Terveen, Eric Gilbert, CSCW '14 Proceedings of the 17th ACM conference on Computer-supported cooperative work & social computing, ACM New York, 2014, S. 1400–1408
Online abrufbar unter: http://comp.social.gatech.edu/papers/grevet. cscw14.political.pdf

Dirk von Gehlen, Welt ohne Gegenmeinung, Süddeutsche Zeitung vom 28.6.2011
Online abrufbar unter: http://www.sueddeutsche.de/digital/wie-google-und-co-uns-andere-standpunkte-vorenthalten-welt-ohne-gegenmeinung-1.1112983

Eli Pariser, Filter Bubble: Wie wir im Internet entmündigt werden, Hanser Verlag, München 2012

Elisabeth Noelle-Neumann, Die Schweigespirale. Öffentliche Meinung – unsere soziale Haut, Langen-Müller Verlag, München 1980

»Ich habe mich heute sehr über eine Kollegin aufgeregt. Später habe ich dann auf Youtube grausame Filme über Genozide und den Bürgerkrieg in Syrien angesehen. Mein Ärgernis schien mir plötzlich sehr banal, die Wut war verflogen. Ist es verwerflich, wenn ich meine Alltagsprobleme so relativiere, also indirekt Nutzen aus dem Leid der Opfer ziehe?« Guido R., Frankfurt

Was tun Sie? Indem Sie sich die Filme ansehen, nehmen Sie Anteil am Leid anderer, und gleichzeitig erkennen Sie, dank des Vergleichs damit, was für ein gutes Leben wir hierzulande führen. Man könnte argumentieren, dies hilft Ihnen, zu einer gewissen Demut oder Dankbarkeit zu gelangen – unabhängig von der Frage, wem gegenüber; sagen wir einmal vorsichtig: dem Leben. Anteil, Demut, Dankbarkeit, all dies sind positive Ziele und Ergebnisse.

Dennoch teile ich Ihre Bedenken, dank – wie so manches Mal – Immanuel Kant. Warum? Es mag eigenartig erscheinen, aber um zu zeigen, worum es mir geht, hilft es, Kant hier statt im Original in der englischen Übersetzung zu lesen. In der Selbstzweckformel lautet der kategorische Imperativ: »Handle so, dass du die Menschheit sowohl in deiner Person, als in der Person eines jeden anderen jederzeit zugleich als Zweck, niemals bloß als Mittel brauchst.«

Nur was genau bedeutet das für Ihre Frage? In der englischen Übersetzung heißen Mittel »means«, manchmal ergänzt mit »to an end«, und Zweck »end«. Bei diesen Worten tritt der Unterschied zwischen Mittel und Zweck deutlicher hervor: Mit Zweck ist der Zielpunkt der jeweiligen Handlung gemeint, ein Ziel, das nicht selbst wieder als Mittel zur Erreichung eines anderen Zweckes dient.

Führt man sich das so vor Augen, wird die Zwiespältigkeit Ihres Handelns klar: Sie verwenden die Filme und das Leid der Menschen zwar zunächst für den Zweck der Anteilnahme und damit für die Menschen selbst. Aber eben nicht als »end«. Sondern dieser Zweck, die Anteilnahme, dient wiederum als Mittel, »means«, für einen anderen, dahinterliegenden Zweck: sich durch den Kontrast besser zu fühlen. Das erst ist der echte finale Zweck, »the end«. Nicht jedoch die Menschen selbst, deren Leid Sie dafür benutzen. Und das ist falsch.

Literatur:

Die Selbstzweckformel des kategorischen Imperativs findet sich in: Immanuel Kant, Grundlegung zur Metaphysik der Sitten, Akademie-Ausgabe, Band IV, S. 429, sowie in englischer Übersetzung von Thomas Kingsmill Abbott.
Online abrufbar unter: http://www.gutenberg.org/ebooks/5682

Alfred Schöpf, Ziel, in: Otfried Höffe, Lexikon der Ethik, Verlag C. H. Beck, 5. Auflage, München 1997, S. 347 f.
Online abrufbar unter: http://www.chbeck.de/Hoeffe-Lexikon-Ethik/productview.aspx?product=23030

Zum Thema der Betrachtung von grausamen Bildern lesenswert:

Susan Sontag, Das Leiden anderer betrachten, Fischer Taschenbuch Verlag, Frankfurt am Main 2005

Susan Sontag, Über Fotografie, Fischer Taschenbuch Verlag, Frankfurt am Main 1980

Susan Sontag, Regarding the Torture Of Others, The New York Times Magazin, 23 May 2004
Online abrufbar unter: http://www.nytimes.com/2004/05/23/magazine/regarding-the-torture-of-others.html?pagewanted=all%20%20

Susan Sontag, Endloser Krieg, endloser Strom von Fotos (deutsch von Eva Christine Koppold), Süddeutsche Zeitung vom 24. 5. 2004
Online abrufbar unter: http://www.sueddeutsche.de/politik/folteraffaere-endloser-krieg-endloser-strom-von-fotos-1.914679

Klaus Theweleit, Der Knall: 11. September, das Verschwinden der Realität und ein Kriegsmodell, Stroemfeld Verlag, Frankfurt am Main 2002

Katastrophenfaszination. Michael Girke im Gespräch mit Klaus Theweleit, Magazin für Theologie und Ästhetik 39/2006
Online abrufbar unter: http://www.theomag.de/39/mg6.htm

Mark A. Halawa, Betroffene Sichtbarkeiten, Abu Ghraib und die Gewalt des Blicks, mauerschau, hrsg. von Ralf Wohlgemuth, Universitätsverlag Rhein-Ruhr an der Universität Duisburg Essen, Heft 2/2008, S. 7–24
Online abrufbar unter: https://www.uni-due.de/imperia/md/content/germanistik/mauerschau/mauerschau_2_betroffene_sichtbarkeiten.pdf

»Vor einiger Zeit gab es in München einen Prozess um die Verwendung der Paulchen-Panther-Melodie bei einer Demonstration. Das Lied war zuvor von der Terrorzelle NSU in ihrem Bekennervideo benutzt worden. Als ich davon las, konnte ich mich einfach nicht mehr an die Melodie erinnern und wollte sie anhören. Da überkamen mich Zweifel: Kann ich dieses Lied noch guten Gewissens hören?« Silke F., Fürth

Die Morde der Terrorzelle NSU haben Deutschland erschüttert, und das Bekennervideo ist zu Recht auf Empörung und Abscheu gestoßen, weil darin die Opfer zusätzlich verhöhnt werden – und das auf eine besondere Art und Weise. Es ist ein typischer Mechanismus von Cartoons, dass es dort sehr gewalttätig zugeht: Es wird geprügelt, geschossen, gesprengt. Nur mit der Besonderheit, dass am Ende niemand ernsthaft verletzt oder gar getötet ist. Das kommt auch im Text über Paulchen Panther zum Ausdruck, wo es heißt, dass man über seine schlimmen Sachen lachen könne, weil er ja nur »Farb' und Pinselstrich« sei. Dieses Prinzip haben die Mitglieder der Terrorzelle entweder bewusst, zufällig oder intuitiv aufgegriffen und pervertiert, indem sie es zur Untermalung ihrer Gräueltaten verwendeten, bei denen sie Menschen durch Schüsse oder Explosionen ermordeten.

Deshalb muss man Ihre Frage aufspalten: Dürfen Sie die an sich harmlose Melodie noch unbeschwert hören? Und können Sie es überhaupt noch? Vermutlich kann man die Melodie wirklich nicht mehr unbeschwert hören, wenn man um die Verwendung in dem NSU-Video weiß. Das hat auch ihr Einsatz bei der rechtsgerichteten Demonstration gezeigt, bei der nichts weiter nötig war, als die Melodie zu spielen, um die gewünschten Assoziationen zu erzeugen. Insofern hat die Melodie tatsächlich ihre Unschuld zumindest zum Teil verloren.

Dennoch bin ich der Meinung, dass Sie die Melodie weiter hören dürfen und es sogar sollten. Aus zwei Gründen: Zum einen möchte ich eine zwar harmlose, aber doch angenehme Melodie, die für viele mit schönen Erinnerungen an Kindertage verknüpft ist, nicht einfach so aufgeben. Paulchen Panther kann nichts dafür, dass er so missbraucht wurde, deshalb sollte er dafür nicht zusätzlich büßen müssen, indem man mithilft, ihm das hässliche Etikett dauerhaft aufzukleben. Zum anderen will ich die Deutungshoheit über Gedanken und das eigene Hörerlebnis nicht Menschen überlassen, deren Gedankengut und Taten man verabscheut. Es geht, wie es ein Musikwissenschaftler nannte, den ich befragt habe, um so etwas wie »Hörautonomie«. Und darum, dem widerwärtigen Treiben der NSU und dem zugrundeliegenden Denken möglichst wenig Raum zu lassen.

Anmerkungen:

Die im Bekennervideo der NSU verwandte Musik stammt aus der deutschen Fassung der Zeichentrickserie »Der rosarote Panther«, die auch unter »Paulchen Panther« bekanntwurde. Die Musik haben Fred Strittmatter und Quirin Amper jr. geschrieben, der Text dazu kommt von Eberhard Storeck.

Für Hinweise und Diskussion danke ich Herrn Prof. Dr. Michael Custodis, Professor für Musik der Gegenwart und Systematische Musikwissenschaft an der Westfälischen Wilhelms-Universität Münster.

»Ein guter Freund hat einen selbstgemachten Siebdruck, den ich ihm geschenkt habe, barbarisch mit Klebestreifen an die Wand gehängt, anstatt ihn zu rahmen, wie es sich für ein Original gehört. Er meint, es sei seine persönliche Art, Kunst aufzuhängen, außerdem sei das Bild doch jetzt sein Eigentum. Habe ich das Recht, mein Geschenk zurückzufordern?«   *Christian S., München*

»Geschenkt ist geschenkt, wiederholen ist gestohlen«, klingt es sofort vor dem inneren Ohr. Allerdings beabsichtigen Sie gar nicht, das Kunstwerk heimlich von der Wand zu reißen – was dank der umstrittenen Befestigungstechnik sehr leicht ginge –, sondern wollen den Tesa-Verbrecher zur Herausgabe auffordern. Nur mit welcher Begründung?

Ich sehe zwei Ansatzpunkte: Mangelnder Respekt vor einem Kunstwerk und mangelnde Dankbarkeit. Das eine könnte den Künstler dazu berechtigen, einzuschreiten, das andere den Schenkenden. Hier sind Sie beides in Personalunion, deshalb womöglich auch doppelt verärgert.

Damit wären wir bei der Frage, ob die rahmenlose Befestigung an der Wand so barbarisch ist, wie Sie meinen, oder sich, wie Ihr Freund meint, im Rahmen hält. Das ist schwer zu beantworten, ich glaube aber, das muss man gar nicht, wenn man sich Folgendes überlegt.

Bei der Sache gibt es drei Beteiligte: Sie, Ihren Freund und das Kunstwerk. Versucht man, diese drei bei Ihrer

Forderung, das Kunstwerk so aufzuhängen, »wie es sich für ein Original gehört«, in eine Rangfolge zu bringen, kommt man zu einem interessanten Ergebnis. An erster Stelle steht vermutlich das Kunstwerk, jedoch sehr knapp gefolgt, wenn nicht gar überholt, von Ihnen und Ihrer Vorstellung, wie Kunst zu behandeln sei. Ihr Freund mit seinen Vorstellungen landet abgeschlagen am unteren Ende.

Diese Position eines Beschenkten aber lässt sich mit der Idee des Schenkens nur schwer in Einklang bringen, deshalb scheint mir die Hängungsvorgabe im Zusammenhang mit einer Schenkung falsch; und infolgedessen auch die Rückforderung des Geschenks bei Nichtbeachtung. Gleichwohl würde ich als Beschenkter ein derart mit Forderungen und Ärger belastetes Kunstwerk nicht haben wollen und es Ihnen auch ohne Aufforderung zurückgeben.

Literatur:

Zur Dankbarkeit als Tugend: André Comte-Sponville, Ermutigung zum unzeitgemäßen Leben. Ein kleines Brevier der Tugenden und Werte, Rowohlt Taschenbuch Verlag, Reinbek bei Hamburg 1998, dort das Kapitel 10: Die Dankbarkeit, S. 157–166

Daneben gibt es eine Reihe von rechtlichen Bestimmungen, die von der Fragestellung berührt werden:

Bürgerliches Gesetzbuch (BGB)

§ 530
Widerruf der Schenkung
(1) Eine Schenkung kann widerrufen werden, wenn sich der Beschenkte durch eine schwere Verfehlung gegen den Schenker oder einen nahen Angehörigen des Schenkers groben Undanks schuldig macht.
(2) Dem Erben des Schenkers steht das Recht des Widerrufs nur zu, wenn der Beschenkte vorsätzlich und widerrechtlich den Schenker getötet oder am Widerruf gehindert hat.

§ 903
Befugnisse des Eigentümers
Der Eigentümer einer Sache kann, soweit nicht das Gesetz oder Rechte
Dritter entgegenstehen, mit der Sache nach Belieben verfahren und ande-
re von jeder Einwirkung ausschließen. Der Eigentümer eines Tieres hat
bei der Ausübung seiner Befugnisse die besonderen Vorschriften zum
Schutz der Tiere zu beachten.

Urheberrechtsgesetz UrhG
§ 14
Entstellung des Werkes
Der Urheber hat das Recht, eine Entstellung oder eine andere Beeinträch-
tigung seines Werkes zu verbieten, die geeignet ist, seine berechtigten
geistigen oder persönlichen Interessen am Werk zu gefährden.

Auf Herz und Nieren

Über U-Bahn-Fahren mit Erkältung, Blutspenden bei seltenen Blutgruppen, Hilfe für einen unsympathischen Multiple-Sklerose-Kranken, genetische Untersuchungen auf Erbkrankheiten, heimliches Süßigkeitenessen von Eltern, Impfverweigerer, katzenhaarallergische getrennte Väter sowie den Wunsch einer 102-Jährigen, nicht mehr aufzuwachen, kurz:

Über Gesundheit und Körper

»Neulich in der U-Bahn begann eine Frau mir gegenüber zu husten. Ihre Sitznachbarin rückte mit jedem Husten ein Stückchen weiter weg und suchte sich schließlich einen anderen Platz. Ist das moralisch vertretbar? Oder anders herum: Muss, wer unter Husten leidet, genervte Mitmenschen in der U-Bahn in Kauf nehmen? Oder sollte er gar aus Rücksicht nicht mit öffentlichen Verkehrsmitteln fahren?«   *Wilhelm R., Frankfurt*

Da wir nicht wissen, ob der Husten durch Bakterien oder Viren ausgelöst wurde, beginne ich mit der Frage: Was ist der Mensch? Der Mensch ist ein Lebewesen, keine Maschine und kann deshalb krank werden. Er ist dann eingeschränkt, und diese Einschränkung muss er akzeptieren, also gegebenenfalls im Bett oder zu Hause bleiben. Aus Gründen des Selbstschutzes oder des Schutzes der anderen. Umgekehrt muss man, weil Kranksein zum Menschsein gehört, genauso akzeptieren, dass andere krank sind, sei es zu Hause oder in der Öffentlichkeit.

Der Mensch ist ein Lebewesen, ein Organismus, der sich mit ansteckenden Krankheiten infizieren kann. Er hat ein vitales und legitimes Interesse daran, sich nicht zu infizieren. Es ist somit niemandem vorzuwerfen, dass er sich von einer potentiellen Infektionsquelle fernhält.

Der Mensch ist ein soziales und moralisches Wesen. Das heißt, er muss die Auswirkungen seines Verhaltens auf andere bedenken. Das gilt sowohl für den ansteckend

Kranken – er sollte andere nicht unnötig gefährden, also zu Hause bleiben oder Maßnahmen zum Schutz der anderen treffen – als auch für denjenigen, der davor das Weite sucht – er sollte den Kranken nicht unnötig zusätzlich belasten.

Der Mensch ist beharrend, er bleibt gerne bei seinen Gewohnheiten und lehnt oft das Fremde ab. Das mag in der Evolution von Nutzen gewesen sein, heute aber nicht mehr. Denn der Mensch ist auch vernunftbegabt und sollte Neuem gegenüber aufgeschlossen sein, insbesondere Sinnvolles in fremden Kulturen nicht ablehnen, sondern im Gegenteil aufgreifen.

In Japan etwa tragen viele Menschen in der Öffentlichkeit Atemschutzmasken, um sich nicht anzustecken, besonders aber, um andere nicht anzustecken. In unseren Breiten wird das oft belächelt – allerdings eben zu Unrecht. Denn es wirkt nachgewiesenermaßen und scheint mir deshalb, soweit es zum Schutz anderer geschieht, nicht nur eine Frage der Höflichkeit, sondern, konsequent gedacht, moralisch sogar geboten – ebenso wie Händedesinfektion und der Verzicht aufs Händeschütteln. Das Moment der Ungewohntheit sollte man angesichts dessen schnell überwinden können, denn der Mensch ist auch lernfähig. Bis es so weit ist, dass potentiell Infektiöse auch hier Mundschutz tragen, darf man sich ruhig wegsetzen. Wie auch das Händeschütteln verweigern.

Quellen:

Detlev Ganten, Volker Gerhardt, Jan-Christoph Heilinger, Julian Nida-Rümelin (Hrsg.), Was ist der Mensch?, de Gruyter Verlag, Berlin 2008

C. Raina MacIntyre, Simon Cauchemez, Dominic E. Dwyer, Holly Seale, Pamela Cheung, Gary Browne, Michael Fasher, James Wood, Zhanhai

Gao, Robert Booy und Neil Ferguson, Face Mask Use and Control of Respiratory Virus Transmission in Households, Emerg Infect Dis. 2009 Februar; 15(2): 233–241

Cowling B. J., Zhou Y., Ip D. K., Leung G. M., Aiello A. E., Face masks to prevent transmission of influenza virus: a systematic review, Epidemiol Infect, April 2010, 138(4): 449–56

Suess T., Remschmidt C., Schink S. B., Schweiger B., Nitsche A., Schroeder K., Doellinger J., Milde J., Haas W., Koehler I., Krause G., Buchholz U., The role of facemasks and hand hygiene in the prevention of influenza transmission in households: results from a cluster randomised trial; Berlin, Germany, 2009–2011, BMC Infect Dis. 2012 Januar 26; 12:26

Ich habe die mit 6 % seltene Blutgruppe 0 negativ. Für die Transfusionsmedizin ist mein Blut wertvoll, da es als Spenderblut universell eingesetzt werden kann. Ich kann jedoch nur Blut meiner eigenen Blutgruppe empfangen. Habe ich eine größere moralische Verpflichtung, Blut zu spenden, als beispielsweise eine Person der Blutgruppe AB positiv, deren Blut transfusionsmedizinisch nur für die eigene Gruppe in Frage kommt, die aber jegliche Blutsorten verträgt?   Philipp H., München

In seinen Büchern *Eine Theorie der Gerechtigkeit* und *Gerechtigkeit als Fairness* geht der amerikanische Philosoph John Rawls davon aus, dass niemand seine natürlichen Gaben oder Fähigkeiten (moralisch) verdient hat – worin man ihm zustimmen muss. Rawls folgert daraus, dass man die Verteilung der angeborenen Begabungen als »Gemeinschaftssache« oder »gemeinschaftliches Guthaben« betrachten und die Vorteile aufteilen sollte. Er meint damit ausdrücklich nicht, dass die Anlagen selbst Eigentum der Gesellschaft seien – das ginge schon wegen der Unversehrtheit der Person nicht –, sondern vielmehr die »Verteilung, d. h. die Unterschiede zwischen den Personen«: »Diese Vielfalt kann deshalb als ein gemeinschaftliches Guthaben angesehen werden, weil sie zahlreiche Ergänzungsmöglichkeiten der verschiedenen Talente ermöglicht, wenn diese in angemessener Weise organisiert sind, um jene Unterschiede nutzbar zu machen.«

Ich gebe zu, es ist kühn – schließlich meinte Rawls mit »Anlagen« Begabungen, die dem Träger selbst Vorteile bringen, und nicht Blutgruppen und hat seine Überlegungen nur für die Gestaltung von gesellschaftlichen Institutionen und nicht für persönliche Pflichten angestellt. Dennoch möchte ich seine Grundgedanken hierher übertragen: Man kann den Blutspendedienst als gesellschaftliche Institution begreifen, und die sollte so organisiert werden – ebenso eine Rawls'sche Forderung –, dass sie für alle, und vor allem auch für die, die am wenigsten Blutgruppen vertragen, Vorteile bringt. Das ist der Fall, wenn diejenigen, deren Blut besser als Spenderblut geeignet ist, mehr spenden. Zumal der Vorteil aus den Unterschieden verteilt werden sollte. Und da Sie Teil der Gesellschaft sind, sollten Sie, wie auch alle anderen, Ihren Teil gemäß Ihren Fähigkeiten dazu beitragen, in diesem Fall durch Ihre Blutspende.

Literatur:

John Rawls, Eine Theorie der Gerechtigkeit, Suhrkamp Verlag, Frankfurt am Main 1975, besonders § 17 Die Tendenz zur Gleichheit, S. 121 ff.

John Rawls, Gerechtigkeit als Fairness. Ein Neuentwurf, Suhrkamp Verlag, Frankfurt am Main 2003, besonders § 21 Veranlagung als gemeinschaftliches Guthaben ansehen, S. 123 ff.

Otfried Höffe (Hrsg.), John Rawls. Eine Theorie der Gerechtigkeit. Aus der Reihe Klassiker Auslegen, Akademie Verlag, Berlin, 2. Auflage 2006

Thomas W. Pogge, John Rawls, Verlag C. H. Beck, München 1994

»Ein Kollege ist schwer an multipler Sklerose erkrankt. Er war schon vor der Erkrankung eine sehr unsoziale, unangenehme Person, die jeden verklagt und denunziert hat. Nun ist er beim Weg zum Auto auf Hilfe angewiesen. Niemand möchte helfen, da wir für seinen Weg nach Hause nicht verantwortlich sind und es uns einfach unangenehm ist, ihm zu helfen. Ist das vertretbar?«

Hans A., Berlin

Es mag hart klingen, aber zur Selbstbestimmung gehört auch, dass jeder Mensch die Früchte seines selbstbestimmten Verhaltens erntet. Vermutlich würde die Welt besser aussehen, wenn jeder bei der Überlegung, wie er mit seinen Mitmenschen umgeht, den Gedanken miteinbezieht, dass er oder sie vielleicht einmal auf deren Hilfe angewiesen sein könnte. Man könnte darin etwas Ähnliches wie eine in die Zukunft gerichtete goldene Regel erblicken. Oder zumindest eine Art sozialer Notbremse: Man sollte sich so verhalten, dass man seine Mitmenschen nicht vollständig vergrault.

Nur, das ist eine Auffassung von Moral, die mir nicht gefällt: Wer so argumentiert, reduziert Moral zu einem reinen Tauschhandel. Sie mag zumindest teilweise ihre Wurzeln dort haben, aber wir haben als moralische Wesen mit Vernunft die Möglichkeit, uns davon zu befreien, darüberzustehen.

Ihr Kollege hat sich Ihnen gegenüber schlecht verhalten,

aber das ist unabhängig davon, dass er nun Hilfe braucht. Einem Hilfsbedürftigen zu helfen ist meines Erachtens eine basale Frage der Gerechtigkeit: das auszugleichen, was ihm aufgrund seines Schicksals fehlt. Das ist nicht verknüpft mit seinem vorherigen Verhalten – bis zu einer gewissen Grenze, falls er etwa fortfährt, Ihnen das Leben schwerzumachen. Sie müssten sich nicht während Ihrer Hilfe piesacken lassen. Wenngleich man für einen kranken Menschen mehr Verständnis aufbringen sollte. Eine schwere Krankheit kann läutern, manchen aber verhärtet sie auch.

Der französische Philosoph André Comte-Sponville spricht von der Barmherzigkeit als der »Tugend, die den Groll und auch berechtigten Hass überwindet«, die vergibt, ohne zu vergessen, zu der auch das Mitleid als Gefühl führen könne. Sie brauchen sich mit Ihrem Kollegen nicht anzufreunden – diese Früchte erntet er –, aber helfen sollten Sie ihm.

Literatur:

André Comte-Sponville, Ermutigung zum unzeitgemäßen Leben. Ein kleines Brevier der Tugenden und Werte, Rowohlt Verlag, Reinbek bei Hamburg, 1998. Dort vor allem das Kapitel »Die Barmherzigkeit«, S. 141–155. Daneben sind aber für die Frage hier auch die Kapitel »Das Mitleid«, »Die Großherzigkeit« und »Die Gerechtigkeit« interessant.

»Eine Freundin ließ ihren relativ jung an Alzheimer erkrankten Ehemann auf die genetische Form dieser Erkrankung untersuchen, um das Risiko für ihre erwachsenen Kinder abzuschätzen, damit diese eventuell im Vorfeld behandelt werden konnten. Der Verdacht bestätigte sich nicht. Eine Tochter war jedoch stinksauer, dass sie nicht zuvor informiert worden war. Hat sie recht?«

Helmut G., Köln

Betrachtet man die emotionale Ebene, erscheint das Handeln der Mutter verständlich oder zumindest verzeihlich: Handelte sie doch in einer Belastungssituation mit einem an Demenz erkrankten Partner und in Sorge um ihre Kinder, denen das gleiche Schicksal, das ihr gerade vor Augen steht, drohen könnte.

Dies ändert jedoch nichts daran, dass ich das Vorgehen für falsch halte. Genetische Untersuchungen beinhalten unter anderem das Problem, dass zu diesem Zeitpunkt gesunde Menschen mit der Tatsache konfrontiert werden können, in mehr oder weniger ferner Zukunft eine schwerwiegende oder sogar tödliche Krankheit zu entwickeln. Wie einschneidend diese Information für ein Leben ist, muss man nicht betonen. Deshalb wird auch ganz allgemein ein »Recht auf Nichtwissen« anerkannt: Jeder hat das Recht, selbst zu entscheiden, ob er oder sie das wissen will oder nicht. Die eine will möglichst schnell Gewissheit haben, weil sie die Unsicherheit nicht erträgt, der andere bevorzugt die Unsicherheit, weil er mit der Gewissheit des Schicksals nicht zurechtkäme. Und es ist jedes Einzelnen ureigene Entscheidung, wie er oder sie das handhaben will. Auch dann, wenn dadurch Vorbeugungs- oder Behandlungsmöglichkeiten verstreichen. Es mögen viele vernünftige Gründe für die eine oder andere Entscheidung sprechen – das Recht auf Selbstbestimmung, auf Autonomie bedeutet, seine eigenen Angelegenheiten selbst entscheiden zu können. Wenn man möchte, auch unvernünftig.

Manchmal können Konflikte auftreten, weil die Untersuchung eines Patienten je nach Erbgang der Krankheit zugleich ein Ergebnis für andere Familienmitglieder beinhaltet. Wird jedoch die Untersuchung allein im Hinblick auf die Kinder gemacht, hätten sie im Hinblick auf ihr Selbstbestimmungsrecht dazu vorab befragt werden müssen.

Literatur:

Roberto Andorno, The right not to know: an autonomy based approach, J Med Ethics 2004; Vol 30:435–440, Mit einer Entgegnung und Ergänzung von Graeme Laurie, A Response to Andorno

Michael Arribas-Ayllon, The ethics of disclosing genetic diagnosis for Alzheimer's disease: do we need a new paradigm?, British Medical Bulletin 2011; Vol 100: 7–21

Johann-Christian Pöder, Martin Langanke, Pia Erdmann, Wolfgang Lieb, Heinrich Assel, Tagungsbericht, Zufallsbefunde als Problem medizinischer Diagnostik und Forschung, Rehburg-Loccum, 2.–3. Dezember 2011 Ethik Med (2012), Vol 24:249–252

Alan Fryer, Inappropriate genetic testing of children, Arch Dis Child 2000, Vol 83: 283–285

Rosamond Rhodes, Why Test Children for Adult-Onset Genetic Diseases?, The Mount Sinai Journal of Medicine 2006, Vol. 73, 609–616

P. Borry, et al., »Genetic testing and counselling. European Guidance«, European Ethical-Legal Papers N°3, Leuven 2007. ISBN: 9789033465796, http://www.eurogentest.org/fileadmin/templates/eugt/pdf/EELP_3_voor _site.pdf

Donna L. Dickenson, Can children and young people consent to be tested for adult onset genetic disorders?, BMJ 1999, Vol 318:1063–6

President's Commission for the Study of Ethical Problems in Medicine and Biomedical and Behavioral Research, Screening and Counseling for Genetic Conditions. A Report on the Ethical, Social, and Legal Implications of Genetic Screening, Counseling, and Education Programs, February 1983, Library of Congress, card number 83-600502
Online abrufbar unter: http://kie.georgetown.edu/nrcbl/documents/ pcemr/geneticscreening.pdf

Bernd-Rüdiger Kern, Unerlaubte Diagnostik – Das Recht auf Nichtwissen, in: Christian Dierks, Albrecht Wienke, Wolfram Eberbach, Jörg Schmidtke, Hans-Dieter Lippert (Hrsg.), Genetische Untersuchungen und Persönlichkeitsrecht (Schriftenreihe Medizinrecht der Deutschen Gesellschaft für Medizinrecht), Springer Verlag, Heidelberg 2003, S. 55–69

Rainer Erlinger, Strafrechtliche Grenzen genetischer Untersuchungen, in: Christian Dierks, Albrecht Wienke, Wolfram Eberbach, Jörg Schmidtke, Hans-Dieter Lippert (Hrsg.), Genetische Untersuchungen und Persönlichkeitsrecht (Schriftenreihe Medizinrecht der Deutschen Gesellschaft für Medizinrecht), Springer Verlag, Heidelberg 2003, S. 71–82

UNESCO
Universal Declaration on the Human Genome and Human Rights
11 November 1997
Online abrufbar unter: http://www.unesco.org/new/en/social-and-human-sciences/themes/bioethics/human-genome-and-human-rights/

B. Rights of the persons concerned
Article 5
...
(c) The right of each individual to decide whether or not to be informed of the results of genetic examination and the resulting consequences should be respected.

Gesetz über genetische Untersuchungen bei Menschen (Gendiagnostik-gesetz – GenDG) vom 31. Juli 2009 (BGBl. I S. 2529, 3672)

§ 8 Einwilligung

(1) Eine genetische Untersuchung oder Analyse darf nur vorgenommen und eine dafür erforderliche genetische Probe nur gewonnen werden, wenn die betroffene Person in die Untersuchung und die Gewinnung der dafür erforderlichen genetischen Probe ausdrücklich und schriftlich gegenüber der verantwortlichen ärztlichen Person eingewilligt hat. Die Einwilligung nach Satz 1 umfasst sowohl die Entscheidung über den Umfang der genetischen Untersuchung als auch die Entscheidung, ob und inwieweit das Untersuchungsergebnis zur Kenntnis zu geben oder zu vernichten ist. ...

(2) Die betroffene Person kann ihre Einwilligung jederzeit mit Wirkung für die Zukunft schriftlich oder mündlich gegenüber der verantwortlichen ärztlichen Person widerrufen. Erfolgt der Widerruf mündlich, ist dieser unverzüglich zu dokumentieren. ...

§ 9 Aufklärung

(1) Vor Einholung der Einwilligung hat die verantwortliche ärztliche Person die betroffene Person über Wesen, Bedeutung und Tragweite der genetischen Untersuchung aufzuklären. Der betroffenen Person ist nach der Aufklärung eine angemessene Bedenkzeit bis zur Entscheidung über die Einwilligung einzuräumen. (2) Die Aufklärung umfasst insbesondere ...

4. das Recht der betroffenen Person, die Einwilligung jederzeit zu widerrufen,

5. das Recht der betroffenen Person auf Nichtwissen einschließlich des Rechts, das Untersuchungsergebnis oder Teile davon nicht zur Kenntnis zu nehmen, sondern vernichten zu lassen,

§ 11 Mitteilung der Ergebnisse genetischer Untersuchungen und Analysen

...

(4) Das Ergebnis der genetischen Untersuchung darf der betroffenen Person nicht mitgeteilt werden, soweit diese Person nach § 8 Abs. 1 Satz 1 in Verbindung mit Satz 2 entschieden hat, dass das Ergebnis der genetischen Untersuchung zu vernichten ist oder diese Person nach § 8 Abs. 2 ihre Einwilligung widerrufen hat.

»Wir achten auf eine ausgewogene Ernährung und erlau-
ben unserer dreijährigen Tochter nicht allzu viele Süßig-
keiten. Zu uns selber sind wir allerdings weniger streng:
Wenn wir allein sind oder die Kleine schläft, essen wir
gern Süßes, auch in größeren Mengen. Manchmal haben
wir dabei aber ein schlechtes Gewissen. Verfahren wir
nach dem Prinzip: Wasser predigen und Wein saufen?«

Carola und Hans R., Hamburg

Da Erziehung nicht mein Fachgebiet darstellt, habe ich
mich kundig gemacht und erfahren, wie wichtig es ist,
Kindern ein gutes Vorbild zu geben. Es schiede somit aus
pädagogischen Gründen aus, so verstehe ich die Experten,
Ihrer Tochter die Schokolade mit Hinweis auf die Schäd-
lichkeit wegzunehmen und vor ihren immer größer wer-
denden Kinderaugen, aus denen die Tränen heftig zu kul-
lern beginnen, genussvoll zu verzehren. Es sei denn, Sie
wollten mit dieser Maßnahme eine schokoversessene
kleine Sadistin heranziehen.

Auch der Philosoph Immanuel Kant meinte in seiner
Schrift *Über Pädagogik:* »Um in den Kindern einen moralischen Charakter zu begründen, müssen wir folgendes
merken: Man muss ihnen die Pflichten, die sie zu erfüllen
haben, soviel als möglich durch Beispiele und Anordnun-
gen beibringen.« Und diese Pflichten bestünden eben
nicht darin, »dass man seine Begierden und Neigungen zu
befriedigen suche, denn man muss im Gegentheile sehr

mässig und enthaltsam sein, sondern dass der Mensch in seinem Innern eine gewisse Würde habe, die ihn vor allen Geschöpfen adelt ... Die Würde der Menschheit aber verleugnen wir, wenn wir z. E. ... alle Arten von Unmässigkeit ausüben u.s.w., welches alles den Menschen weit unter die Tiere erniedriget.«

Allerdings mutiert Ihre Frage zur rein moralischen, sobald Sie Ihre Schlemmerei nur gut genug vor den Kinderaugen verbergen, so dass die Vorbildproblematik entfällt. Und dann würde ich differenzieren: Verbieten Sie Ihrer Tochter die Süßigkeiten, weil sie speziell wegen ihres Alters davon nicht so viel bekommen soll, scheint es mir in Ordnung zu sein, wenn Sie dennoch selbst davon essen. Schließlich dürfen Sie ja auch ein Glas Wein trinken und verwehren es der Dreijährigen hoffentlich. Sind Sie allerdings generell ein Gegner des Zuckers und tun sich nur leichter damit, Ihre Tochter zu zügeln als sich selbst, meldet sich Ihr schlechtes Gewissen zu Recht.

Hinweise:

Immanuel Kant, Über Pädagogik, herausgegeben von D. Friedrich Theodor Rink, Akademie-Ausgabe, Band IX, S. 436–499

»Einige Eltern in meinem Bekanntenkreis lassen ihre Kinder nicht oder nur teilweise impfen. Nun müssen Eltern generell selbst wissen, was für ihre Kinder am besten ist, aber ich finde, in diesem Fall ist das anders. Immerhin betrifft die Entscheidung nicht nur die eigenen, sondern auch fremde Kinder, zum Beispiel solche, die noch zu jung für eine Impfung sind. Müsste man sich aus moralischen Gründen nicht für die Impfung entscheiden? Tragen wir als Eltern nicht eine gewisse Verantwortung für alle Kinder in unserer Umgebung?« Greta T., Jena

Wieder einmal stehen sich die Freiheit des Einzelnen und die Anliegen der Allgemeinheit oder der Mitmenschen gegenüber – hier mit einer Besonderheit: Man streitet um die Tatsachen. Manche Impfgegner sind der Überzeugung, dass Schutzimpfungen mehr Schaden anrichten als das natürliche Durchleben der entsprechenden Krankheit. Wenn dies generell zuträfe, ließe sich kaum eine ethische Pflicht zur Impfung formulieren, im Gegenteil, dann wäre das Impfen unethisch. Allerdings sprechen die Fakten dagegen: Die Ausrottung der Pocken rettete Studien zufolge in den letzten 20 Jahren ungefähr 40 Millionen Menschenleben. Nach Schätzungen der Weltgesundheitsorganisation WHO sterben täglich 4000 bis 8000 Menschen an Krankheiten, die durch eine Routineimpfung verhindert werden könnten. Dank entsprechender Impfprogramme gibt es in Europa derzeit keine Kinderlähmung mehr. Die letzte Epidemie hierzulande hatte 1961 noch mehr als 300 Tote zur Folge. Masern, an denen weltweit jedes Jahr mehr als 300 000 Kinder sterben, sind bei uns durch Impfungen selten geworden.

Und hier beginnen die ethischen Probleme: Sobald genügend Menschen in der Umgebung geimpft sind, sinkt das Risiko, sich anzustecken, rapide – und damit der individuelle Nutzen der einzelnen Impfung. Wer in Anbetracht dessen nun das geringe Impfrisiko für seine Kinder scheut oder schlicht nachlässig wird, erweist sich als moralischer Trittbrettfahrer, der ohne eigenen Einsatz von dem der anderen profitiert. Der Medizinethiker Georg Marckmann formuliert es so: Der kollektive Schutz, den eine hohe Impfrate gewährt, die sogenannte Herdimmunität oder Herdenimmunität, stellt ein öffentliches Gut dar, an dem man teilhat; spiegelbildlich beinhaltet das aber auch eine moralische Verpflichtung, zu diesem Gut beizutragen, hier, indem man sich selbst oder seine Kinder impfen lässt.

Literatur:

G. Marckmann, Impfprogramme im Spannungsfeld zwischen individueller Autonomie und allgemeinem Wohl, Bundesgesundheitsblatt – Gesundheitsforschung – Gesundheitsschutz, 51 (2008) S. 175–183

J. J. M van Delden et al., The ethics of mandatory vaccination against influenza for health care workers, Vaccine 21 (2008) 5562–5566

*»Mein siebenjähriger Sohn und ich hätten gern eine Kat-
ze. Nun lebe ich seit vier Jahren getrennt von seinem Vater, und unser Sohn wächst abwechselnd bei uns beiden
auf. Das Problem: Mein Expartner leidet unter einer Kat-
zenhaarallergie. Bin ich nun – trotz Trennung – aus moralischen Gründen verpflichtet, auf eine Katze zu verzichten, weil mein Sohn die Katzenhaare in den Haushalt
meines Expartners einschleppen würde?«*

Ramona Z., Burghausen

Das ist einer der raffiniertesten Fälle von Biowaffenein-
satz, der mir je untergekommen ist. Verbunden mit psychologischer Kriegsführung, nachdem Sie betonen, dass ja
auch der Sohn gern so eine niedliche Katze hätte. Rosen-
krieg mit Katzenhaar, der Nachwuchs als familiäre Kurz-
streckenrakete, die allergene Sprengköpfe zwischen den
Wohnungen transportiert – Genfer Konvention und Haa-
ger Landkriegsordnung hohnlachend. Ihr Expartner kann
sich nun entscheiden, warum die Tränen fließen, wie's
Bächlein auf den Wiesen: Wegen der Katzenhaare oder
weil der Herzenswunsch des Kindes versagt bleibt. Der
Vater hat's verboten. Miau! Mio! Miau! Mio!

Nun weiß ich nicht, warum Sie sich getrennt haben und
wie sich Ihr Verhältnis derzeit gestaltet – das Bild von
Hund und Katze verkneife ich mir. Vielleicht mögen Sie
sich ja, auf jeden Fall steht Ihr Miteinander zwischen zwei
Polen: Auf der einen Seite sind Sie nach der Trennung wie-

der freie Menschen. Auf der anderen Seite werden Sie zeit-lebens über Ihren Sohn verbunden bleiben. Liebesbeteue-rungen, Treueschwüre und Eheversprechen können Sie aufkündigen, nicht aber ein gemeinsames Kind. Es ist ein Fleisch gewordenes säkulares »bis dass der Tod uns schei-det«.Tatsächlich können allergische Reaktionen bis dort-hin führen – eine zwar praktische, ethisch aber bedenkli-che Lösung. Da sie ausscheidet, muss man überlegen: Der gemeinsame Sohn ist der Angelpunkt – tatsächlich wie moralisch, und dort würde ich ansetzen. Vielleicht kann man es ganz pragmatisch arrangieren, dass er sich jedes Mal duscht und die Kleidung wechselt, wenn er von Ihnen zum Vater wechselt. Falls das nicht machbar ist und die Katze den Umgang Ihres Ex mit seinem Sohn massiv er-schwert oder gar unmöglich macht, steht Katzenliebe ge-gen Elternliebe. Und dann müssen – Miau! Mio! hin oder her – Minz und Maunz zurückstehen.

Quellen:

Heinrich Hoffmann, Der Struwwelpeter, Titel der Originalausgabe: Lus-tige Geschichten und drollige Bilder für Kinder von 3–6 Jahren, Literari-sche Anstalt, Frankfurt am Main 1845; darin: Die gar traurige Geschichte mit dem Feuerzeug

»Ich bin Lehrer und war kürzlich mit einer Schulklasse im Seniorenheim zu Besuch. Eine Bewohnerin sagte, ihr einziger Wunsch zum bevorstehenden 102. Geburtstag sei, morgens nicht mehr aufzuwachen, weil sie sich einsam und unglücklich fühle, da alle ihre Freunde und Verwandten lange verstorben sind. Aus Reflex entgegnete ich der Dame, dass ich ihr dennoch weiterhin ein gesundes Leben wünsche. War das richtig?«   Hartmut S., Berlin

Ein Todeswunsch verunsichert. Gilt doch Leben als höchstes Gut. Nur möchte ich an dieser Stelle widersprechen: Als höchstes Gut sehe ich nicht das Leben, sondern die Würde des Menschen, die sich auch in seiner Freiheit widerspiegelt. Solange der entsprechende Wille frei gebildet ist, nicht auf Krankheit, Verzweiflung, Not oder dergleichen beruht, darf ein Mensch als Ausdruck seiner Autonomie sich auch den Tod wünschen. Insofern verbietet es der Respekt vor der alten Dame und ihrer Selbstbestimmung, ihrem Todeswunsch einen bessermeinenden Lebenswunsch entgegenzusetzen. Die Dame darf und muss ihr Leben führen, nicht wir Außenstehende.

Weil das theoretische Überlegungen sind, habe ich den Fall mit dem Palliativmediziner Gian Domenico Borasio erörtert. Er stimmte mir zu, meinte aber ergänzend, als Arzt, der täglich mit Sterbenden zu tun hat, würde er die Frage gern umformulieren: »Was braucht die alte Dame von den Besuchern in dem Augenblick, in dem sie etwas sehr Intimes, ihren Todeswunsch, offenbart? Die Antwort lautet: Empathie. Das Sich-Hineinfühlen in ihre Situation bedeutet weder den Todeswunsch abzulehnen noch sich ihm anzuschließen. Beides würde dem leidenden Menschen, der vor einem liegt, nicht gerecht. Vielleicht eher, zu sagen, dass es wirklich schlimm sein muss, nach einem so langen Leben allein im Pflegeheim zu sein und alle geliebten Menschen schon verstorben zu wissen. Und dann einfach zu schweigen und zu warten, was kommt. Ein vereinsamter, pflegebedürftiger Mensch mit 102 Jahren hat jedes Recht, sich den Tod zu wünschen. Die Vorstellung, alle Todeswünsche dieser Art seien nur Ausdruck unzureichender Pflege und Betreuung, ist wissenschaftlich längst widerlegt. Umso wichtiger ist es, die Würde der alten Dame zu achten, indem man versucht, sich in ihre Situation einzufühlen, ohne urteilen zu wollen.«

Literatur:

Unbedingt empfehlenswert sind in diesem Zusammenhang Gian Domenico Borasios Bestseller »Über das Sterben«, Verlag C. H. Beck, München 2011, sowie »Selbst bestimmt sterben: Was es bedeutet. Was uns daran hindert. Wie wir es erreichen können«, Verlag C. H. Beck, München 2014

Im Herbst 2011 gab Maurice Sendak, der Schöpfer des bekannten Kinderbuches »Wo die wilden Kerle wohnen«, mit 83 Jahren ein halbes Jahr vor seinem Tod der Moderatorin Terry Gross in der Sendung »Fresh Air« im US-Amerikanischen National Public Radio NPR ein bewegendes Interview über Leben und Tod, in dem er sich auch ausführlich dazu äußert, wie es ist, wenn die geliebten Menschen um einen herum sterben, man selbst aber weiterlebt.

Ausschnitte aus dem Interview hat Christoph Niemann in einem wunderbaren kurzen Video für das New York Times Magazine illustriert: http://www.nytimes.com/video/magazine/100000001970456/an-illustrated-talk-with-maurice-sendak.html

Von der Vielfalt des Lebens

Über weitergegebene Gefallen, »Dein« in Briefen, Lachen über Andere, Asyl für Edward Snowden, Blumen am Grab oder Spenden, Ungestört-bleibenwollen im Café, unnötige SMS, Gummi-bärchen mit Schweinegelatine, Mehrfachbehin-derte auf Demonstrationen, geerbte Antiquitäten aus vormals jüdischem Besitz, Selbstbedienung in Altkleidercontainern, Abbrennen von Kerzen-Buddhas sowie ein schlechtes Gewissen, weil es einem so gutgeht, kurz:

Über Vermischtes

»*Als ich nach einem Fahrradunfall ins Krankenhaus musste, kümmerte sich eine nette junge Frau um mein Fahrrad. Aus Dank bot ich an, sie zu fotografieren, falls sie mal professionelle Fotos braucht, weil das mein Beruf ist. Ein paar Monate später kam sie auf mein Angebot zurück und sagte, nicht sie, sondern eine Mitbewohnerin benötige dringend Bewerbungsfotos. Kann man einen Gefallen einfach so weiterreichen?*« Kurt S., Berlin

Ihre Frage liest sich wie eine schöne Geschichte von Hilfsbereitschaft und Dankbarkeit – bis leider gegen Ende eine Verstimmung auftaucht, die man nachvollziehen kann. Ich glaube, wenn man versucht, diesen Stimmungsumschwung zu ergründen, landet man auch bei der Antwort.

Das Schöne an der Geschichte ist, dass sowohl die Hilfsbereitschaft als auch Ihre Dankbarkeit etwas Selbstloses und vor allem etwas nicht Berechnendes an sich haben. Die Dame hat sich einfach so um Ihr liegengebliebenes Fahrrad gekümmert, Sie haben ihr dafür einen Gefallen versprochen, der zwar aus Ihrem beruflichen Bereich kommt, aber persönlich gedacht war. Hier stutzt man allerdings ein erstes Mal: In dieser kleinen Vermengung aus Geschäft und privat könnte schon eine der Wurzeln des Problems liegen. Doch zurück zum Gefallen. Jeder kennt das Phänomen, dass derartige Versprechen sehr schön sind, man sie aber häufig nie einlöst. Da ist es sinnvoll, wenn man sie weitergeben kann. Und hier speziell kommt noch hinzu, dass die Dame offenbar gerne hilft, erst Ihnen, nun ihrer Mitbewohnerin; die Selbstlosigkeit bleibt wie ein Grundton erhalten, was ebenfalls für die Weitergabe spricht.

Jedoch, auch wenn es Ihr Beruf ist, Sie das sonst als Leistung gegen Geld auf dem Markt anbieten, war der fotografische Gefallen kein Einkaufsgutschein mit einem bestimmten Wert, sondern primär Ausdruck der Dankbarkeit und persönlichen Wertschätzung. Und im Falle eines Porträtfotos ist er auch selbst wiederum etwas durchaus Persönliches. Das aber entfällt alles bei einer Weitergabe, der Gefallen wird zu etwas Übertragbarem, einer Art Ware, fast im Sinne einer Kommodifizierung. Das aber entwertet die persönliche Komponente, die für den schönen Teil der Geschichte steht. Deshalb sehe ich die Weitergabe hier als unglücklich an.

Leseempfehlungen:

Zur Kommodifizierung lesenswert sind zwei Aufsätze des leider früh verstorbenen Berliner Soziologen Georg Elwert:

Georg Elwert, Märkte, Käuflichkeit und Moralökonomie, Soziologie und gesellschaftliche Entwicklung. Verhandlungen des 22. Deutschen Soziologentages in Dortmund 1984, herausgegeben im Auftrag der Deutschen Gesellschaft für Soziologie von Burkhart Lutz, Campus Verlag, Frankfurt am Main 1985, S. 509–519

Georg Elwert, Ausdehnung der Käuflichkeit und Einbettung der Wirtschaft. Markt und Moralökonomie, in: Klaus Heinemann (Hrsg.), Soziologie wirtschaftlichen Handelns, Kölner Zeitschrift für Soziologie und Sozialpsychologie, Sonderheft 28/1987, S. 300–321

»Es ist üblich, Postkarten, Briefe oder E-Mails an Ver-
wandte, Freunde oder gute Bekannte mit ›Dein ... /Ihr ...‹
zu beenden. Das widerstrebt mir, denn so möchte ich
eigentlich nur eine Korrespondenz mit meiner Ehefrau
oder meiner Tochter abschließen. Bin ich unhöflich?«

Manuel F., Bielefeld

Ihre Bedenken sind nachvollziehbar. So ohne weiteres sollte man sich einem anderen nicht als »Dein« verschreiben. Wie schon die Bezeichnung Possessivpronomen – besitzanzeigendes Fürwort – nahelegt, geht es dabei um Besitzverhältnisse, und das führt, soweit es sich um Personen, vor allem die eigene, handelt, doch recht weit.

Das zeigt auch eine Sentenz, an die man unwillkürlich denken muss: »Ich bin dein Geselle, / Und mach ich dir's recht, / Bin ich dein Diener, bin dein Knecht!« Mit diesen dein-reichen Worten aus Goethes Feder dient Mephistopheles sich bei Faust an. Für Faust zunächst wenig problematisch. Doch fordert Mephistopheles im Gegenzug Entsprechendes von ihm: »Ich will mich hier zu deinem Dienst verbinden, / Auf deinen Wink nicht rasten und nicht ruhn; / Wenn wir uns drüben wiederfinden, / So sollst du mir das gleiche tun.«

Raffiniert wie Mephistopheles nun einmal ist, erwartet er – damit sind wir bei Ihrem Problem –, dass Faust dazu ein Schreiben verfasst und gewissermaßen mit »Dein Heinrich« unterschreibt: »Nur eins! – Um Lebens oder

Sterbens willen / Bitt ich mir ein paar Zeilen aus.« Faust sträubt sich ähnlich wie Sie: »Allein ein Pergament, beschrieben und beprägt, / Ist ein Gespenst, vor dem sich alle scheuen.« Doch Mephistopheles beharrt: »Ist doch ein jedes Blättchen gut. / Du unterzeichnest dich mit einem Tröpfchen Blut.« Faust tut es, und das Drama nimmt seinen Lauf.

Es scheint also wesentlich sicherer, so wie Sie mit »Dein« nur dann zu unterschreiben, wenn man es mit Herzblut machen kann, also bei denen, die einem wirklich am Herzen liegen – nicht notwendigerweise nur Frau oder Tochter. Darüber hinaus ist ein sparsamer Gebrauch dieser Formulierung aber auch allgemein sinnvoll, um Persönliches nicht zu einer leeren Floskel verkommen zu lassen.

Quellen:

Johann Wolfgang von Goethe, Faust. Eine Tragödie, Tübingen 1808. Originalausgabe als Faksimile und Text im Deutschen Textarchiv: http://www.deutschestextarchiv.de/book/show/goethe_faust01_1808

Ein einfacher Textzugriff ist über Projekt Gutenberg möglich: http://gutenberg.spiegel.de/buch/3664/1

Die Szene des Paktes zwischen Faust und Mephistopheles kann man im Zusammenhang hier nachlesen: http://gutenberg.spiegel.de/buch/3664/7

Im Buchhandel sind die verschiedensten Ausgaben erhältlich und »Faust« gehört zu den meistgespielten Stücken auf deutschen Bühnen.

Die bekannte Gründgens-Inszenierung von 1956/57 am Deutschen Schauspielhaus in Hamburg mit Gustaf Gründgens als Mephisto ist in einer Verfilmung aus dem Jahr 1960, die man immer wieder gerne sieht, als DVD erhältlich.

»Bei einem Firmenabend in einem Bowlingcenter fiel uns auf der Nachbarbahn ein lustig wirkendes Pärchen auf: etwas runder gebaut, Topfschnitt wie von Muttern und fast schon clowneske Bewegungen. Wir machten unsere Blödeleien über sie. Ein Kollege fand das nicht in Ordnung. Darf man sich nicht über andere amüsieren, besonders wenn sie es nicht bemerken?« Hanna L., Gießen

Moralkritiker beginnen jetzt vermutlich schon mit den Füßen zu scharren. Steuern wir hier doch auf ein Klischee zu: Die Moral will uns den Spaß verderben. Und das an einer Stelle, die – zumindest auf den ersten Blick – harmlos erscheint. Was soll schon schlecht daran sein, wenn man lacht, ohne jemanden auszulachen? Schließlich wird niemand gekränkt, weil die Opfer der Späße es nicht mitbekommen? Genau da liegt jedoch der Knackpunkt: Vielleicht wird niemand gekränkt, aber eben trotzdem verletzt. In seiner Würde.

In Immanuel Kants *Vorlesung über Ethik* heißt es dazu: »Durch das Raillieren«, das Spotten, »wird der Mensch mehr erniedrigt als durch das Böse. Denn ist man ein Objekt des Lachens von anderen, so hat man keinen Wert und ist der Verachtung ausgesetzt.«

Es soll hier auch nicht mit Hilfe der Moral klassisch moralinsauer das Lachen verboten werden. Aber ich erachte es dann als bedenklich, über andere zu lachen, wenn es sich um Schwächere handelt. In diesem Fall beinhaltet das

Lachen stets auch, dass man sich über den Verlachten erhebt. Man hangelt sich selbst gewissermaßen an dem Lachen hoch, während man den anderen, den Schwächeren, dabei nach unten drückt. Man wird selbst nicht größer, aber man erreicht eine größere Höhe, wenn man sich auf den am Boden Liegenden stellen kann. Und das kann man eben praktischerweise, ohne selbst wachsen zu müssen.

Zudem halte ich die Tatsache, dass Schwächere Schwächen haben, für wenig überraschend, damit für einen sehr mäßigen Witz und schon gar nicht für lustig. Man amüsiert sich darüber, dass der andere anders ist, aber witzig kann das allenfalls sein, wenn man sich selbst für besser hält. Oder hätten Sie auch über die auffallende Schönheit von Alain Delon oder Audrey Hepburn gelacht, hätten die auf der Nachbarbahn gebowlt?

Literatur:

Immanuel Kant, Die Metaphysik der Sitten, Tugendlehre. I. Ethische Elementarlehre, Von den die Pflicht der Achtung für andere Menschen verletzenden Lastern. C. Die Verhöhnung. § 44 (Akademie-Ausgabe, Band VI, S. 467)
Online abrufbar unter: http://www.korpora.org/kant/aa06/203.html

Immanuel Kant, Eine Vorlesung über Ethik, herausgegeben von Gerd Gerhardt, Fischer Taschenbuch Verlag, Frankfurt am Main 1990, S. 254 f.

Paul McDonald, The Philosophy of Humour (Philosophy Insights, General Editor: Mark Addis), Humanities-Ebooks, Penrith 2012, dort Kapitel 7: Humour and Ethics
Online abrufbar unter: http://www.humanities-ebooks.co.uk/cgi-bin/trolleyed_public.cgi?action=showprod_MCDONALDPHILOSOPHYOF HUMOUR

Aaron Smuts, The Ethics of Humor: Can Your Sense of Humor be Wrong? Ethic Theory Moral Prac (2010) 13:333–34

Online abrufbar unter: http://link.springer.com/article/10.1007%2Fs 10677-009-9203-5#/close

Barbara Houston, Taking Laughter Seriously, Philosophy of Education 2009, 213–216
Online abrufbar unter: http://ojs.ed.uiuc.edu/index.php/pes/article/view/ 2703/1033

Dort findet sich ein Absatz, der die hier vertretene These beleuchtet: »Laughter is not ›innocent.‹ Perusal of a dictionary convinces us that to laugh at someone or something is sometimes to ridicule, show contempt for, or hold up to scorn. Furthermore, laughter is sometimes a way to silence, dismiss, or claim victory over others. Sneering, jeering, and snickering are well known forms of laughter. There is no question that laughter can be aggressive, hostile, and cruel. We need to look at who is laughing at what, and with whom, before we can assess whether or not there is any positive educational dimension to the laughter.« (S. 215)

Ronald de Sousa, »When Is It Wrong to Laugh?«, in The Philosophy of Laughter and Humor, ed. John Morreall (Albany, N.Y.: SUNY Press, 1987), 228–229, online abrufbar hier: http://www.sunypress.edu/p-640-the-philosophy-of-laughter-and-.aspx. Nachgedruckt in: David Benatar (Hrsg.), Ethics for Everyday, McGraw-Hill, New York, 2002, S. 21–39

Mit der möglicherweise negativen Kraft des sonst doch so gut beleumundeten Lachens beschäftigt sich eines der bekanntesten Bücher der letzten Jahrzehnte: Umberto Ecos »Der Name der Rose«. Die Morde in der Benediktinerabtei, die am Schluss deswegen sogar zusammen mit ihrer berühmten Bibliothek den Flammen zum Opfer fällt, geschehen nämlich nur deshalb, um die Welt vor einem Buch zu schützen, dem einzigen erhaltenen Exemplar des zweiten Buches der Poetik des Aristoteles, das von der Komödie handeln soll. Denn das Lachen ist nach Ansicht des blinden Bibliothekars Jorge von Burgos verderblich: »Jesus hat nie gelacht.«

Im Buch finden sich mehrere Stellen, an denen der Protagonist William von Baskerville mit dem blinden Bibliothekar Jorge von Burgos über die Zulässigkeit des Lachens streitet, so etwa im Kapitel »Erster Tag Komplet« (HC S. 125 f.) oder »Zweiter Tag Tertia« (HC S. 167 ff.).

Umberto Eco, Der Name der Rose, aus dem Italienischen von Burkhart Kroeber, Hanser Verlag, München 1982

»Die NSA verhöhnt durch ihr Ausspionieren sämtlicher privaten Daten der Bundesbürger unsere Verfassung auf nie dagewesene Weise. Obwohl wir diese Einsicht einzig Herrn Snowden verdanken, der sich durch seine Enthüllung in keiner Weise bereichert, bieten wir, die Bundesrepublik, ihm nicht Asyl an. Ist das moralisch in Ordnung?«   *Tobias L., Hamburg*

»Wer nichts verbrochen hat, hat nichts zu befürchten.« So argumentieren Anhänger einer weitreichenden Sicherheitspolitik gerne gegenüber Bürgern, die eine Einschränkung ihrer Privatsphäre befürchten. Ich halte diesen Satz zwar für falsch, würde ihn aber gerne seinen Urhebern entgegenhalten und sie fragen, wo der Schaden liegt, den Edward Snowden angerichtet hat.

Betroffene Geheimdienste und Regierungen werden nicht müde zu betonen, dass sich die Ausspähung im Rahmen der bestehenden Gesetze und Verfassungen bewegt. Wenn dem so ist, kann Snowden, solange er nur berichtet, dass und in welchem Umfang etwas gegenüber eigenen Bürgern oder befreundeten Ländern geschieht, und nicht geheime Codes und Programme veröffentlicht oder Agenten enttarnt, in einer Demokratie rein logisch nicht viel angerichtet haben. Er hätte in einem Maße Unrecht begangen, das eine fristlose Kündigung, allenfalls eine geringe Strafe rechtfertigt. Wenn jedoch bereits das einen massiven Geheimnisverrat darstellt, weil selbst beteiligte Regierungen und parlamentarische Kontrollgremien nicht Bescheid wussten – vom Volk ganz zu schweigen – oder tatsächlich Recht gebrochen wurde, wäre Snowden als Whistleblower für die Demokratie gerechtfertigt und dürfte nicht bestraft werden.

Ich bin prinzipiell der Meinung, dass wir hier in Deutschland den USA nicht nur freundschaftlich und politisch verbunden, sondern auch zu Dank verpflichtet sind und Loyalität schulden, wie sie die USA gegenüber dem am Boden liegenden Nachkriegsdeutschland oder dem geteilten und blockierten Berlin gezeigt haben. Deshalb wäre ich mit Forderungen nach politischem Asyl vorsichtig. Allerdings kann das nicht die Denkgesetze außer Kraft setzen, und Deutschland könnte erwägen, Snowden vor einer drohenden unlogischen Verfolgung »logisches Asyl« zu gewähren. Für ein Land nicht nur der Dichter, sondern auch Denker, als das es jüngst auch Barack Obama in seiner Rede vor dem Brandenburger Tor gepriesen und dazu Immanuel Kant zitiert hat, wäre das nur logisch.

Quellen:

Der Abschnitt der Rede vor dem Brandenburger Tor, in dem Barack Obama Deutschland als Land der »Dichter und Denker« bezeichnet und sich dabei auf Immanuel Kant bezieht, lautet im Original: »Here, for thousands of years, the people of this land have journeyed from tribe to principality to nation-state; through Reformation and Enlightenment, renowned as a ›land of poets and thinkers,‹ among them Immanuel Kant, who taught us that freedom is the ›unoriginated birthright of man, and it belongs to him by force of his humanity.‹« (The White House, Office of the Press Secretary)

Das Originalzitat stammt aus der »Metaphysik der Sitten«: »Das angeborne Recht ist nur ein einziges. Freiheit (Unabhängigkeit von eines Anderen nöthigender Willkür), sofern sie mit jedes Anderen Freiheit nach einem allgemeinen Gesetz zusammen bestehen kann, ist dieses einzige, ursprüngliche, jedem Menschen kraft seiner Menschheit zustehende Recht.« (Akademie-Ausgabe, Band VI, S. 237) Im Zusammenhang online nachzulesen hier: http://www.korpora.org/Kant/aa06/237.html

Die Rede von Barack Obama am 19. 6. 2013 in Berlin kann man hier als Video sehen: http://www.whitehouse.gov/photos-and-video/video/2013/06/19/president-obama-speaks-people-berlin

Den Wortlaut kann man hier nachlesen: http://www.whitehouse.gov/the-press-office/2013/06/19/remarks-president-obama-brandenburg-gate-berlin-germany

*»Unsere Mutter ist nach zehn Tagen auf einer wunderba-
ren Palliativstation verstorben. Deshalb erbaten meine
Schwester und ich anstelle von Blumen Spenden für die
Station, was im Sinne der Verstorbenen gewesen wäre.
Ihre Geschwister brachten dennoch ein Gesteck zur Beer-
digung und spendeten nichts. Dürfen wir unsere Enttäu-
schung kundtun?«* Bernd K., Köln

Je nachdem, wie man zum Jenseits steht, erfüllen Gaben
für Verstorbene unterschiedliche Funktionen. In vielen,
vor allem antiken Kulturen wurden den Verstorbenen
Reichtümer fürs Jenseits mitgegeben, um ihnen den Auf-
enthalt dort zu verbessern. Leider erreichten die Gaben
nicht immer das Jenseits, sondern lediglich Grabräuber,
die sie noch im Diesseits an sich nahmen. An der Grenze
der beiden Reiche liegt der Obolus, eine kleine Silbermün-
ze, die man im antiken Griechenland den Verstorbenen
auf die Zunge legte, um den Fährmann Charon für die
Fahrt über den Fluss Styx oder Acheron in den Hades, die
Unterwelt, zu bezahlen.

Irgendwie lässt sich eine gewisse Parallelität mit Ihrer
Idee der Spende für die Palliativstation nicht leugnen:
Auch wenn diese Einrichtung eindeutig in der Realwelt,
nicht in der Mythologie angesiedelt ist, wollen Sie eine
Art Obolus als Dank für die gute Betreuung Ihrer Mutter
auf dem diesseitigen Teil der Reise ins Totenreich entrich-
ten. Eine Idee, die man nur begrüßen kann. Die Geschwis-

ter Ihrer Mutter haben sich hingegen dafür entschieden, mit einem Blumengesteck, einem Sinnbild der Vergänglichkeit, Ihrer Mutter postmortal einen letzten Gruß zu entbieten, um ihr so womöglich den jenseitigen Teil der Reise zu verschönern.

Zugleich haben beide Gaben eine Wirkung im Diesseits, die Blumen mehr symbolisch und traditionell, die Spende mehr praktisch und modern. Und beide helfen den Hinterbliebenen bei der Trauerarbeit, dabei, den Verlust eines nahestehenden Menschen zu überwinden.

Hätte Ihre Mutter den eindeutigen Wunsch hinterlassen, man möge statt Blumen für die Palliativstation spenden, hielte ich es für richtig, diesem Wunsch Folge zu leisten. So aber scheint es mir schwierig, anderen Angehörigen vorzuwerfen, eine andere Form der Abschiedsgaben zu wählen.

Literatur:

Zum Umgang mit Tod und Trauer siehe die umfangreichen Literaturhinweise auf S. 32 f.

»An ihrem Geburtstag wollten meine Frau und ich in ei-
nem stark frequentierten Café eine Tasse Kaffee trinken.
Als wir eintraten, war noch ein Tisch frei, an den wir uns
setzten. Als ein anderes Paar kam und bat, sich dazuset-
zen zu dürfen, wiesen wir es freundlich ab, weil wir an
diesem Tag ein ungestörtes, persönliches Gespräch führen
wollten. Dies führte zu großem Unverständnis, dennoch
fühlten wir uns im Recht. Was meinen Sie?«

Karsten B., Ulm

Wie eng man in Cafés und Restaurants zusammensitzen
möchte, ob es möglich ist, sich an einen Tisch zu Fremden
zu setzen, generell, wie viel Abstand Menschen voneinander brauchen, ohne sich bedrängt oder gar bedroht zu
fühlen, ist stark kulturabhängig. Für Ihre Frage hätte man
in Spanien ganz andere Ausgangsbedingungen als in arabi-
schen Ländern, in den USA, in Frankreich, in Nordeuropa
oder in Japan. Und auch in Deutschland gelten im Bierzelt
andere Regeln als im Gourmetrestaurant.

Hierzulande ist es durchaus möglich, sich in Situationen wie Ihrer mit an einen Tisch zu setzen, wenn man
höflich fragt. Das genau ist nun geschehen, aber wie antworten? Obwohl ich mich, was meine Abstandswünsche
zu anderen Menschen angeht, eher nordisch einordnen
müsste – also lieber mehr Abstand habe –, halte ich es im
Grunde für egoistisch, wenn man darauf besteht, in einem
vollen Lokal an einem größeren Tisch allein zu bleiben.

Das ist unfair gegenüber denjenigen, die noch Platz suchen, so aber keinen bekommen; aber auch dem Wirt gegenüber, der weniger Umsatz macht, obwohl mehr Gäste da wären.

Nun handelt es sich bei Ihnen um einen Sonderfall, und man kann verstehen, dass Sie zur Feier des Tages ungestört bleiben wollen. Vor allem, wenn Sie gerade in einem persönlichen Gespräch sind, bei dem man es nicht so gern hat, wenn fremde Menschen buchstäblich mit am Tisch sitzen und alles mitbekommen. Allerdings scheint mir das womöglich mehr ein Problem der Empfindung als der Nähe zu sein, denn die am Nachbartisch sitzen oft genauso nahe wie jemand am anderen Ende des eigenen Tisches und hören deshalb auch genauso viel.

Und damit kommt man meines Erachtens dem Kern des Problem nahe: Wenn man wirklich etwas Persönliches zu besprechen hat, bei dem niemand zuhören soll, muss man das in Privaträumen tun oder bei einem Waldspaziergang, nicht aber in einem Lokal. Und in gewissem Sinne gilt das auch für den Geburtstag: Wenn Sie den sicher in Ruhe begehen wollen, müssen Sie reservieren, am besten einen Nebenraum, mindestens aber einen passenden Tisch. Umgekehrt hätte das fragende Paar zwar Verständnis für die Situation haben können – das hätte ich auch schön gefunden –, aber eben nicht müssen: Die Öffentlichkeit ist nun einmal öffentlich.

Literatur:

Edward T. Hall, The Hidden Dimension, Garden City, New York 1966

Allgemein zu unausgesprochenen kulturellen Unterschieden:

Edward T. Hall, The Silent Language, Garden City, New York 1959

»Ich habe einen Handyvertrag mit 150 Frei-SMS im Mo-
nat. Einige meiner Freunde, alle noch Schüler, haben kei-
ne Frei-SMS. Ist es vertretbar, wenn ich einem Freund,
den eine Textnachricht 19 Cent kostet, eine relativ be-
langlose Nachricht schicke? Ihm also meine Aufmerk-
samkeit schenke, ihm aber auch das Gefühl gebe, mir
antworten zu müssen, obwohl er sich die 19 Cent viel-
leicht lieber für eine wichtigere SMS aufheben würde?«

Bernd K., Stuttgart

Auch wenn es vordergründig nur um Centbeträge geht,
halte ich Ihre Frage für relevant. Ihre Idee, dass eine Nach-
richt zu einer Antwort verpflichtet, deckt sich nicht nur
mit der Lebenserfahrung, sondern lag schon dem Berner
Weltpostvertrag von 1874 zugrunde: Damals gingen die
Postdienste davon aus, dass jeder Brief eine wiederum
frankierte Antwort nach sich zieht, deshalb stellten sie
Briefe aus anderen Ländern zunächst ohne wechselseitiges
Entgelt zu. Daneben erreichen die Kosten für SMS bei
Handyverträgen ohne Flatrate gerade bei Jugendlichen oft
beachtliche Höhen; dazu dürften Antworten auf andere
SMS im Pingpong-Verfahren nicht unerheblich beitragen,
wenn auch kostenlose Apps dieses Problem vermindert
haben. Und nicht zuletzt gehört das Bedenken der Auswirkungen des eigenen Handelns auf andere zu den Grund-
überlegungen der Moral.

Die Auswirkungen bedenken: Das kann man am besten,

indem man sich in den anderen versetzt und hier überlegt, was derjenige wohl lieber hätte – keine SMS oder keine mit Kosten verbundene Verpflichtung zu antworten. Das lässt sich für andere nicht sicher sagen, aber man könnte es erfahren, indem man den Betreffenden fragt; wenn er denn ehrlich antwortet. Aber auch ohne explizite Befragung kann man vermuten, was ihm am allerliebsten sein könnte: eine SMS mit den netten Gedanken zu bekommen, ohne dem Erwartungsdruck einer Antwort ausgesetzt zu sein.

Wenn Sie jemanden so gut kennen, dass Sie die Details seines Handyvertrags wissen, sollten Sie mit ihm auch klären können, dass Sie nicht auf jede SMS eine Antwort erwarten. Sie schreiben, dass Sie ihm Aufmerksamkeit »schenken« wollen. Wenn Sie darauf partout eine Antwort erwarten, wollen Sie die Aufmerksamkeit in Wirklichkeit nicht nur schenken, sondern auch bekommen. Das ist verständlich, kollidiert hier jedoch mit dem Verständnis für die Situation des jeweils anderen, der eben vielleicht knapp bei Kasse ist. Der sollte frei, ohne Erwartungsdruck entscheiden können, ob er im jeweiligen Fall antworten will. Was ich übrigens bei jeder Kommunikation gut fände. Einen Smiley zu empfangen kann nett sein, aber nicht, wenn man befürchten muss, dass es nur ein gequältes Lächeln ist. Ohne Verpflichtung zur Antwort dagegen können Sie ruhigen Gewissens so viel SMS senden, wie Sie wollen. Egal, ob sinnvoll oder nicht.

Literatur:

Vertrag, betreffend die Gründung eines allgemeinen Postvereins vom 9. Oktober 1874, Deutsches Reichsgesetzblatt, Band 1875, Nr. 19, Seite 223–240, 1. Juni 1875

»Ich stand neulich an der Supermarktkasse und sah, wie eine muslimische Frau Gummibärchen für ihre Kinder kaufte. Meines Wissens kommen Bestandteile der darin enthaltenen Gelatine vom Schwein, und daher müsste diese Süßigkeit gläubigen Muslimen eigentlich verboten sein. Ich war mir jedoch nicht sicher, ob die Frau wirklich wusste, welche Inhaltsstoffe in den Gummibärchen sind. Hätte ich sie ansprechen und darauf hinweisen dürfen oder sogar sollen, oder wäre das eine zu große Einmischung in fremde Angelegenheiten gewesen?«

Lena Z., Bottrop

Die Einmischung in fremde Angelegenheiten ist eines der heikelsten Kapitel der Alltagsmoral. Und dass es hier um Religion geht, macht es bestimmt nicht einfacher. Deshalb zunächst zu den Tatsachen: Meinen Recherchen zufolge enthalten viele Gummibärchen hierzulande tatsächlich Gelatine aus Schweineknochen oder -schwarten – ob ein gläubiger Muslim sie essen darf, wird unterschiedlich beurteilt. Einige Religionsgelehrte vertreten die Auffassung, durch die chemische Verarbeitung komme es bei der Herstellung der Gelatine zu einer neuen molekularen Zusammensetzung und deshalb zu einer »Tahuiil« genannten Umwandlung, die aus den verbotenen Schweinebestandteilen eine neue, erlaubte Substanz entstehen lasse. Da andere Gelehrte dem widersprechen, wird Gläubigen vorsichtshalber vom Verzehr abgeraten.

Was bedeutet das für Sie, die Sie von diesem Verbot zwar wissen, aber nicht persönlich betroffen sind? Ich bin der Meinung, dieses Wissen sollte Sie veranlassen, etwas zu sagen. Und würde dies mit Toleranz begründen. Das mag Sie überraschen, aber Toleranz sollte meines Erachtens mehr beinhalten als das bloße Erlauben oder pragmatische Akzeptieren anderer Meinungen. Für mich gehört zu ihr der Respekt vor dem anderen Menschen – mit seinen Einstellungen; für manche sogar die Wertschätzung befremdender Überzeugungen und Praktiken. Achtet man aber den anderen, kann man ihn kaum guten Gewissens ahnungslos etwas tun lassen, von dem man annehmen muss, dass es seinen Überzeugungen zuwiderläuft und ihn womöglich in seiner Selbstachtung beeinträchtigt.

Eine Hinweispflicht endet freilich dort, wo fremde Überzeugungen mit eigenen Wertvorstellungen kollidieren. So bräuchten Sie auch keinen Rechtsradikalen davor zu warnen, im Suff versehentlich einem Ausländer die Hand zu schütteln. Die Frage, ob man Süßigkeiten mit oder ohne Schweineanteil isst, scheint mir jedoch nicht in diese Kategorie zu fallen.

Zur Toleranz:

»Der Begriff ›Toleranz‹ – lat. tolerare: ›dulden‹, ›zulassen‹, ›ertragen‹ – bezeichnet allgemein das Dulden von Überzeugungen, Handlungen oder Praktiken, die einerseits negativ bewertet, andererseits aber nicht vollkommen abgelehnt bzw. eingeschränkt werden.«
Rainer Forst, Toleranz, in: Marcus Düwell, Christoph Hübenthal, Micha H. Werner (Hrsg.), Handbuch der Ethik, Verlag J. B. Metzler, Stuttgart, 2. Auflage 2006, S. 529–534

»Toleranz (lat. Duldung) meint das Gelten- und Gewährenlassen (passive T.), besser noch: die Achtung, sogar freie Anerkennung (aktive und kreative T.) andersartiger Anschauungen und Handlungsweisen.«

Otfried Höffe, Toleranz, in: Otfried Höffe (Hrsg.) Lexikon der Ethik, Verlag C. H. Beck, München, 5. Auflage 1997, S. 304–306

Rainer Forst, »Toleration«, in: The Stanford Encyclopedia of Philosophy (Summer 2012 Edition), Edward N. Zalta (ed.)
Online abrufbar unter: http://plato.stanford.edu/archives/sum2012/entries/toleration/

Das Standardwerk zum Thema Toleranz ist: Rainer Forst, Toleranz im Konflikt, Suhrkamp Verlag, Frankfurt am Main 2003

Heiner Hastedt, Toleranz, Grundwissen Philosophie, Reclam Verlag, Stuttgart 2012

Achim Lohmar, Was ist eigentlich Toleranz? Zeitschrift für philosophische Forschung, Band 64 (2010), S. 8–32

Einen Überblick über Fragen der Toleranz gibt auch das Kapitel Solange man mich nicht stört ... Wert und Grenzen der Toleranz, in: Rainer Erlinger, Nachdenken über Moral, S. Fischer Verlag, Frankfurt am Main 2012, S. 161–198

»Meine Frau und ich engagieren uns gegen Atomkraft und nehmen auch an Demonstrationen teil. Nun haben wir einen 23-jährigen mehrfach behinderten Sohn, der im Rollstuhl sitzt und auf ständige Begleitung angewiesen ist. Bei einer Demonstration bedeutet das: Einer von uns bleibt bei ihm zu Hause, oder wir nehmen ihn mit. Wir fragen uns aber, ob unser Sohn dann als Stimme gegen Atomkraft missbraucht wird, weil er sich ja nicht zum Inhalt mitteilen oder eine Meinung bilden kann. Wie sehen Sie das?«   *Heiner B., Göttingen*

Zunächst möchte ich Ihnen meine Hochachtung dafür ausdrücken, dass Sie sich so detaillierte Gedanken über diese Problematik machen. Meines Erachtens treffen Sie mit Ihren Bedenken zum »Missbrauch« den wunden Punkt: Das Ausdrucksmittel bei einer Demonstration ist – sieht man einmal von mitgetragenen Plakaten oder dem Skandieren von Parolen ab – die pure körperliche Anwesenheit. Ihr Sohn demonstriert durch seine Anwesenheit faktisch gegen etwas, ohne dass er selbst darüber befinden kann. Überspitzt ausgedrückt, zwingen Sie ihn, wenn Sie ihn mitnehmen, zu einer Aussage, die er vielleicht gar nicht treffen will; und da es um Demonstrieren geht, auch dazu, diese Aussage im übertragenen Sinne laut herauszurufen. Ich sehe auch einen Unterschied zu den sonstigen Entscheidungen, die Sie im Rahmen seiner Betreuung laufend für Ihren Sohn treffen: Politische Einstellungen und

Meinungsäußerungen sind etwas Höchstpersönliches und kaum delegierbar. Manche Entscheidungen müssen getroffen werden, der Entschluss, seine Meinung auf einer Demonstration zu zeigen, ist aber nicht unvermeidbar, sondern etwas Aktives, das man auch sein lassen kann.

Allerdings nehmen Sie Ihren Sohn nicht zu dem Zweck mit, ihn demonstrieren zu lassen und für die Ziele der Demonstration zu werben, sondern notgedrungen, weil Sie ihn ständig betreuen müssen, wenn er bei Ihnen ist. Es kommt also zu einem Konflikt zwischen Ihrer hochzuschätzenden Betreuungsleistung und Ihrem eigenen ebenso hochzuschätzenden politischen und gesellschaftlichen Recht zu demonstrieren. Dieser Konflikt lässt sich meines Erachtens nicht vollständig auflösen, wenn Sie Ihren Sohn in der Zeit nicht in fremde Pflege geben wollen. Zumal Sie, wenn Sie Ihren Sohn zur Demonstration mitnehmen, einen wertvollen Beitrag zur Integration und zur gesellschaftlichen Akzeptanz von Menschen mit Behinderung leisten. Dennoch kommt man um die von Ihnen geäußerten Bedenken des Missbrauchs nicht herum, und ich persönlich würde dazu tendieren, sie höher zu bewerten. Man kann aber aus den genannten Gründen auch zu einer anderen Einschätzung gelangen. Was sich auch positiv deuten lässt: Keine der beiden Möglichkeiten scheint wirklich falsch zu sein.

Literatur:

Vera Moser, Detlef Horster (Hrsg.), »Ethik der Behindertenpädagogik. Menschenrechte, Menschenwürde, Behinderung«, Kohlhammer Verlag, Stuttgart 2012

Micha Brumlik, Advokatorische Ethik, Philo-Verlag, Berlin 2004

»Meine kürzlich verstorbene Großmutter hat ein paar Antiquitäten hinterlassen. Wie ich erst jetzt erfahren habe, hat sie diese während der Nazizeit ganz billig jüdischen Flüchtlingen abgekauft. Können wir zwei Generationen später diese Möbelstücke einfach weiter nutzen? Oder sollen wir sie verschenken, verkaufen oder dafür an eine Stiftung spenden?«   Sigrid L., Bremen

Das Thema Ihrer Frage ist plötzlich wieder in die Medien gelangt durch den sogenannten Schwabinger Kunstfund: mehr als fünfhundert Bilder, bei denen »ein NS-verfolgungsbedingter Entzug nicht ausgeschlossen werden kann«. Der Maßstab ist ein ganz anderer, die ethischen Fragen sind jedoch im Grunde die gleichen. Rechtlich dürfte die Sache für Sie als Privatperson unter anderem durch Verjährung erledigt sein. Nur, und das fühlen Sie, hat es damit nicht sein Bewenden. Hier geht es um die moralische Seite, und die ist bei weitem nicht so klar.

Zwei Aspekte scheinen mir von Bedeutung. Der eine liegt in den Gegenständen selbst. Jean Baudrillard verweist in seinem Buch *Das System der Dinge* darauf, wie sehr einer Sache, speziell bei einer Antiquität, die ja Geschichte repräsentiert, ihre Geschichte anhaftet: So genüge allein die Tatsache, dass ein bestimmter Gegenstand im Besitz einer berühmten Person war, um seinen Preis in die Höhe zu treiben. Hier allerdings ist es keine prominente Geschichte, sondern eine düstere und schreckliche. Der andere Aspekt ist finanzieller Natur. Auch wenn Sie nicht beteiligt waren, sind Sie als Erbe Nutznießer des günstigen Erwerbs und profitieren indirekt von dem damaligen Geschäft.

Was also tun? Ich habe mich kundig gemacht. Eine Recherche nach den früheren Besitzern oder möglichen Erben wäre das Beste, aber auch sehr aufwendig. Wenn es sich um wertvollere Stücke handelt, kann man es über die Webseite www.lostart.de versuchen. Ansonsten gibt es Stiftungen, die Erlöse aus belastetem Erbe an Nachkommen von Geschädigten ausschütten. Oder ein Heimatmuseum könnte interessiert sein, mit den Gegenständen an frühere jüdische Bewohner und deren Vertreibung zu erinnern. Sich einfach an den Antiquitäten zu erfreuen scheint mir jedoch nun, da Sie um deren Geschichte wissen, kaum mehr möglich.

Verweise:

Jean Baudrillard, Das System der Dinge, Campus Verlag, Frankfurt am Main 1991, dort: »Das alte Objekt – Zeit und Dauer«, S. 95 ff.

www.lostart.de, Webseite der Koordinierungsstelle Magdeburg, der vom Bund und allen Ländern getragenen zentralen deutschen Serviceeinrichtung für Kulturgutdokumentation und Kulturgutverluste

www.claimscon.de, Webseite der Claims Conference, Conference on Jewish Material Claims Against Germany, deren Frankfurter Büro ich für Hinweise danke.

Ein Beispiel für eine Stiftung, die zum Ziel hat, Vorteile, die aus der Entrechtung und Vertreibung von jüdischen Bürgerinnen und Bürgern stammen, symbolisch zurückzugeben, ist die Stiftung ZURÜCKGEBEN, die Künstlerinnen und Wissenschaftlerinnen jüdischer Herkunft oder jüdischen Glaubens, die in Deutschland leben, fördert: www.stiftung-zurueckgeben.de

»Freunde von mir sind Künstler und verdienen mit Nebenjobs sehr wenig Geld. Statt Kleidung wie bisher in Discountläden zu kaufen, sind sie dazu übergegangen, die Altkleidercontainer in Reiche-Leute-Gegenden zu plündern. Ich finde das moralisch nicht verwerflich, befürchte aber, dass sie, sollten sie erwischt werden, mit einer Strafanzeige rechnen müssten. Oder?«   *Jan S., Düsseldorf*

Wussten Sie, dass auch Gewissensfragenbeantworter bei ihrer Arbeit von Gewissensskrupeln geplagt werden können? Falls nicht, wissen Sie es jetzt. Ihre Frage ist nämlich zunächst relativ einfach zu beantworten: Der Inhalt der Altkleidercontainer gehört den Eigentümern und »Betreibern« der Container. Wer seine abgelegte Kleidung dort einwirft, tut das in dem sehr klaren Bewusstsein, sie dieser Organisation zukommen zu lassen, zumal das oft auch wohltätige Einrichtungen sind. Was Ihre Freunde machen, ist also kein Bedienen aus dem Müll, sondern leider klassischer Diebstahl. Und was ich von Diebstahl halte, können Sie sich vermutlich denken.

Wäre da nicht noch etwas anderes: Immer wieder werden die Wege, die gesammelte Altkleider oft nehmen, kritisch diskutiert, speziell ihr Export in Entwicklungsländer und die Auswirkungen auf die dortigen Märkte. Zudem handelt es sich bei den Sammelbetrieben häufig nicht um karitative Organisationen, sondern um rein gewinnorientierte Firmen, und bei genauerer Betrachtung kann man auf vielen Containern dann auch lediglich das Versprechen lesen, »aus dem Erlös« sozialen Einrichtungen »etwas« zukommen zu lassen. Ein Versprechen, das sich – hart ausgedrückt – auch mit fünf Euro pro Jahr erfüllen lässt.

Dies vor Augen könnte man zum Schluss kommen, dass der Umwelt, der Allgemeinheit und dem Anliegen derer, die ihre Kleidung in die Container werfen, fast besser gedient ist, wenn sich Ihre Freunde daraus bedienen: Die Stücke werden direkt vor Ort weitergetragen, von Menschen, die auch bedürftig sind und sie wirklich zu schätzen wissen. Statt dass sie um die halbe Welt verschifft werden und unterwegs auf hoher See den in Gegenrichtung reisenden Billigtextilien begegnen, die irgendwo unter zweifelhaften ökologischen und sozialen Bedingungen produziert wurden, damit Ihre Freunde sie dann am Ende im Discounter kaufen können.

Dennoch gibt es eben auch – hoffentlich sogar in der Mehrzahl – viele nachhaltige und sinnvolle Wege der Altkleiderverwertung, und die macht man kaputt, wenn man sich die besten Stücke aus dem Container angelt. Zudem handelt es sich dabei trotz aller guten Ansätze um Diebstahl, den ich öffentlich nicht gutheißen kann und darf und auch nicht will, weil ich das Begehen von Straftaten aus Überzeugung und guten Gründen ablehne. Deshalb die Gewissensprobleme.

Quellen:

Strafgesetzbuch (StGB)
§ 242 Diebstahl
(1) Wer eine fremde bewegliche Sache einem anderen in der Absicht wegnimmt, die Sache sich oder einem Dritten rechtswidrig zuzueignen, wird mit Freiheitsstrafe bis zu fünf Jahren oder mit Geldstrafe bestraft.
(2) Der Versuch ist strafbar.

»Zu meinem Geburtstag bekam ich von einer Freundin einen rosa Kerzen-Buddha aus Wachs. Zuerst freute ich mich, doch dann erschien mir das Geschenk zunehmend unpassend, ja geradezu frech. Ich bin weder gläubiger Christ noch Buddhist, doch das religiöse Symbol so zu verunstalten erschien mir fast gotteslästerlich. Was würden Christen sagen zu einem rosa Jesus mit Docht im Kopf? Ich habe die Buddha-Kerze aussortiert. Bin ich zu empfindlich?«
Corinna M., Berlin

Das reale Verbrennen von Heiligen ist ja glücklicherweise aus der Mode gekommen. Und auch das Abbrennen von Wachsfiguren bereitet ein gewisses Unbehagen. Andererseits kennt die Volksfrömmigkeit Motivkerzen sogar mit Jesusbild oder -relief, die bald nach Entzünden einen geköpften Heiland zeigen. Und im bunten Katholizismus Lateinamerikas wäre man über entsprechende Kerzenstatuen nicht völlig verwundert. Doch dürfte das für Ihre Frage gar keine so große Rolle spielen.

Hinter Ihrem »Was würden Christen sagen?« steckt nämlich implizit die goldene Regel »Was du nicht willst, dass man dir tu, das füg auch keinem andern zu«. Und hier läuft man Gefahr, ihrem Hauptfehler zu erliegen: der Subjektivität. Was Christen wollen oder nicht, sagt sehr wenig über andere Religionen aus.

Tatsächlich haben meine Nachfragen bei einer Expertin für Religionsästhetik ergeben, dass man, soweit sich das für die vielen Schulen sagen lasse, im Buddhismus wohl weniger Probleme mit dieser Kerze hätte, da zum Beispiel Buddha-Kekse sehr beliebt seien, weil sie das Heilige darstellten, dem man nahe sein will.

Generell seien stets weniger eine Form als vielmehr die mit ihr verbundenen Gedanken von Bedeutung und die von Orten ausgehende Kraft, die auch von der persönlichen Zuordnung abhängt. Die Frage, ob das Abbrennen oder Aufessen von Heiligenfiguren eher fromm oder gotteslästerlich ist, scheint also in erster Linie davon abzuhängen, mit welchen Gedanken und Absichten es geschieht: andächtig oder despektierlich.

Eine Verwendung der Kerze statt zur Kontemplation zum Mückenvertreiben oder als Hintergrundbeleuchtung beim Fernsehen würde man wohl eher despektierlich nennen. Sie haben offenbar eine entsprechende Zuordnung vorgenommen, und schon damit sind Ihre Bedenken berechtigt.

Literatur:

Zur goldenen Regel:

Alfred Bellebaum, Heribert Niederschlag (Hrsg.), Was Du nicht willst, dass man Dir tu' ... Die Goldene Regel – ein Weg zum Glück?, UVK Universitätsverlag, Konstanz 1999

Otfried Höffe, Goldene Regel, in: Otfried Höffe (Hrsg.), Lexikon der Ethik, Verlag C. H. Beck, München, 7. Auflage 2008

Eine tiefer gehende Analyse der goldenen Regel findet sich in dem Kapitel »Was Du nicht willst ... Die Goldene Regel und ihre Schwächen« in: Rainer Erlinger, Nachdenken über Moral. Gewissensfragen auf den Grund gegangen, S. Fischer Verlag, Frankfurt am Main 2012, S. 123–160

»Ich bin mir bewusst, dass ich, was äußere Umstände wie sozialer Standard, Ausbildung, Aussehen angeht, durchaus Glück gehabt habe. Dafür bin ich auch dankbar. Manchmal höre ich von anderen, die allerdings nicht mein inneres Befinden kennen: ›Hast du es gut!‹ Muss ich ein schlechtes Gewissen haben, weil es mir grundsätzlich gutgeht?«   Sabine B., Köln

Ihre Frage ist einfach zu beantworten: Nein, Sie müssen kein schlechtes Gewissen haben! Warum auch? Ein schlechtes Gewissen kann man haben, wenn man etwas falsch gemacht hat, hätte besser machen können. Nur wie hätte das bei Ihnen aussehen sollen? Sich frühzeitig mit Ihren Eltern überwerfen, die Ausbildung abbrechen? Oder schon in Jugendtagen mit dem Trinken zu beginnen, um Aussehen und Geistesgaben rechtzeitig zu vermindern?

Zudem ist nichts unmoralisch daran, dass es einem gutgeht; im Gegenteil: Nahezu die gesamte antike Ethik strebte nach »eudaimonia«, dem guten, glücklichen Leben oder der Glückseligkeit. Uneinigkeit herrschte lediglich darüber, worin das Glück nun genau besteht: sich gemäß seiner Fähigkeiten zu betätigen, die Vernunft auszuüben, philosophische Betrachtungen anzustellen oder schlicht Lust zu empfinden.

Interessant finde ich aber Ihren Hinweis, dass Sie dankbar für Ihr günstiges Schicksal sind. Das halte ich für gut und durchaus angebracht, drängt aber die Frage auf, wem

Sie dankbar sind oder ob es vielleicht noch um etwas anderes als Dankbarkeit geht. In Frage käme meines Erachtens eine schwierige, eher unmoderne und oft zu Unrecht auf den Glaubenskontext reduzierte Tugend: die Demut. Wahrscheinlich ist es eine Verbindung von beidem. »In der Dankbarkeit liegt Demut«, schreibt der französische Philosoph André Comte-Sponville, allerdings eine fröhliche: »Die Dankbarkeit lehrt, dass es auch eine fröhliche Demut gibt oder eine demütige Freude ...« Man anerkennt, dass man etwas – woher auch immer – bekommen hat, und die Freude, die in dieser Anerkennung liegt, ist Dankbarkeit. Vor allem müsse man, meint Comte-Sponville, keine Schuld begleichen: »Das Leben ist keine Schuld: Das Leben ist eine Gnade, das Sein ist eine Gnade, und das ist die höchste Lehre der Dankbarkeit.« Kurz: Freuen Sie sich darüber, dass es Ihnen gutgeht, gerade weil das nicht selbstverständlich ist.

Eine andere Frage ist die, was man daraus macht, dass man vom Leben so viel mitbekommen hat. Ich bin der Meinung, man sollte, wenn es einem gutgeht, andere daran teilhaben lassen. Aber nicht mit dem Ziel, dass es einem selbst schlechter geht, sondern anderen auch gut. Das kann die Freude am Leben sogar noch steigern.

Literatur:

Andre Comte-Sponville, Ermutigung zum unzeitgemäßen Leben. Ein kleines Brevier der Tugenden und Werte, Rowohlt Taschenbuch Verlag, Reinbek bei Hamburg 1998

Christoph Horn, Christof Rapp (Hrsg.), Wörterbuch der antiken Philosophie, Verlag C. H. Beck, München, 2. Auflage 2008. Dort vor allem die Lemmata »eudaimonia« (bearbeitet von Jan Szaif), »hêdonê« (bearbeitet von Petra Schmidt-Wiborg), »telos« (bearbeitet von Christoph Horn)

Christoph Horn, Antike Lebenskunst. Glück und Moral von Sokrates bis zu den Neuplatonikern, Verlag C. H. Beck, München, 2. Auflage 2010

Otfried Höffe, Lebenskunst und Moral oder Macht Tugend glücklich?, Verlag C. H. Beck, München 2007, überarbeitete Neuausgabe in der Beck'schen Reihe 2009

Marcus Düwell / Christoph Hübenthal / Micha H. Werner (Hrsg.) Handbuch Ethik, Verlag J. B. Metzler, Stuttgart/Weimar 2002, dort: Christoph Hübenthal, Einleitung zu B. Ansätze Normativer Ethik, B.1 Teleologische Ethik (S. 61–68), Christof Rapp, 4. Aristoteles (S. 69–81), Christoph Hübenthal, 5. Eudaimonismus (S. 82–94)

Register

Rainer Erlinger
Moral
Wie man richtig gut lebt
368 Seiten. Gebunden

Wir alle wollen gute Menschen sein. Wir alle wissen eigentlich, was dafür zu tun wäre. Doch dann wird es konkret: Darf
ich lügen, wenn es die Situation erfordert? Wie viel Rücksicht muss ich auf meine Nachbarn nehmen? Muss ich mein
Geld ethisch anlegen? Rainer Erlinger, Moralinstanz und
Autor der inzwischen als Klassiker geltenden Kolumne ›Die
Gewissensfrage‹ in der »Süddeutschen Zeitung«, kennt wie
kein anderer die konkreten mora-lischen Probleme, die uns
alle bewegen. Nun hat er endlich seinen großen Entwurf einer Moral für unsere Zeit vorgelegt – alltagstauglich, bei-
spielgesättigt, philosophisch begründet, leicht verständlich
und unterhaltsam.

»Ein wunderbares Buch«
Markus Lanz

»Sehr gut zu lesen und nicht moralinsauer,
sondern heiter.«
hr2-Kultur

S. Fischer

fi 1-017021 / 1

Rainer Erlinger
Gewissensbisse
Antworten auf moralische Fragen des Alltags
Band 18853

Darf man seine Kinder für politische Ziele einspannen? Darf ich als Schnarcher im Mehrbettzimmer in der Jungendherberge Übernachten? Bin ich als Putzfrau gezwungen, ein Hitler-Porträt abzustauben? Darf man sein Talent auch brachliegen lassen? Wie ist es mit dem Schwarzfahren? – Der Alltag steckt voller moralischer Fragen. Rainer Erlinger gibt in seiner beliebten Kolumne »Die Gewissensfrage« aus dem Magazin der Süddeutschen Zeitung allwöchentlich die Antworten. Eine Auswahl ist hier jetzt gesammelt: Zum Selberlesen oder zum Verschenken.

Fischer Taschenbuch Verlag

Rainer Erlinger
Nachdenken über Moral
Gewissensfragen auf den Grund gegangen

Band 18854

Wie bestimmt man das Verhältnis von Design und Ethik? Wie findet man die Schwächen der Goldenen Regel? Wie wägt man Innovationen mit ethischen Forderungen ab? In einer Vortragsreihe an der Universität Augsburg denkt Rainer Erlinger, Autor der Kolumne »Die Gewissensfrage« im Magazin der »Süddeutschen Zeitung«, über ethische Fragen und ihre philosophischen Grundlagen nach und verknüpft dabei die Theorie mit dem täglichen Leben. Abgerundet werden die Vorlesungen mit einem persönlichen Interview, in dem er sich beim Verfassen der Kolumnen über die Schulter blicken lässt und Auskunft gibt, wie er im Einzelnen die Fragen seiner Leser angeht. So kann man der moralischen Abwägung gewissermaßen beim Arbeiten zusehen.

»Wer Kant und Co. nicht auswendig kennt,
weiß spätestens nach diesem Buch, ob er nachts an einer
gottverlassenen Straße über Rot fahren darf oder nicht.«
Philosophie Magazin

Fischer Taschenbuch Verlag

Rainer Erlinger
Höflichkeit
Vom Wert einer wertlosen Tugend
352 Seiten. Gebunden

Eine unterhaltsame Erkundung dessen, was Höflichkeit im
21. Jahrhundert noch bedeuten kann.

Die Höflichkeit hat einen zweifelhaften Ruf. Den einen gilt
sie als zu formal, den anderen als leider ausgestorben. Täuscht
Höflichkeit nur etwas vor, oder geht es um echten Respekt?
Erschöpft sie sich in der korrekt ausgeführten Verbeugung? Ist
Höflichkeit also nur Etikette? Was soll man im 21. Jahrhundert
von ihr halten? Rainer Erlinger, bekannt durch seine Kolumne
»Die Gewissensfrage« aus dem Magazin der »Süddeutschen
Zeitung«, umkreist die alte Tugend der Höflichkeit von ihren
Rändern her – Höflichkeit und Mode, Höflichkeit im Internet,
Höflichkeit und Religion, Höflichkeit zwischen den Geschlech-
tern –, um so an ihren Kern zu gelangen: Was macht den Wert
dieser wertlosen Tugend aus? Eine kluge Auseinandersetzung
mit dem, was die Gesellschaft im Innersten zusammenhält,
und ein so unterhaltsames wie anregendes Buch.